新闻学与传播学“十三五”规划教材·基础课程系列
13th Five Year Plan University Text Book

财经新闻报道实务教程

（第2版）

FINANCIAL NEWS REPORTING

主　编　赵智敏
副主编　张春华　李彩霞　时汉枫　李　瑛
贾士秋　韩爱萍　吴　辉

中国传媒大学出版社
·北　京·

图书在版编目(CIP)数据

财经新闻报道实务教程/赵智敏主编.--2版.--北京:中国传媒大学出版社,2018.8
(2023.8重印)
新闻学与传播学"十三五"规划教材. 基础课程系列
ISBN 978-7-5657-2380-3

Ⅰ.①财… Ⅱ.①赵… Ⅲ.①经济工作—新闻报道—高等学校—教材 Ⅳ.①G212

中国版本图书馆CIP数据核字(2018)第193221号

财经新闻报道实务教程(第2版)
CAIJING XINWEN BAODAO SHIWU JIAOCHENG (DI-ER BAN)

主　　编	赵智敏		
策划编辑	李水仙		
责编编辑	蒋　倩		
封扉设计	风得信设计·阿东		
责任印制	李志鹏		
出版发行	中国传媒大学出版社		
社　　址	北京市朝阳区定福庄东街1号	邮　　编	100024
电　　话	86-10-65450528　65450532	传　　真	65779405
网　　址	http://cucp.cuc.edu.cn		
经　　销	全国新华书店		
印　　刷	北京中科印刷有限公司		
开　　本	787mm×1092mm　1/16		
印　　张	14.25		
字　　数	278千字		
版　　次	2018年9月第2版		
印　　次	2023年8月第4次印刷		
书　　号	ISBN 978-7-5657-2380-3/G·2380	定　　价	45.00元

本社法律顾问:北京嘉润律师事务所　郭建平

再版序言

新媒体时代，财经新闻何为？

五年前，我还在财经媒体的时候，母校新闻学院老师登门交流，联系学生实习的事。安排完毕，我顺便问了一下师弟师妹们的就业前景。

那时传统媒体颓势尽显，报纸关门的消息开始接连爆出，第一代互联网媒体也已露疲态，门户都被认为OUT了。我自己亦日益迷惘，对新闻专业学生就业前景的关心，其实隐含着对自己职业生涯的担心。

出乎意料的是，母校老师说，学生就业形势一片大好，虽然进媒体的比例大幅降低，但去向多元化程度显著提高，各行各业都到学院要人，新闻专业总体上比过去更受欢迎了。

我稍感意外，却也很快明白了其中缘由。

20世纪90年代，新闻专业的毕业生可选择的去向其实非常非常有限。如果留在省会城市，无非两家日报、一家晚报、一家都市报，再加上不多的几家特色报刊。两家电视台是关系户的自留地，广播电台一般不是主流选择。全国性的媒体则只有到北京。

进入21世纪以来，门户和媒体自办网站加大了对新闻专业毕业生的吸附能力，但伴随着高校大举扩招和各地纷纷开设新闻学院，新闻专业毕业生的供应量的增速比市场需求的增速更快，新闻专业的就业前景依然是个问题。

但是，在母校老师的介绍中，我发现事情已在不知不觉中发生了巨大变化，新媒体时代，新闻专业天地广阔，大有可为。

如果说二十年前，省会城市里只有前十名级别的大公司才会设宣传部门的话，现如今一家公司要是没有官网，出门都不好意思跟人打招呼，甚至会被认为有皮包公司之嫌。

至于开个官方的微博、官方微信公众号，整理出一套公司的品宣话术，持续推送一些关于公司的新闻报道,现在已成为稍具规模的企业的标配。包括一些政府机关、事业单位、专业机构、社会团体,无不存在相关需求。

而要干这些事,就必然要配置相关的品牌公关人才和团队。如此巨大的人才供应从何而来?当然首选新闻专业。

想明白此节,再加上对媒体环境的失望,我离开了于校园学习七年、从业十三年的新闻行业,进入企业品牌公关领域。

而进入企业之后,更令人意外的是,我所做的事与之前在媒体做的事情相似度非常之高。可以说,我所受的新闻专业教育、所经历的财经媒体实践锻炼,在企业里全都用得上。

我转型企业的第一站是万达集团。在担任万达集团品牌二部总经理期间,我的一个突出体会是,无论从传播信息的数量还是质量、内容还是渠道来看,万达集团其实也是一家大型媒体。

当时万达集团品牌团队招揽了包括《南方周末》常务副总编、《京华时报》副总编、《21世纪经济报道》编委、《第一财经日报》编委、香港《明报》总编辑助理等人在内的豪华阵容,其实力不逊于任何一家媒体的编委会。万达还成立了一个新媒体联盟,涵盖万达集团及下属系统共400多个微信号,粉丝共1 600余万;微博账号400多个,粉丝共2 500余万;员工微信群500多个,覆盖员工38 000余人;同时还集结外部优质资源,预计将覆盖上亿人群。这完全是一家大型媒体集团的覆盖量。

我的硕士生导师张昆老师,在听我介绍了万达新媒体运营情况后评价说:"一个物质财富的生产者,就应该是精神财富的生产者。万达不能满足于营造物质的广厦,也要致力于建构人的精神家园。"

张昆老师的一席话高屋建瓴地打通了新闻媒体与企业品牌公关工作的界限。新闻从业人员也不用为转型企业而失落了。

如今转型已满三年,每天策划选题,安排采写,布置推送,我觉得自己跟一家媒体的总编辑干的大部分工作没什么两样——除了去宣传主管部门开会。当然,在企业与在媒体,上面都有"婆婆",风格各异而约束则一,就不便细说了。

这番转型感受,尚未为外人道。恰好老同学赵智敏的大作《财经新闻报道实务教程》推出第二版,承蒙错爱,邀我重写序言,正好一浇块垒。有此著作,且获再版,更让我为她高兴。

期待智敏在新闻学术方面更上层楼。

胡润峰

2018年8月

第一版序言

财经新闻知与行

从事财经新闻报道工作已逾十年，几乎每年都要接触一批新的实习生。与从业人员一样，实习生的专业背景主要分为两大类：新闻与财经。在新闻专业背景的实习生身上，最能体现新闻教育与实务操作之间的联系。

曾经有位实习生问，能不能采访到央行行长周小川。我告诉她，这个基本上很难。尽管我经常会要求记者要大胆，要有想象力，要敢于和善于开拓高端资源，但从现实操作性而言，采访周小川基本超出了记者个人能力的范畴。

有位实习生酷爱网游，当网易引进魔兽世界这款游戏受阻之后，他主动请缨参与报道，并很快交给我一篇长稿。我看后，逐段问他，哪些是他采访得来的内容。他承认大多数内容是引自其他媒体的报道。我告诉他，一来，这是互联网时代做新闻之大忌；二来，对于一桩复杂的商业事件，没有建立在扎实的采访基础上的清醒判断，报道者很容易成为某一利益方的鼓吹者而不自知。至于收取某一方好处，沦为其代言人，就更不足取。

有位实习生后来加盟一家财经报纸，工作不到半年，我看到她写的《花旗集团在华战略转型》，不由得摇头苦笑。后来，我将之作为反面教材，跟实习生和年轻记者讲，工作年限不长、积累不深的记者，能够搞清楚花旗集团的组织架构和业务流程，就已经非常不错了。

有一次，我当时所在单位的一位同事因为面临完不成当月工作量的危险，就央求另一位同事在其作品上署上自己的名字；另一位同事则在出差报销中提供假发票。这些都成为实习生的话题。一位实习生在其实习总结中说："生活中的记者离书本的描叙是那么遥远，他已经失重于我想象的云朵,跌落到地面,融入人群,焦头烂额,只为领取每个月的工资。”

有一次,我负责的某揭黑报道招致报道对象强烈反弹。压力之下,我所在的媒体刊登了致歉启事,我也在大会上检讨。后来,一位实习生情绪激动地要为我打抱不平,我跟他详细讲述了媒体面临的生存环境。

……

教育与实践,理想与现实,其间的落差,都体现在上述实习生故事中了。而我自己作为新闻专业出身者,何尝不是从实习生一路走来?几年前,复旦大学出版社的朋友邀请我写一部财经新闻采访写作实务方面的书,尽管工作很忙,我还是牵头找了几位业内资深的优秀同行,共同完成了任务,就是希望在填补落差方面略尽绵薄。但我和那几位同行确实都是各自单位的业务骨干,所以完成的书稿里也有不少遗憾。

令我欣喜的是,老同学赵智敏亦对财经新闻关注有加,并已主编了这本《财经新闻报道实务教程》。赵智敏是我武大研究生同学,毕业后选择新闻教育,并到复旦读博深造。在上海期间我与她多有交流,对她的勤奋踏实有了更进一步了解。后来也曾听她学生谈到,她上课作风民主,内容贴近现实,是很受学生欢迎的青年教师。有此著作,更让我为她高兴。

此书我有幸先睹为快,读后颇感欣慰:在填补财经新闻教育与实践之落差、缩短大学与媒体之距离上,这是一本很有价值的教材,也是一本财经新闻的实战指南。书稿中所分析的案例,有些未必是获新闻奖的作品,却是财经新闻界经典之作。非对业界有真切了解者,不会如此选材。对财经新闻的分门别类、条分缕析,更显示了编者的逻辑能力和学术功底,这正是智敏所长。无论学习者、研究者还是从业者,初读必生开卷有益之感,再读更是获益良多。

期待智敏在新闻学术方面更上层楼。

《第一财经日报》编委　胡润峰

2011年6月20日晚于上海

目 录

再版前言 // 001

绪 论 // 001

第一章 中西财经媒体发展概览及我国财经报道变迁 // 008

008 // 第一节 西方财经媒体的发展概览
012 // 第二节 中国财经媒体的出现
013 // 第三节 中国财经报道的变迁(1949 年至今)

第二章 财经报道的特性 // 042

042 // 第一节 专业性
060 // 第二节 分析性
068 // 第三节 预见性
072 // 第四节 实用性
074 // 第五节 公益性

第三章 财经报道的采写原则 // 079

079 // 第一节 财经报道的重要采写原则——全球视野、本土视角
085 // 第二节 财经报道的平衡原则

第四章 财经报道的类别(一) // 93

98 // 第一节 信息速递型财经报道
105 // 第二节 深入调查型财经报道
120 // 第三节 立体解释型财经报道

第五章 财经报道的类别(二) // 125

125 // 第一节 图解政策型财经报道
136 // 第二节 主题报道型财经报道

第六章 财经报道的类别(三) // 156

156 // 第一节 我国财经新闻人物报道的发展历史
174 // 第二节 财经新闻人物报道的操作原则

第七章 华尔街日报体和对财经报道质量的总体分析 // 184

184 // 第一节 华尔街日报体——财经报道的一种常用手法
190 // 第二节 对财经报道质量的总体分析

第八章 财经记者的素质要求 // 197

197 // 第一节 财经记者素养多面谈
204 // 第二节 有关财经记者素质的对话

再版后记 // 214

第一版后记 // 216

再版前言

从1857年11月《香港船头货价纸》的创刊开始，财经媒体在我国至少有150多年的历史了，但是财经媒体真正的繁荣则是近十几年的事情：既有不同媒质的财经媒体的创办，也有综合类媒体中专门的财经栏目的设置，更有近几年来资本力量向财经媒体的渗透。自2011年1月推出微信免费应用程序以来，各路“老”财经媒体纷纷抢注微信公众号，这个平台不仅为受众提供了更便捷温情的财经信息服务，还衍生出微信财经新闻写作的特有风格和样式。

今天，如何更好地满足消费者和投资者们各方面的信息需求是财经媒体发展壮大的生命线，传统的以宣传指导为要务、以居高临下的姿态来选取新闻主题的视角的陈旧做法已经不合时宜，不能适应当前这个时代对于财经报道提出的要求。对于中国的财经媒体来说，以下课题是不能不重视的：要发展中国的财经媒体，要使财经媒体提供的信息能够为市场主体们所信赖，要使中国财经媒体的发展追上国际一流的财经媒体并被世界同行所认可，我们不得不从多方面下功夫来改变财经报道生产及其内容。

如何改变我国财经媒体的发展现状？培养财经报道的人才是当务之急。目前，在一些高校的新闻与传播学院，开设与财经新闻相关的课程已经成为“时尚”，但是效果并不怎么理想。这一方面与财经新闻本身的专业性要求有关，因为懂得最起码的经济学知识是财经新闻入门的基础，但是新闻学子中有不少人对经济学望而却步，能喜好钻研经济学知识并具备此方面知识的人并不多。财经报道这一课程的教学效果并不被看好的另一个原因，在于此类课程内容设置及教学方法的不合时宜。因此，从目前的情况来看，为了培养出真正适合财经媒体市场需要的财经传媒人才，重视财经报道课程的开设，并积极探索这一课程的教学模式和方法的创新是必由之路。

《财经新闻报道实务教程》便是寻求这一课程教学创新的积极探索成

果。笔者以为,编著一本既适合我国国情,又能体现出财经新闻的特质;既立足本土,又放眼世界;既通俗易懂,又有历史及学理的适宜介绍及阐释;既有财经新闻采访写作的原理,又能进行相应的经济学知识的对接的好教材是财经新闻教学得以富有成效的关键。《财经新闻报道实务教程》第一版于2011年9月由郑州大学出版社出版,该书出版以来,满足了郑州大学新闻与传播学院财经新闻教学的需求。同时,该书还被南京财经大学等高校所使用。

《财经新闻报道实务教程》第二版是在第一版的基础上修订而成的,本书保留了第一版的贯穿财经报道经典文本来学习参考的风格。与第一版相比,限于篇幅的底线,本书删除了部分原有的内容并增添了诸如中国传统文化视角的财富观、自媒体时代到来后财经媒体的新气象、财经报道的数据表达(包含数字的转换和数据的可视化)、财经评论发展概览及特性、微时代财经报道、财经新闻人物、2011年以来自媒体时代的新变化(其中又增加了"通过个人命运展现特定时代的冲突和宏大经济运动的背景"这部分内容)、财经记者素养多面谈(包括新闻传播专业能力、经济及管理学等专业知识、职业伦理的要求、心理素质方面的要求)等内容,新增了几篇典型报道文本,后记2也是建立在2011年以来媒介技术变迁背景下的新认知。另外,本次修订基于新变化,对第一版若干地方的资料进行了增删,部分章节进行了更符合财经报道机理的新调整。

赵智敏负责了《财经新闻报道实务教程》(第2版)整体框架的筹划、设定,各章节的安排以及全书的编辑。第一章中"中西财经媒体发展概览"部分有关《金融时报》《华尔街日报》《福布斯》《商业周刊》《财富》和汤森路透集团的内容由郑州大学新闻与传播学院主讲外国新闻事业传播史的李瑛老师写作;第五章第二节中,"主题报道型财经报道的形象化表达之策"部分由河南电视台主任记者时汉枫写作,"财经评论发展概览及特性"由南京财经大学主讲财经报道的张春华老师写作;第八章第一节中,"心理素质方面的要求"部分由山西大学新闻与传播学院主讲新闻心理学的李彩霞老师写作;其他内容全部由赵智敏写作。本书相关访谈的录音和录音稿整理工作由郑州大学新闻与传播学院2015级研究生周馨瑜、2016级研究生宋贺杨和苗卉、2017级研究生高萱萱和孙梦处理。

绪 论

▶内容提要

在中国，财经新闻这一称谓在2000年左右才出现。财经报道是有关经济领域的最新变动的报道，关注财富的创造与转移，注重从“财富”的角度报道、解剖经济事件与现象是其有别于其他类别新闻报道的特征。中国文化背景下的财富观有着其独到的内涵。

有关财经新闻的定义，业界和学界目前还没有一个相关的解释能够被大家所共同认可，所以这里仅提供一些学者们关于财经报道定义的看法，以资参考。同时，对笔者所持的有关财经报道的定义加以阐述。

一、经济新闻向财经新闻变化的原因探析

其实，“财经报道”概念大概在2000年之后才出现，之前，人们通常将经济领域的相关报道称为经济报道。那么，是什么样的原因导致经济报道的名称的变更呢？来参看相关文献对财经报道被当作经济报道代名词出现的契机的相关阐释。

在《财经新闻》①一书中，编者是这样陈述的：“传统上，经济新闻大多数是产业、行业报道，以总结经验、揭示问题、宣传先进人物为主。由于报道的专业性很强，距离老百姓的实际生活又比较远，并不为普通社会公众所关注。2000年左右，随着《财经》杂志和《21世纪经济报道》《经济观察报》等新型报纸的崛起，‘财经’概念才带着某种时尚、新锐的色彩逐渐为公众所瞩目。不过，在实际运用中，人们其实并没有将‘经济’和‘财经’作特别严格的区分。”“随着我国经济体制改革的逐步深入，社会公众经济活动频繁，即使是一些比较宏观的经济动态和变革，也通过各种渠道与普通百姓的日常生活联系起来。在这种背景下，人们对于财经的理解慢慢变得宽泛起来，很多时候这个

① 李本乾，李彩英.财经新闻[M].大连：东北财经大学出版社，2006：1-3.

词泛指各种商业性活动。”“如此，财经指所有与经济有关的行为、活动和现象，既包括比较宏观的利率杠杆、货币政策，也包括中观的公司经营、产业动态，甚至是关乎个人的理财行为也被包含进来。”

从以上的阐述中我们可以看出，编者在阐述“经济报道”一词向“财经报道”一词变迁的动力时，主要从两个方面加以分析：一是中国经济活动中主体参与力量的壮大以及多元经济主体形成之后所带来的人们称呼上的一种习惯性变化；二是2000年左右中国媒体版图中专业性、市场化的财经媒体的出现。这两个方面的分析是从社会经济和媒体变迁的原动力的视角入手的。

再看看关于经济新闻向财经新闻称谓变迁的另一种解释。在《财经专业报道概论》[①]一书的绪论中，作者认为从经济报道向财经报道演变的一个动力在于：核心受众的变化。之所以如此，原因在于传统的经济新闻习惯于以生产者为核心受众，而财经报道则将自己的核心受众定位于消费者和投资者，核心受众的变化是经济新闻报道向财经报道这一称谓变化的根本原因。

实际上，核心受众发生变化的原因在于市场经济在媒体领域推开后所带来的媒介观念的变化，如服务观念的萌生、监督意识的实现，等等。传统的经济新闻只服务于生产者，即服务于生产者和管理者们宣传业绩的需要或者指导工作的需要，此种情况下，非生产者是被置于经济新闻的受众之外的，因为任何有着主体意识的人都不愿意去花钱关注与自身无关紧要的信息。而媒体市场化的开启，受众在媒体运营中中心地位的确立使得所有的媒体都要关注自己的受众的兴趣，因为受众的量与质成了媒体能否好好生存下去的生命线——受众即为“上帝”。

同时，在媒介市场化的小环境之外的大环境中的中国，市场意识的呈现、市场主体的多元、市场活动的频繁等种种变化又为市场化中的媒介提供了具有无限潜能的受众——消费者、投资者。如此，仅仅热衷于关注“生产者”的时代也就一去不返了。这也就产生了《财经专业报道概论》的作者所做的论述：核心受众的变化是导致传统经济报道向财经报道变化的根本原因。这是立足于经济变迁的背景，以媒介经营理念的变化作为视角的一种理解。

有关经济报道向财经报道变化的解释还有很多，这里就不再赘述。总体来看，以上两种解释最为典型，也更具有说服力。

如何对经济新闻向财经新闻称谓的变化做出更科学的解释？实际上，将《财经新闻》和《财经专业报道概论》两书的视角加以综合，即可得到最让人信服的答案，即在经

① 贺宛男，佟琳，唐俊.财经专业报道概论[M].上海：复旦大学出版社，2006：绪论.

济变迁的背景下,中国多元经济主体的崛起以及媒体市场化运营后所带来的经营理念的变化促成了经济报道向财经报道称谓的变化。

二、关于财经新闻定义的诸种说法

下面对有关财经新闻的定义的说法加以呈现。

在《财经新闻采访与写作》①中,作者对财经新闻的定义做了如下叙述:"对财经新闻来说,永远戴'多''空'眼镜,透过'钱眼'看世界,关注利益的创造与转移,正是其核心内涵。""具体而言,财经报道应从'利益'的角度报道、解剖经济事件与现象,为提升受众利益水平服务。前述广义、狭义财经新闻的划分,即可在'利益'层面获得统一。"那么,这里提到的广义、狭义的财经新闻指的是什么?作者集纳的是其他人的相关阐述,认为"广义的财经新闻或泛称经济新闻,覆盖全部社会经济及与经济有关的领域,包括从生产到消费、从城市到农村、从宏观到微观,从安全生产到服务质量,从经济工作到政治、社会生活的相关领域。狭义的财经新闻,则重点关注资本市场、金融市场以及与投资相关的要素市场,并用金融资本市场的视角来看中国经济生活。也可以说,如果可用投资、生产、流通、分配这样一些环节来描述社会经济生活过程的话,那么狭义的财经新闻主要聚焦于投资并从投资的角度观察和报道经济生活"。

就狭义的财经新闻的内涵界定来说,清华大学新闻与传播学院的周乃菱教授认为,"主要指的是针对资本市场的报道,涵盖宏观经济、微观经济、货币、银行、金融产品等"②。

在《财经新闻》一书中,编者将财经新闻定义为:"财经新闻就是有关经济活动、经济现象、经济决策最新事实和情况的报道。它具体指涉的对象十分广泛,在现代经济生活中的象征性资产,如货币、股票、期货等,有关这些领域的动态、政策、现象自然是财经新闻的报道范围;传统上关于社会物质再生产所牵涉的生产、分配、交换、消费四大环节的活动也是其报道对象,甚至经营管理领域也包括在内。"从该书的解释来看,财经新闻已经包含了传统经济新闻以及新兴的生产要素市场,如资本市场等所有内容,是以上所述的广义和狭义财经新闻的集大成式的定义界定。

在《财经新闻采访与写作》中,作者将传统的经济报道称为泛经济报道,将经济报道分为四类,即市场新闻(特指消费市场)、产经新闻、财经新闻和政经新闻。这里的产经新闻以产业经济和区域经济为主要内容,政经新闻则以是否关乎一个国家和地区的

① 胡润峰,等.财经新闻采访与写作[M].上海:复旦大学出版社,2006:1-4.

② 这是周乃菱教授于 2011 年 4 月初在为郑州大学新闻与传播学院的师生所做的报告中的陈述。

经济安全和政经大局为标准。作者认为,以上四类新闻常常相互交叉,会带动受众消费和投资行为的变化,引发他们的兴趣,所以都可能成为财经新闻的内容,因为财经新闻的核心受众是投资者和消费者。这样一来,在此著作中有关财经新闻的定义就明朗了,它实际上也是个广义和狭义的集大成者,只是这里更着重于受众的视角。

三、本书有关财经新闻定义的界定

那么,如何定义财经新闻才能达到既能体现其科学的内涵,又能彰显出其独特的性质呢?

基于以上分析,笔者对于财经新闻定义的解释借鉴了《财经新闻采访与写作》一书的定义,即:财经报道是有关经济领域的最新变动的报道,以“钱”的生长为中心,关注利益的创造与转移,注重从“利益”变化的角度报道、解剖经济事件与现象是其有别于其他类别新闻报道的独有特征。可以说,这一定义把财经新闻的报道对象以及独特的报道特点明确地反映出来了。财经报道的内涵,也是它的魅力所在,正如这段话所言,“读完花边新闻或社会新闻,一笑了之或扼腕而叹,大抵是不会直接影响到自身利益的。但是,财经新闻不同,读者需要据此研判经济大势,直接事关投资成败”①。

1.中国传统文化视角的财富观

自古以来,中国人对于财富有着符合自身文化特质的特殊理解,近代以来,社会或者个人财富的流动收缩增长,常成为媒体关注和报道的对象。“俗话说:发财不难,保财最难。我住在上海五十余年,看见发财的人很多,发财以后,有不到五年、十年就败的,有二三十年即败的,有四五十年败完了的。我记得与先父往来的多数有钱人,有的做官,有的从商,都是煊赫一时的,现在已经多数凋零,家事没落了。有的是因为子孙嫖赌不务正业而挥霍一空;有的是连子孙都无影无踪了。大约算来,四五十年前的有钱人,现在家产没有全败的,子孙能读书、务正业、上进的,百家之中,实在是难得一、两家了。……不单上海是这样,在我的家乡湖南,也是一样。”②这段文字出现于聂云台所著的《保富法》。《保富法》于民国年间在《申报》上连载,轰动上海。

中国文化视角的财富观基本理念是“君子先慎乎德。有德此有人,有人此有土,有土此有财,有财此有用”。“德”是中国传统文化中认可的财富之本之源,舍此,其不仅不会流长,无德地追逐财富还会带来灾祸,所谓“君子爱财,取之有道”。300多年的老

---

① 庞瑞锋.财经新闻道——对话美国顶尖财经媒体高层[M].南方日报出版社,2008:142-143.

② 聂云台是曾国藩的外孙。《保富法》写于1942—1943年,聂云台先生将自家和在上海所见所闻的富人家庭的变迁,融合编成这本书,意在提醒世人“如何才能真正地保有财富”,避免重蹈贪财者的覆辙。

字号“同仁堂”为世人熟悉，其名取自于“同修仁德，济世养生”，即是实现其创始人以做医药来服务大众、救苦救难、利益社会之理想。“2003 年，非典型肺炎肆虐中国，当时中药制剂非常紧缺，政府出面向各个医药企业下了订单，让医药企业生产治疗和预防非典的冲剂。有些企业收到订单，只是应付政府的任务。因为当时原材料涨价，每瓶药剂的成本就有九元，而政府又限制售价为七元。而同仁堂认为，社会人民有需要，正是我们企业作贡献的时候。他们加班加点地生产，但是仍满足不了需要，于是就停下了制药酒的生产线，转产治疗‘非典’的制剂。”[①]国家有难，忘己利益，奋全力作贡献，这便是同仁堂道德美好的行动体现。

中国传统文化认为德为财之本，即是《大学》中所言，“德者本也，财者末也”，而财富流动的真理则在于“财聚财散”。所谓“财散人聚”“财聚人散”，就是说，拥有财富后不能全部据为己有、供己方享用，而是要把财富及时而慷慨地散布于社会需要的地方，在“非典”期间，“同仁堂生产了 300 万瓶汤药，每一瓶药亏 2 元，总共要亏 600 万元”[②]，但是，“同仁堂”并没有因慷慨造福社会而蒙受大的困难，“即使在 2003 年‘非典’期间这样非常艰难的条件下，企业效益仍然增长了 30%。在中国上市公司发展潜力 50 强评选中，连续七年都入选的企业有两家，其中一家就是同仁堂”[③]。同仁堂的例子非常生动地阐释着“德本财末”“财散人聚”的财富观。2017 年 11 月 23 日，国际连锁幼儿教育机构红黄蓝针扎虐童事件曝光，舆论哗然，第二天，其纽约股价暴跌 38.41%，换手率 39.9%。可是，一天后该公司股价上涨 9.42%，次天再暴涨 17.1%。分析人士称，这种违背常情的变化，其原因“除了自己组织的资金护盘以外，也有人想趁机‘抄底’”。针对这种无底线助纣为虐的抄底行为，有评论称其为“失去道德底线的资本，不会走太远”[④]。这种做法，从根本上违背了中国文化中的“君子爱财，取之有道”，为明白人所不齿。

图 1-1 中的主人公是黄新文，是改革开放以来第一个被媒体报道的“万元户”。1979 年 2 月 19 日，《人民日报》发表了题为《依靠辛勤劳动过上富裕生活》的报道，记录了广东省中山县黄新文变身“万元户”的事迹和经验，震动了大江南北。黄新文的“壮举”诠释了《左传 · 宣公十二年》里的一句话，“民生在勤，勤则不匮”。

“历览前贤国与家，成由勤俭破由奢”的古语，道出了中国人对于财富的爱惜节制之心。消费主义所张扬的奢靡、浪费不仅与中国古训格格不入，还会带来灾祸，所谓

①②③　刘余莉.正说传统人生智慧：心态即命运[M].北京：世界知识出版社，2010.

④　失去道德底线的资本，不会走太远[EB/OL].(2017-12-01)[2018-02-01].https://ww.sohu.com/a/207792051_687572.

图 0-1　黄新文本人及关于他的漫画

“用之亡度,则物力必屈”,“俭节则昌,淫佚则亡”。[①]

“万元户”的报道结束了过去民众羞于谈钱、时时需要警惕“被割资本主义尾巴”的时代。到 2016 年,中国居民人均可支配收入达到23 821元,近 40 年间,国人的财富拥有量和对钱的观念已经发生了翻天覆地的变化。诸如层出不穷的财富排行榜、企业家大规模的慈善捐款等,成为媒体关注的焦点,丰富了媒体的内容,为中国财经媒体的出现、发展、壮大和专业化创造了前提条件。

四、本书有关财经新闻分类的标准

就财经报道的分类而言,因为分类标准不同,不同的研究对其分类的结果也大相径庭。有的从体裁上来划分,将财经新闻按照传统的新闻写作的类别分为财经消息、财经特写、财经通讯等;有的是按照报道方式分;还有的根据报道对象来分;也有的根据报道财经新闻的媒介的媒质来分。本书的分类标准是按照财经报道的目的确定的。

① “用之亡度,则物力必屈”出自汉代贾谊所著的《论积贮疏》,“俭节则昌,淫佚则亡”出自《墨子·辞过》。

练习题:

1.分析从经济新闻向财经新闻称谓变化的原因。

2.什么是财经新闻?举例谈谈财经新闻与其他类别新闻的区别。

3.结合自己的生活实际,谈谈你对财富流动的看法,你认同中国传统文化中的财富观吗?为什么?

第一章 中西财经媒体发展概览及我国财经报道变迁

▶内容提要:

中西财经报道的源起与各区域的经济发展所带来的民众对于经济信息的需求密切相关,也与媒体的演进密切相关,资本主义生产关系的萌生是其经济基础,而报纸的出现是其媒介发展的基础。在西方,财经新闻起源于资本主义产生时期。与西方发达国家相比,中国具有近代意义的报刊经济信息的产生晚了200多年,1857年11月《香港船头货价纸》的出现是其产生的标志。

中华人民共和国成立之后,经济报道长期处于泛政治化、传播价值取向单一化和报道模式刻板化的困境,经济报道在报道领域的选择、报道视角的撷取、报道方式的设定等方面,都呈现出僵化、呆板的"万能"模式。随着以经济建设为中心的工作重心的确立,市场经济体制的建立,新闻报道中的"新闻本位"观念的回归,经济报道在不断冲破重重困境的过程中,终于获得新生。2011年以后,自媒体时代到来,财经媒体呈现出新气象。

中西财经报道的源起与各区域的经济发展所带来的民众对于经济信息的需求密切相关,也与媒体的演进密切相关,资本主义生产关系的萌生是其经济基础,而报纸的出现是其媒介发展的基础。由于中西近代化报纸产生的条件与环境的不同以及资本主义生产关系产生的时代不同,所以中西财经报道发展的历史也有很大的差异。

第一节 西方财经媒体的发展概览

世界上,资本主义生产形态最早萌芽于14—15世纪欧洲地中海沿岸的一些发达城市,在织布、采矿、冶铁等行业中,威尼斯、热那亚、佛罗伦萨等城市开始出现了作坊主。在商品竞争中胜出的作坊主使帮工和学徒成为他们的雇佣工人，这就是资本家和工人的最早形态。

在人类发展史上，资本主义生产关系正式产生于15—16世纪，这一时间也是财经新闻的起源之时。这一时代，正在萌生中的自由竞争的商品经济既促进了资本家和工人的产生，也带来了资本家对于商品信息的渴望。对于工人们来说，在这种新的生产关系下，劳动力成为商品，为了出卖自身劳动力，工人们当然也会需要合适的用工需求信息。在此情况下，经济信息的自由流动便有了旺盛的市场需求，这为报纸的产生提供了前提和条件。

在以上背景之下，16世纪意大利的威尼斯出现了手抄小报。此前，得益于航运枢纽的便利条件，15世纪的威尼斯已经成为世界的交通、贸易、造船等中心，而中心地位的确立以及所产生的对于各类商品信息的需求便促成了手抄小报的产生。对商品信息的需求所构建的信息市场酝酿出了一批从事商品信息流通并以此作为生计的人。在1536年，威尼斯出现了专门采集消息的机构和买卖手抄小报的人。而这些手抄小报上的商品信息、价目信息、船期和商品往来的信息等即是今天我们所看到的财经新闻的始祖。在1566年，世界媒介史上具有里程碑意义的事件发生：世界上最早的印刷报纸《威尼斯新闻》诞生。之后，类似于《威尼斯新闻》的报纸的兴起为更快速、更广泛地传播商品信息创造了良好的媒介条件。

17世纪，就媒介发展史来说，是政党报刊居于主流地位的时代。之所以如此，是因为刚刚发展壮大起来的资产阶级要夺取国家政权，他们需要利用报纸为自己做宣传，攻击敌对势力，进而获取人心。到了18世纪，夺取政权的任务基本完成，加之工业革命的到来，资本主义进入发展的上升期。而此时，人类在通讯、交通以及媒介印刷技术等方面的发明创造所取得的成果迅速地推动着资本主义经济的发展，同时也加快了媒介发展的步伐。在此种背景下，人们对经济信息的渴求愈加旺盛，旺盛的需求促成了以传播经济信息为主要任务的商业性报刊的出现。

资本主义自由竞争时代经历了二三百年后终于寿终正寝，走到了尽头。19世纪末期，垄断资本主义出现。19世纪末20世纪初，垄断资本主义的到来展开了多方面不同于自由竞争时代的经济图景。在此期间，人类的经济活动空间更大，跨国生产与交易成为经济生产的常态，世界市场得以形成和发展。资本的威力也开始显现，资本主义内部的激烈竞争加速了大资本吞噬小资本，并导致资本与生产迅速集中。而生产的集中促进了垄断组织的产生。到19世纪末20世纪初，垄断组织在所有发达资本主义国家普遍发展起来，并成为全部经济生活的基础。

资本主义垄断时代的到来，带来了对经济信息更大、更广以及更国际化的需求，也带来了报业的集中化、商业化与国际化。在此期间,英国、美国、法国、德国、日本等资本主义国家的大型报刊中,都辟出专门的版面刊登财经新闻。同时,诸如《金融时报》(1888年创办)、《经济学家》(1843年创刊)、《华尔街日报》(1889年创刊)等专业化的、世界性的财经报刊也纷纷出现,财经报道的专业化与国际化时代到来了。

在1973—1974年第一次石油危机期间,原油价格从1973年的每桶不到3美元涨到每桶超过13美元。原油价格的暴涨引发西方发达国家的经济衰退,据估计,第一次石油危机期间,美国GDP增长下降了4.7%,欧洲下降了2.5%,日本下降了7%。第一次石油危机还引发了恶性通货膨胀和财政赤字等一系列的经济问题,这些经济问题严重影响了国计民生,民众对于如何让自己手中的财富不至于在通胀的大环境下过快贬值产生了诸多疑问。此时,民众期待从财经媒体中了解更多的金融知识、理财产品、财富保值增值的手段等信息,银行等投资机构又急需新闻媒体来充当财富信息的传播者,此种背景正是促成西方国家财经报道进入兴盛时期的根本契机,而西方财经报道兴盛的状况一直延续到今天。

《金融时报》(*Financial Times*),是英国最有影响力的财经报纸,由James Sheridan兄弟于1888年创办,主要报道商业和财经新闻,为读者提供全球性的财经信息、经济分析和评论,其创立的伦敦股票市场的金融指数在全球具有一定的权威性。该报在世界多地设有记者站,报道当地财经等新闻。《金融时报》拥有超过160万名读者,日发行量为45万份左右,其中70%发行于英国之外的140多个国家。其主要网站(http://www.ft.com)每月拥有多达390万名在线读者,其中文网站(http://www.ftchinese.com)旨在为中国的商务人士和决策者们提供权威的全球财经新闻、分析以及评论。2015年该报被日本数字媒体公司日经新闻(Nikkei)收购。

《华尔街日报》(*The Wall Street Journal*),创刊于1889年,一百多年来从一个仅为华尔街企业提供商业数据的小型出版物发展成为美国当今付费发行量最大的财经报纸,堪称奇迹。其读者主要为政治、经济、教育和医学界的人士,如金融大亨和经营管理人员以及股票市场的投资者。美国500家最大企业的管理人员绝大部分订阅此报。《华尔街日报》1996年就开办了网络版,2007年网络版的收费用户数达98万。在新媒体的冲击下,近年来该报的网络读者数量不仅未减少,反而呈上升态势。网上资料显示,截至2017年9月,该报网络用户数由32.2万激增至127万。该报近年还先后开辟了德文、法文、中文和日文的网络版。

《华尔街日报》的报道风格严肃,题材的选择也非常谨慎,以深度报道见长。在报道手法上,该报常把艰深晦涩的经济术语通俗化,冗长复杂的语言表达简单化,其开创的"华尔街日报体"(本书第七章有详细介绍)被许多报刊所采用。

《福布斯》(*Forbes*),由 B.C.福布斯于 1917 年创办,以发表金融、工业、投资和营销等主题的原创文章而著称。该杂志因提供诸如最富有的美国人列表(福布斯 400)和世界顶级公司排名(福布斯全球 2000)而闻名于世。该刊着重于描写企业精英的思维方式,凭借独到的视角和强大的影响力,被誉为"美国经济的晴雨表",出版十种不同语言的刊本。《福布斯》中文版于 2003 年创办,但其运营团队又于 2015 年 12 月 31 日正式解散,其中文网也正式关闭。

美国《商业周刊》(*Business Week*),是全球最大的商业杂志,由美国麦格劳·希尔出版社于 1929 年创刊发行,该杂志为世界各地的商业精英提供深入独到的见解和细致详尽的信息解析,使读者及时了解财经大事、金融趋势、科技应用等最新动向。《商业周刊》发行范围超过 140 个国家,每周发行量达 120 万册,读者人数超过 560 万人。该刊在亚洲和欧洲出版国际版;其中文版创刊于 1986 年,从北美版和国际版内精选文稿,为中国管理阶层提供管理知识、市场趋势及科技发展信息。2010 年 4 月 26 日,该杂志与彭博集团合并后进行了全新改版,更名为《彭博商业周刊》。

《财富》(*Fortune*)是全球最知名的商业杂志之一,由美国人亨利·鲁斯创办于 1930 年,隶属于时代华纳旗下的时代公司。20 世纪 30 年代,《财富》月刊主要为企业家提供工商业动向、商情分析、经济管理等信息,报道工商界所关注的问题。20 世纪 40 年代,《财富》月刊除了报道工商界动向之外,还刊登经济问题研究文章,介绍全球大型企业和地区工业的经营状况。20 世纪 40 年代后期,该杂志加强了调查性报道的分量,扩大了舆论的影响力。1954 年,该杂志开始以严谨的评估推出了全球最大 500 家企业的名单。"全球 500 强排行榜"已成为世界知名企业用来判断自身实力、规模和国际竞争力的重要指标,成为世界经济状况极具权威性的晴雨表。《财富》还于 1995 年开始主办世界 500 强全球论坛。

汤森路透集团(Thomson Reuters Corporation),成立于 2008 年 4 月 17 日,总部在纽约,由加拿大汤姆森公司与英国路透集团合并而成,在全球 100 多个国家设有办事处,全球专业雇员大约45 000人,主要为企业、金融机构和消费者提供财经信息服务。其前身是 1851 年创建于伦敦的路透社,该社是全球历史最悠久的提供财经资讯的公司。作为全球领先的商务和专业智能信息提供商,汤森路透集团 2013 年与多家大公司合作推出"开放信息"平台,开创了世界上最大的供财经专业人士交流的社区。

20 世纪 90 年代以来,随着冷战的结束,经济建设获得了全世界更多国家的关注,财经报道也顺势开始稳坐媒体报道的主导位置。同时,全球化的高速发展使得全球的经济脉动根茎相连,诸如拉美金融危机、亚洲金融风暴、高科技泡沫等重大经济事件瞬间影响了整个世界经济,为财经新闻提供了丰富的题材,成为媒体争抢的头条新闻。

可以说,世界经济全球化带动了财经新闻的国际化发展趋势,而财经新闻的国际化又在某种程度上加速了经济全球化的进程。进入21世纪第一个十年后,基于中国经济实力的提升,综合影响力的增强,国际老牌财经媒体纷纷借助网络平台和自身品牌的优势抢滩中国,诸如《金融时报》的FT中文网①、福布斯中文网、华尔街日报中文网、日经中文网、路透中文网、哈佛商业评论中文版等。

国际新财经媒体彭博社(Bloomberg)更是看好中国,把亚太区总部设在香港,在北京、上海、台北设置常驻人员,时刻关注着中国这艘经济大船的脉动。成立于1981年的彭博公司现在已成为一个不断更新的庞大数据库,汇聚了全球市场参与者的信息。做金融必用彭博终端机,这是金融圈的共识,无论交易员、分析员还是投资者,一个账号,一个入口,就可以接触到全球各个金融市场所有的金融数据与即时新闻,非常便捷迅速。笔者在2015年8月至2016年8月在美国北卡罗来纳大学教堂山分校(UNC)访学时,专门选修了该校新闻和媒体系的几门财经新闻课,上课期间,学生可以在老师的带领下,在彭博社为该系提供的终端机上实习模拟。除提供数据终端机服务之外,彭博社主要做资讯服务。2011年11月,《彭博商业周刊》(中文版)以半月刊形式改版面世。彭博社提供的服务深受欢迎,发展速度很快,已直逼路透社等老牌通讯社。“现在彭博社在全球有大概2 400个至2 500个记者编辑,一共在73个国家有150个分社。”②

第二节 中国财经媒体的出现

与西方国家相比,中国具有近代意义的报刊经济信息的产生晚了200多年,这与中国社会的经济基础有着根深蒂固的关系。虽然在明朝末期中国社会已经有了资本主义生产关系的萌芽,但阻力重重,最终没有作为一种新的经济形态而居于国家经济发展的主导地位。从媒介发展史的角度来说,中国的近代报刊直到1815年才得以出现,但它并非产生于经济发展的需求,而是源于殖民主义扩张和侵略的需要。中国最早的近代报刊是外国传教士创办的,这些传教士利用报刊在中国传播宗教的同时,也向中国人输入西方的文化与科技知识,所以并没有着意于经济信息的刊登。从1815

① 2015年7月24日,日本经济新闻社(Nikkei,日经新闻)宣布,将以8.44亿欧元(约合13亿美元、57.5亿元人民币)的价格收购Pearson公司旗下的《金融时报》。

② 来自2017年5月26日清华大学新闻与传播学院举办的清华财经新闻论坛。

年到 1857 年，在中国真正以传播商品信息为主体内容的报纸并没有出现。

1857 年 11 月《香港船头货价纸》的创刊终于结束了这一局面。这是一家以商业信息为核心内容的近代报纸，其产生与中国当时的政治经济社会形态的多元化是密切相关的。随着中西方贸易的急速增长，尤其是鸦片战争之后，香港已经成为中国进出口贸易的中心，商业的迅速发展也培育了商业市场，一批批的外国人进驻香港，形成了一个商业阶层。“1857 年诞生的《香港船头货价纸》可以说是当时香港繁忙商业社会（以‘船’和‘货价’为中心与象征）的产物。”这家报纸的第一版右上角为固定的报馆启事。启事以下，通常是“新闻”栏，每期新闻少则一两条，多则五六条，每条新闻的字数也从十余字到三四百字不等，新闻没有标题。报纸其余部分则基本上是各类广告与通告，主要为商船往来信息、货船出租、货物出卖与转让信息、香港鸦片行情等。

作为中国早期经济类报纸的代表，《香港船头货价纸》还面向市场，大力拓展广告业务，成为经济报刊的开路先锋。在刊登大量收费广告信息的同时，还免费征集新闻线索，并专辟“新闻”栏刊登时事新闻。将新闻与广告信息有机结合，使得这份报纸不再只是单纯的“广告纸”，而是近代意义上的“新闻纸”了。[①]

从 1857 年到 1949 年，中国遭遇内忧外患，商品经济发展缓慢，经济新闻的市场需求极少。虽然一些重要的报纸如《申报》等都把经济信息作为报纸的一部分内容来刊登，但是距离真正的经济新闻的专业化发展还是特别遥远。

第三节　中国财经报道的变迁（1949 年至今）

中华人民共和国成立之后，基于中国当时的经济制度，经济报道并没有也无需从别的类别的报道中独立出来，所以长期处于泛政治化、传播价值取向单一化和报道模式刻板化的状态，在报道领域的选择、报道视角的撷取、报道方式的设定等方面，缺少新鲜灵动的内容和喜闻乐见的形式，同时“经济新闻的报道面过窄，主要集中在生产领域，对消费领域涉及较少；对人民群众的经济生活，经济报道则涉及更少。经济新闻的写法呆板，缺乏应有的变化，形式单一，读来无味”[②]。“经济新闻文风死板、拘谨，事件报道平铺直叙，喜欢罗列干巴巴的数字，堆砌深奥的经济词汇”[③]；而“报道语言具有很

① 有关《香港船头货价纸》的资料源自 http://baike.baidu.com/view/5000245.htm。
② 程道才，严三九.经济新闻写作概说[M].北京：中国广播电视出版社，2001：7.
③ 李本乾，李彩英.财经新闻[M].大连：东北财经大学出版社，2006：24.

强的公文性、政治性和口号、标语化”[①],这是当时经济报道的基本面目。

《人民日报》主办的《讽刺与幽默》曾经刊登一篇题为《万能表》的文章,全文如下:

在______以来的大好形势下,在______会议精神的鼓舞下,______党委认真贯彻执行______精神,组织党委一班人围绕______专题,反复学习了______文件。通过学习,深刻认识到______重要性,进一步明确了开展______的重要意义,从而大大增强了贯彻执行______的自觉性。在提高认识的基础上,他们针对本单位______的特点,狠抓了______工作,做到了______,从而有力推动了厂里的生产。到______为止,全厂已超额完成了______计划的百分之______,总产值达到______,比去年同期增长______。群众高兴地说:“______。”目前,______厂的干部群众正在成绩面前找差距,力争为______做出新的贡献。

本表结构严谨,层次分明,段落清楚,主题突出,适用于所有工矿企业的新闻报道。大、中、小学文化程度的同志均可使用,使用时稍加填写就可成为一篇正规的新闻稿了(原文注)。[②] 这个“万能表”当时确实被很多经济报道文本所套用。

中华人民共和国成立初期,新闻总署作出“关于改进报纸工作的决定”[③],明确提出了“适应全国逐步转入以生产建设为中心任务的情况,全国报纸应当用首要的篇幅来报道人民生产劳动的状况,宣传生产工作和经济财政管理工作中成功的经验和总结错误的教训,讨论解决这些工作中所遇到的各项困难的办法。报纸的新闻、通讯、评论、信箱、专门性的或一般性的副刊,都应当尽可能地服从于这个任务”[④]。1954 年 7 月,党中央通过的关于报纸工作的决议,明确指出“经济宣传所占的篇幅,不应少于报纸版面的百分之四十”[⑤],从这些重要的“决定”和“决议”可以看出,管理者还是非常希望能通过政策的推动来促进经济报道的成长的,但是,当时中国社会计划经济的基础决定了整个社会对于经济信息需求量不高,所以,在很长一段时间里,经济报道与其他类别的报道,如时政报道,并没有区分开来。因为界限模糊,经济报道在媒体上的地位便是边缘化和非主流的,这种状况直到改革开放之后才有了彻底改变。

---

① 沈毅.中国经济新闻史[M].北京:北京大学出版社,2008:213.

② 程道才,严三九.经济新闻写作概说[M].北京:中国广播电视出版社,2001:7.

③ 该决定由 1950 年 4 月 21 日政务院第 29 政务会议批准,于 1950 年 4 月 22 日发布。

④ 《新闻总署关于改进报纸工作的决定》,刊印于 1950 年 4 月 23 日的《人民日报》。

⑤ 王梅芳.新闻与文化传播论丛:第 2 辑[M].北京:中国财政经济出版社,2005:69.

一、独立话语的初建

从中华人民共和国成立到改革开放前这段时间内，经济报道是缺乏自身特性的，其显著的特征便是写作中的"万能"模式。改革开放以后，经济报道冲破泛政治化和价值取向的单一化困境具备了社会基础，而这正是刻板的"万能"模式得以颠覆的前提。

改革开放之后，经济中心地位的确立，市场经济行为的活跃，新经济领域的开辟和拓展以及新的经济现象和问题的出现，为经济报道开辟报道领域和寻求新的报道方法创造了良好的外部条件。同时，媒体对经济报道的重视，新生的经济类媒体的涌现，以及媒体之间激烈的市场化竞争，都为经济报道构建独立的报道话语和形成个性化的报道品质开辟了道路。

经济体制的彻底变革，使得市场中的经济主体和游戏规则发生了变化，公司成为经济活动中最重要的主体。同时，资本、金融市场的形成和扩张，股票、基金、债券、期货、保险、外汇买卖、个人理财等新经济现象的呈现等，这一切都对经济新闻报道的对象、领域提出了新要求。改革开放前，经济报道选题狭隘，陷于"工业围绕产值转，农业围绕季节转，商业围绕节日转，市场围绕柜台转"的怪圈中。改革开放后，选题视野狭窄的历史得以终结：经济报道从过去只注重宏观政策领域扩展到关注具体的市场主体；从过去只注重生产领域扩展到全面聚焦流通、分配和消费领域。同时，新生的经济问题和经济现象又为经济报道提供了前所未有的新鲜选题。

改革之初，类似于"租赁业究竟姓社还是姓资"的大讨论以及"关广梅现象"式的报道，在展现和思考人们困惑的经济体制和经营方式问题的同时，也革新了经济报道的报道模式，这一时期深度报道的被引进便是明证。这一全新的报道方式对于打破"万能"模式具有开创性的意义，因为深度报道注重事件前因后果的探寻，以挖掘"新闻背后的新闻"为要务。所以可以这样说，深度报道的出现彻底改变了经济报道的刻板面目。

2000年前后，一批新锐财经媒体崛起，同类媒体间的竞争日益激烈，寻求报道方式的突破成为各路英豪提升自身竞争力的重要途径之一。至此，市场经济体制已得到长足发展，但由于法治建设滞后，急骤变迁的中国社会中种种矛盾逐渐呈现，这样的社会背景为调查性报道的兴起奠定了基础。"《财经》杂志以2000年10月发表的封面调查性文章《基金黑幕》为起点，2001年连续发表了《庄家吕梁》《银广夏陷阱》《谁在操纵亿安科技》等文，带动了调查性经济报道的兴起。这些报道犹如重磅炸弹，引发股市、证券业的风波骤起，也引起社会、学界、业界对相关黑幕的高度关注。中央电视台和《人民日报》《南方周末》《北京青年报》《财经时报》等分别跟上，纷纷揭露'坐庄内幕'，三大证券报及《新民周刊》等报刊对此作了支持性评价。于是，2001年成为众媒体'捅破窗户纸'年。"①至今，以揭丑为要务的调查性财经报道方兴未艾。

报道领域的拓展、报道方式的丰富又促进了经济报道理念的变迁，"经济报道主体对象实现了从计划到市场的换位，经济新闻选题立意实现了从一元价值向多元价值的转换"，"经济新闻写作方法实现了从工作业务型向生活综合型的换位，价值取向从'指令传递型'转向'消息传导型'"。② 而"消息传导型"经济新闻被接受和认可，为压抑多年的经济新闻的信息传播功能的释放创造了条件，经济新闻开始向"新闻本位"回归。

经济生活的进步与日益繁荣，百姓经济实力的提升，使得他们对于消费品的需求增加；同时，百姓的身份也开始发生变化：由单纯的消费者转变为投资者。这促进了经济新闻服务意识的萌生，即自觉地满足百姓对于商品信息的需求以及投资产品信息的需求。同时，学界和政府对于媒体性质的认识也获得实质性的突破，即"双重属性"③的确认，这也从根本上剥去了束缚经济报道发展的沉重枷锁。以上种种为经济新闻功能的多方位开发创造了很好的现实基础和理论前提。

不仅经济信息的传播作用和服务功能得到回归，经济新闻的社会干预力也在不断增强。2000年前后兴起的调查性报道，使急骤变迁的中国社会所引发的种种矛盾得以通过媒体大白于天下。调查性报道所凝聚起来的强势舆论，使经济报道的舆论监督作用得到了充分的发挥。可以说，由长期"失察"向"明察"转变的经济报道促进了中国经济建设的良性运转和社会环境的净化。

冲破"万能"模式主导之后，经济报道获得新生，从时政新闻、法制新闻、社会新闻等类别中分离出来，在报道领域的选择、报道视角的撷取、报道方式的设定、报道语言的使用等方面都形成了自身的特色。在这一时期，在社会生活中起着越来越大作用的经济报道开始摆脱长期的边缘化和非主流角色，进入主流报道领域。

请阅读以下两条报道，感受这一时期经济报道的特色。

---

① 李本乾，李彩英.财经新闻[M].大连：东北财经大学出版社，2006:36.

② 李本乾，李彩英.财经新闻[M].大连：东北财经大学出版社，2006:28.

③ 李良荣，沈莉.试论当前我国新闻事业的双重性[J].新闻大学，1995(2):6-8.

参考报道 1:《经济学家赶集》[1]

3月4日下午,经济学家薛暮桥到北京北太平庄农副产品市场赶集。

这位75岁高龄的老人,兴致勃勃地挤入人群,东瞧西看,问这问那。见到卖鲜鱼的,便问是怎么运进城里来的。有几个顾客正和卖主讨价还价,最后达成协议:1元2角1斤。薛暮桥同志高兴地说:"好,我也买1条。"卖鱼的拣了1条又大又肥的活胖头鱼,一称,5斤重。薛暮桥一边付钱,一边说:"看来还是两个市场好。"买完鱼,又买了1条擀面杖。这时,一个老头在叫卖挖耳勺。他赶忙过去花3分钱买下1个,说:"我很早就想买这么个小东西,总买不着,今天算是盼着了。"

赶完集,来到市场管理所。薛暮桥对管理所同志说:"这样的市场多开辟几个、分散一些就更方便了,是不是可以让那些较富裕的社队自己投资建市场呢?"管理所同志说,也有个别人搞投机倒把。他说:"我看要进行教育,做到公买公卖。我们以国营市场为主,农贸市场作为补充,提倡社队集体卖货,也保留少数商贩。"

参考报道 2:《开封何时能"开封"》[2]

开封落后了。

人称"郑汴洛",曾以"豫老二"自居的开封市,在全省17个地市中的位次,连连下滑,1992年再次落入低谷。

经济增长速度——全省倒数第一。

国民生产总值——全省倒数第四。

人均生产总值——全省倒数第六……

统计局的同志开玩笑说,过去查开封,从上往下看好找;如今找开封,从后往前数好查。

1992年如此,1993年如何呢?这一年,河南省国民生产总值比上年增长15.2%,开封市比全省平均水平低了5.2个百分点;河南省乡及乡以上工业产值增长21%,开封呢,一半不到,只增长10.2%!

说到企业效益,更让人惭愧。1993年,全市预算内工业企业盈利9 388万元,比上年增长28%,亏损企业却亏损5 064万元,比上年上升148%!

---

① 冯国熙.经济学家赶集[N].市场报,1980-04-25.

② 詹国枢,庹震,刘海法.开封何时能"开封"[N].经济日报,1993-03-04.

落后就要被动,落后就得受穷。由于经济没搞上去,市财政收入捉襟见肘,囊中羞涩。财政局的同志红着脸不断往省厅跑,跑慢了,全市干部的工资就有可能发不出;教育局的同志屡屡为拖欠教师工资而坐卧不安;劳动部门则为职工年均工资比郑州、洛阳低800多元而摇头叹息……

口袋里没钱,城市也受委屈。开封的破烂陈旧,在河南各地市"名列前茅"。有人戏称,几十年前的"老开封"回乡探亲,不用问道儿绝不会找错,连厕所都是老样子;有人调侃,开封人上下班是"挤电影院","坐车没有骑车快,骑车没有走路快"。为错开拥挤高峰,人们想出了不是办法的办法:学生7点半上课,工人8点开工,机关干部呢,请稍等等,8点半上班……

开封落后了,原因是什么?

开封市民在思考,开封领导在思考。记者到开封采访调查,也在苦苦寻求答案。

——有人说,开封落后,主要是前些年地市合并,5个富县划走了,5个穷县留下来,"一个讨饭娘,领着5个要饭孩",哪能不穷?

——有人说,开封落后,主要是国家投入太少,多年没有大的基建项目,经济怎么可能搞上去?

——还有人说,开封落后,关键是领导班子换得太勤。从1983年以来,10年换过5任市长、5任书记,板凳还没坐热就走了。

——也有人说,开封落后,主要是没有一个明确的战略目标,一会儿以农业为主,一会儿以旅游为龙头,一会儿又要全力以赴抓流通,东一榔头西一棒子,经济岂能持续稳定发展?

……

原因摆了一条条,症结找了一个个。在与开封市领导、企业厂长经理和干部群众的座谈中,记者强烈感受到,人们在不甘落后、苦觅对策中,愈来愈把焦点集中到了人的思想解放和观念更新上。

市委书记王日新说:"这理由,那理由,都是开封落后的理由。但关键的关键还是开封在思想观念上太封闭落后。不解放思想,打开封闭,开封就不可能摆脱被动,抑制滑坡。"市长马连兴的话说得更干脆:"开封人思想解放的程度,决定开封市经济发展的速度。"

开封"三大件"的兴衰经历,为书记、市长的剖析作出了生动注脚。

电视机。早在20年前，开封无线电一厂就生产出了“河南第一台黑白电视”，此后又率先生产出了彩电。可是由于求稳怕风险，小富即安，满足于手工作坊式的小打小闹，形不成规模，成本迟迟降不下来，竞争也就处于劣势。如今，企业固定资产仅1 400万元，屡计亏损欠款已达9 800万元！

电冰箱。曾是“河南第一家”“全国第10家”，只因为阴差阳错没被“定上点”，只好小手小脚犹犹豫豫地干。眼看着别人的冰箱频频进入寻常百姓家，眼看着一些冰箱厂成了全国知名的大企业，只能用“1993年实现利润55万元”的成绩聊以自慰。

洗衣机。上马时也是“全省第一”，上自动洗衣机时还夺了个“全国第二”，可惜好景不长，没两年就因严重亏损而下马，如今已是风流云散，又成了“一张白纸”。

……

说到开封的封闭落后，自满自足，人们回忆起当初要搞股份制又怕说成是“资本主义”，想发展非国有经济却又怕是搞“私有化”，以致至今乡镇企业和私营经济都很弱；人们一面为每天的上下班拥挤而骂娘，骂完又心安理得悠悠闲闲回到自己照样拥挤的小窝；人们最爱向外人夸耀的是“北宋的辉煌”“汴京的繁华”，动辄就说当年咱是“七朝古都”，如何如何……

说到开封的封闭落后，自满自足，人们吃惊地意识到，精华与糟粕，常常只有一步之隔。辉煌的历史很可能成为沉重的包袱，古老的文明也许正因其古老而像巨石压住了新生嫩芽。

刚上任的常务副市长梁绪兴一到开封，便对这座四面被古墙包围、长宽不足4公里的老城中竟拥拥挤挤住着几十万人而不胜感慨：“城里挤得气儿也透不过来，又破又旧；城外呢，没多远便是新区的高楼、大马路，不少人却不愿去住，实在不可思议。”这位中年副市长忙碌一天后的最大愿望，就是能叫司机把车开出城去，在宽马路上跑一圈。“要不然，心里憋得真难受。”

开封人已经意识到落后。

开封人不甘于继续落后！

就在记者前往开封采访前些天，开封召开了动员全市430万人民“破釜沉舟，大干五年，深化改革，实现翻番”的三级干部会。市委书记王日新坦率中肯的报告使与会干部激情难耐。这位1992年从许昌调来的书记，一反作报告总是先讲成绩后讲问题的惯例，一上台，开门见山讲问题。他历数开封位次排列情况，寻找经济落后差距，剖析思想观念根源。面对上千听众，刚过50却已两鬓斑白的王日新慷慨陈词:“开封已到了拼命干的时候了！痛下破釜沉舟加快发展的决心,是不容退却的历史选择。如果不奋力拼搏,加速发展,不仅保不住应有的位置,人民生活不能得到提高,就是正常的工作、生活和社会稳定也会成为大问题,我们就会愧对党的重托,愧对创造开封辉煌的先辈,愧对开封 430 万父老乡亲,也愧对我们的子孙后代!”

宽大的礼堂里,黑压压坐满听众,连门外和后台也挤着人。他们是开封 430 万人民的带头人。他们一个个神态专注,表情严肃,心里像坠着铅块,沉甸甸的。

开封何时能“开封”?

开封 430 万人在思考,在企盼。

对开封来说,市委书记王日新和市长马连兴都是“外来人”。

1983 年,马连兴在平顶山市工作时,平顶山市提出了追赶开封市的目标,几年后,开封市位排平顶山之后;1988 年,王日新在许昌市工作时,许昌市提出了追赶开封市的目标,几年后,开封市位排许昌市之后。

王日新没想到,1992 年 2 月,他来到开封成为市委书记。

马连兴没想到,1994 年 1 月,他来到开封,经过市人大选举,当选为市长。

昔日,曾为追赶开封苦思冥想、寻尽千方觅尽百计的王日新和马连兴,眼下的问题竟然是:开封怎么办?

来开封采访前,记者曾这么想:多年落后的开封人,大概已急不起来了。到开封采访后,记者发现,错了,眼下的开封人已不是过去的开封人,开封人正急切盼望早日“开封”。

王日新非常坦率,明确表示,欢迎记者帮助开封分析落后原因,查找差距和不足。王日新说:“开封经济发展步子慢,有客观原因,有历史原因,但是,主观原因和现实原因是主要的,我归结了这么几句话:思想解放程度没有其他地方高,观念更新没有其他地方快,敢闯敢试的胆子没有其他地方大,改革开放的力度没有其他地方强。这些年来,往往是稳妥有余,开拓不足。开封是‘七朝古都’,一些人存在一种盲目的自我陶醉的‘古城意识’,缺乏进取精神;另一些人看见了落后状况,又有一种失落感和压抑感,产生了畏难情绪。所以,叫我看,当务之急,一要解放思想,二要鼓起勇气。”

马连兴刚刚上任,已感到一种巨大的压力。他说:“开封市在经济发展中面临资金紧缺等困难和矛盾,但这在全省、全国都是带共性的问题,为什么别人在困难中发展了、前进了,步伐还相当快?我们却被困难‘困’住了手脚,举步维艰?主要原因应该从人的因素、从主观能动性和精神状态上去找。许多发达地区的经验证明,只要人的思想解放了,观念更新了,精神振奋了,就能够把上级政策最大限度地用足、用活、用好,就会使困难变成机遇,开创各项工作的新局面。因此,实现经济翻番,对于开封市来说,第一位的事情是要使各级干部和全市人民的精神振奋起来,劲头鼓起来,上上下下、方方面面都要解放思想,更新观念。在开封,过去有的同志因为怕干错而不干。今后,要明确一条,允许你干错,不允许不干!在开封,敢闯、敢试、敢比、敢争的人多了,开封就有希望了。"

梁绪兴原是河南省镇平县委书记,刚刚调到开封市,当选为常务副市长。梁绪兴说:"在开封,有四个字。一是古,城市古;二是旧,思想守旧;三是少,这些年来投入少;四是后,经济落后。来开封这段时间,我有一个感受,开封确实是一座伟大的城市,历史上有灿烂的文化,有显著的地位,这一点,怎么描写,怎么形容都不过分。但是,今天它落后了,城区破旧,说它是个村子,像个镇子,也不过分。开封的落后,原因主要是封闭,改革开放意识淡薄。搞活的办法不多,捏死的办法不少。明明经济已很落后了,还在盲目陶醉,把过去的繁华、辉煌变成了'包袱'背着总放不下来,用'古城意识'制造的枷锁套在脖子上,这怎能发展,怎能进步,怎能不落后?"

开封市所辖尉氏县是个70多万人口的大县。县委书记陈振兴告诉记者:"开封落后是必然的,因为思想观念落后。前几天的三级干部会上,王日新书记的动员使我受到很大启发。我在会上也发了几句言,没想到台下鼓了好一阵掌。这几句话是:如果我们只盯着谁把车子用坏了,而不问拉了多少货,怎么叫人埋头苦干?如果我们让奋不顾身工作的人遍体鳞伤甚至粉身碎骨,谁还敢一往无前呢?如果我们主席台上坐的都是四平八稳的人,怎么叫人开拓进取呢?从掌声中,我们应当听出大家的心愿是什么。开封要变落后为先进,要追赶上别的地方,关键一点,就是要造成一个干事情光荣的气氛。要有这么一个气氛,思想不解放、观念陈旧是绝对不行的。"

开封经委副主任张书贞在座谈会上剖析了开封落后的现状和原因:开封落后了,承认也好,不承认也罢,这是事实。客观原因不少,比如这些年大项目放得少,地市合并中划了几个穷县,等等,这也是事实。但最主要的是思想观念问题。这些年,我们讲了"以经济建设为中心",落实中却打折扣,口号喊了,讲话强调了,工作上怎么样呢?企业搞不好,哪来的发展?哪来的财政收入?还有一点很重要,落后了别互相埋怨,要共同解放思想,共同更新观念,为振兴开封经济流汗出力。

开封缝纫机总厂厂长秦和雨从"开封"二字说开去:开封市落后了一大段路,要追赶上去,不解决思想观念陈旧这个问题不行。原来想过,开封这个名字有意思,开开,封封,一会儿开,一会儿封。这些年开得少,封得多。

开封空分设备厂厂长唐树勋说,开封要振兴,只有改革开放这条路。改革开放十五年了,开封这段路走得如何?我看走了一些弯路。对开封的干部来讲,现在要弄清楚什么是社会主义市场经济,这个概念与计划经济有什么不同。在开封,计划经济的东西还不少,而人们对市场经济的东西又认识不深。计划经济是权力经济,人治经济,而市场经济是法制经济,竞争发展的经济。我是 1968 年来开封的,对开封也有了一定了解。可以说,开封这些年有发展,但太慢;有变化,但太小,说到根上,是改革开放上有差距。

在开封相国寺附近,有个美惠商店。商店里,有位被聘用的老职工叫宋丕发。宋丕发原是一名铁路工人,退休后受聘到美惠商店,帮着做点杂务。问起开封的城市面貌,宋丕发说:"要跟解放前比,还是有变化。可是跟别的城市一比,也真落后。前两年,说要改造旧城,拆了一片又一片,拆了后又建不起新房,场地又空闲着,样子也不好看。建不起新房子,是手里缺钱。钱少,还不是因为经济不发达、经济上困难?开封以前在河南是第二大城市,排在郑州之后,现在排到后头了,从老百姓来说,都想叫开封变个样子。我们家五口人,住两间半房子,20 多平方米,这房子是一百多年前盖的,开封人住老房子的户家不少。开封变富了,经济发展了,工业发达了,住新房子才有盼头。"

从市委书记到市长,从县委书记到企业家,从机关干部到普通百姓,开封人所思所想,正凝聚在一点:打开封闭,解放思想,更新观念,加快发展。

430 万开封人,盼开封早日"开封"。

二、新闻操作革新的探索

如何摆脱商业的笼罩、超脱资本的控制,负责任、高质量地向国民报道国际和国内复杂的经济风云变幻,这正在成为当前社会各方热议的话题。求解良方何在?正如新浪 CEO 曹国伟所言:"对于负责任、有影响力的媒体来说,长期的竞争力、长期的影响力、长期的生命力,就在于它不断地始终不渝地坚持它的公正性、它的客观性、它的专业性,只有这样的话,它才会有长期的竞争力,才有长期的盈利能力。只有坚持公正、公平、公开、专业的报道,我们才有真正的长期盈利能力。所以我们从来不把我们所说的公正的报道跟我们的收入、盈利能力对立起来看。我的观点认为这是两个相一致的方面，这两个方面是没有任何矛盾的。”[①]

对于从事经济报道的新闻工作者来说，他们中的很多人也已经意识到只有永恒的对专业精神的追求和永远的负责任的报道，才会从根本上解决全球化背景下摆脱商业的阴影、超脱资本控制的难题。如是，经济报道的公信力才能得以树立，而公信力建立的基础便是：向公众负责任地迅速报道、有效解释复杂的经济信息和经济现象。[②]

中华人民共和国已经走过近70多年的不凡历程，中国的新闻事业在近70年里也实现了飞跃式发展。作为媒体内容中反映中国经济发展“晴雨表”的经济报道，也在近70年里实现了跨越发展：在社会和经济环境变迁的基础上，不断冲破积习多年的沉重枷锁——“万能”模式，实现了独立话语的创建，如今又迈向了专业操作提升的新阶段。

对于中国财经报道发展史的爬梳，不同的观察者视角有异，这里，推荐前《第一财经日报》总编秦朔的相关文章，供读者阅读和理解：《新时期中国财经媒体回顾与启示》，参见2015年8月27日的《第一财经日报》。

以下提供两条报道，方便读者感受“新闻操作革新的探索”阶段中国财经报道的特色。

参考报道1：《银广夏陷阱》[③]

真相再清楚不过了：天津广夏1999年、2000年获得“暴利”的萃取产品出口，纯属子虚乌有。整个事情——从大宗萃取产品出口到银广夏利润猛增到股价离谱上涨——是一场彻头彻尾的骗局。

过去两年间，广夏（银川）实业股份有限公司（简称银广夏，深圳股票交易所代码0557）创造了令人瞠目的业绩和股价神话。

根据银广夏1999年年报，银广夏的每股盈利当年达到前所未有的0.51元；其股价则先知先觉，从1999年12月30日的13.97元启动，一路狂升，至2000年4月19日涨至35.83元。次日实施了优厚的分红方案10转赠10后，即进入填权行情，于2000年12月29日完全填权并创下37.99元新高，折合为除权前的价格75.98元，较一年前启动时的价位上涨440%，较之于1999年“5·19行情”发动前，则上涨了8倍多；2000年全年涨幅高居深沪两市第二；2000年年报披露的业绩再创“奇迹”，在股本扩大一倍的基础上，每股收益攀升至0.827元。

---

① 财经媒体围炉夜话 纵论危机时刻媒体责任[EB/OL].(2009-09-12)[2018-02-01].http://finance.sina.com.cn/roll/20090912/10006740818.shtml.

② 有关“中国财经报道的变迁史”的内容参见笔者发表于《新闻界》2009年第6期的文章《“万能”模式的颠覆——60年经济报道嬗变解析》。

③ 凌华薇，王烁.银广夏陷阱[J].财经，2001(9).

“奇迹”并未到此为止。2001 年 3 月 1 日,银广夏发布公告,称与德国诚信公司(Fidelity Trading GmBH)签订了连续三年总金额为 60 亿元的萃取产品订货总协议。仅仅依此合同推算,2001 年银广夏每股收益就将达到 2 至 3 元!在更早些时候,银广夏董事局主席张吉生预测,未来三年内每年业绩连续翻番“不成问题”。

这是个灿烂的未来,但并不是所有人都为之目眩。证券行业内部,相信银广夏神话的人并没有想象的那么多。

——一位基金经理说:“(银广夏的业绩)好虽好,但不符合常识。”

——一位著名证券公司农业领域的研究员很久以来都不把银广夏列入观察范围,问其原因,答:“有研究的必要吗?”

各个证券网站上进行着观点泾渭分明的超级大讨论。著名的证券专业聊天室“和讯大家谈”里,关于银广夏的帖子数以千计,质疑者和支持者各执一词,争论不休。在那里可以找到各种传言。

但仅凭“感觉”、传言、争论,甚至“常识”,还是缺乏依据。记者经过长达一年多的跟踪采访,渐渐逼近真相,银广夏的“神话”被逐步还原了本色。一个即使在并不成熟的中国市场上也相当少见的特大造假骗局,展现在我们面前。

引子

银广夏业绩的奇迹性转折,是从 1998 年发端的。这一年,银广夏传出了来自天津的“好消息”

1994 年 6 月 17 日,广夏(银川)实业股份有限责任公司以“银广夏 A”的名字在深圳交易所上市。银广夏 A 被称作第一家来自宁夏的上市公司,但实际上,这家公司最早起源于深圳。

陈川是银广夏的创始人,在 2000 年 2 月去世前担任银广夏董事局主席兼总裁。他 1939 年出生,早年为银川话剧团编剧,1984 年 7 月南下深圳创业,先后创建了深圳广夏文化公司和深圳广夏录像器材公司等。

陈川文人出身,据见过他的人说“极富领袖魅力”。1993 至 1994 年间,他长袖善舞,将广夏文化公司旗下几家软磁盘生产企业合并改组,并成功上市(参见辅文《银广夏前传》)。其中的两家企业均在深圳,分别是广夏录像器材有限公司和广夏微型软盘有限公司;另外一家叫作广夏(银川)磁技术有限责任公司。该公司在银川注册,存在的时间只有一年,从 1992 年 9 月到 1993 年银广夏设立后即注销。明眼人知道,这家公司的功能,在于获得宁夏回族自治区的上市额度。该公司发起人之一为宁夏计算机技术研究所，而银广夏现任董事局主席、曾长期担任银广夏总裁的张吉生，即担任过计算机研究所的所长。张吉生生于1946年，除了在银广夏任职外，还担任着宁夏回族自治区科技厅厅长一职。

上市以后，围绕着陈川的银广夏高层队伍亦渐次成形。现任银广夏总裁的李有强来自天津。他生于1941年，曾任天津市工艺美术厂厂长，早在1985年就与陈川一起合作创业，1994年银广夏进入天津后，长期负责天津业务。而身兼财务总监、总会计师、董秘等多职的丁功民则常驻深圳。

1994年上市之时，国内软磁盘行业竞争已如火如荼，转眼间，每生产一张软磁盘就要亏损2美分。对以软磁盘为主业的银广夏来说，转型迫在眉睫。

此后，银广夏每年均在为维持10%的净资产收益率奔忙。当时的董事局主席陈川自己从不讳言这一点，在回忆、阐述银广夏的创业历程时每每提及。银广夏的项目换了一个又一个，从软磁盘生产以后，银广夏进入了全面多元化投资的阶段。1996年年报称银广夏已经“成功地由创立之初的三家软磁盘生产企业的单一产业公司发展为拥有27家全资、控股子公司和分公司的跨行业实业公司”，到2000年更发展成有40余家参股、控股公司的庞杂规模，从牙膏、水泥、海洋物产、白酒、牛黄、活性炭、文化产业、房地产，到葡萄酒和麻黄草，大部分项目是打一枪换一个地方，盈利水平始终貌不惊人，每次都仅是维持在10%净资产收益率的配股生命线上方而已。

银广夏最知名的项目是在银川西南永宁县西沙窝(现称征沙渠)治沙种草。1995年，陈川在赴京的列车上遇到了吴安琪。吴是宁夏回族自治区水科所所长，一直研究在水文调研的基础上治理沙漠，曾在银川附近治理过1 200亩沙漠，后因资金匮乏而放弃。列车上的一席谈使陈川对吴治沙并种植麻黄草的构想产生兴趣并随后决定投资。银广夏投资80%，水科所技术入股投资20%，成立了广夏(银川)天然物产公司，购买并治理了银川市郊2万多亩沙漠，并种上了麻黄草(麻黄素的原料)。吴目前是广夏(银川)天然物产公司和宁夏广夏制药厂的董事长，也是银广夏的董事之一。

治沙种草，为银广夏带来了异常良好的形象，但并没有带来什么效益。银广夏声称前后投资过6亿元，是一个夸大的数字。据《财经》了解，实际投资约9 000万元。据说这一项目近期可持平，但要贡献巨额利润，为时尚早。

银广夏业绩的奇迹性转折，是从1998年发端的。这一年，银广夏传出了来自天津的“好消息”。

天津广夏“独撑大局”

1999年,银广夏利润的75%来自于天津广夏;到了2000年,这个比例更大

银广夏1994年在天津成立了控股子公司天津保洁制品有限公司。保洁公司曾经在1996年通过德国西·伊利斯公司(C.ILLES&CO.)进口了一套泵式牙膏生产设备,这是可查的银广夏与西·伊利斯公司最早的往来;此后,银广夏又从西·伊利斯公司处订购了一套由德国伍德公司(Krupp Uhde)生产的500立升×3的二氧化碳超临界萃取设备。这是传奇的起点。

1998年,天津广夏接到了来自德国诚信贸易公司的第一张订单。其时,保洁公司已于1997年12月31日更名为天津广夏(集团)有限公司(下称天津广夏)。

银广夏当年10月19日发布的公告称,天津广夏与德国诚信公司签订出口供货协议,天津广夏将每年向这家德国公司提供二氧化碳超临界萃取技术所生产的蛋黄卵磷脂50吨,桂皮精油、桂皮含油树脂和生姜精油、生姜含油树脂产品80吨,金额超过5 000万马克。

几个月之后,1999年6月19日,在郑州召开的全国农业产业化龙头企业研讨会上,当时的银广夏董事局主席陈川这样讲述这单合同的暴利内涵:

“……德国诚信公司于1999年6月12日一次订货总价达5 610万马克。6月26日,一艘载着天津广夏第一批农产品萃取产品的货轮起锚离港,远航德国。这第一批产品出口,竟获利7 000多万元!”

1999年,银广夏利润总额达1.58亿元,其中76%即来自于天津广夏(据张吉生一次内部讲话)。

随后,银广夏公告,将再从德国进口两条800立升的萃取生产线,后又将计划升级为两条1 500立升×3和一条3 500立升×3的生产线。计划中的生产能力是天津广夏现有生产能力的13倍之多!一时间,市场为其展现的暴利前景而沸腾。

在1999年年报公布前夕,2000年2月14日,陈川在北京突然遇疾去世,终年61岁。根据银广夏公告披露,死因是“突发性心肌梗死”。

创始人陈川的去世,并未使银广夏2000年梦幻之旅受到丝毫影响。在2月17日进行的董事会改选中,张吉生继任董事会主席,时任天津广夏董事长兼总经理的李有强升任公司总裁。随后银广夏公布了1999年年报,每股盈利0.51元,并实行公司历史上首次10转赠10的分红方案。

从1999年12月30日至2000年4月19日不到半年间，银广夏从13.97元涨至35.83元，于2000年12月29日完全填权并创下37.99元新高，折合为除权前的价格75.98元，较一年前启动时的价位上涨440%。

2001年3月，银广夏公布了2000年年报，在股本扩大一倍的情况下，每股收益增长超过60%，达到每股0.827元，盈利能力之强，令人咋舌。

利润绝大部分来自天津广夏：银广夏全年主营业务收入9.1亿元，净利润4.18亿元。银广夏2000年1月19日公告称，当年天津广夏向德国诚信公司"出口"1.1亿马克的姜精油、桂皮油、卵磷脂等"萃取产品"。今年4月2日，审计其财务报表的深圳中天勤会计师事务所特向记者发来函件，称当年追加订单补充合同共计2.1亿马克，2000年度实际执行合同金额为1.8亿马克（约合7.2亿元人民币）。如果按照1999年年报提供的萃取产品利润率（销售收入23 971万元，业务利润15 892万元，利润率66%）推算，天津广夏2000年度创造的利润将达到4.7亿元。

更恢宏的利润前景在前头。今年3月，银广夏再度公告，德国诚信公司已经和银广夏签下了连续三年、每年20亿元人民币的总协议。以此推算，2001年银广夏的每股收益将达到2至3元，这将使银广夏成为"两市业绩最好市盈率却最低的股票"。

银广夏传奇达到了顶峰。

2001年6月18日，银广夏宣布，一条1 500立升×3的二氧化碳超临界萃取生产线已在安徽省芜湖市建成。

不可能的产量、不可能的价格、不可能的产品

第一，以天津广夏萃取设备的产能，即使通宵达旦运作，也生产不出其所宣称的数量；第二，天津广夏萃取产品出口价格高到近乎荒谬；第三，银广夏对德出口合同中的某些产品，根本不能用二氧化碳超临界萃取设备提取

如果说银广夏的表现是一个神话，那么，"二氧化碳超临界萃取"——一项陌生拗口的专业名词所指称的技术——起到了点石成金的作用。简单的解释是：这是一种根据二氧化碳在不同温度和压力下的性质进行天然原料萃取的技术（有关介绍参见下附资料）。

听闻银广夏神话，清华大学化学工程系教授朱慎林和北京星龙生物技术有限公司总经理戴志诚有着一样的第一反应："超临界"为什么总会被人利用、炒作呢？专家们知道，应用这一技术也许可以取得比较稳健的收益，但绝对不至于暴利，而且绝非无所不能萃取。早在1998年12月，中国超临界流体协会在广州召开的全国年会即将结束时，协会会员特地在会议纪要上补充了这么一段话："希望企业界

对超临界萃取项目不要盲目上马、低水平重复。”然而，正是在这一年，银广夏神话的准备工作启动。

有理由相信，天津广夏方面特别是原天津广夏董事长兼总经理、现银广夏总裁李有强在整个过程中起了相当关键的作用。记者曾经向陈川原来的秘书问起有关德国客户和萃取方面的事，她只有一句话：去问李有强。西·伊利斯公司方面的回答也是如出一辙。

在专家和同行的眼里，银广夏凭此取得的惊人效益，处处皆是疑点。

第一，以天津广夏萃取设备的产能，即使通宵达旦运作，也生产不出其所宣称的数量。

即使只按照银广夏2000年1月19日所公告的合同金额，1.1亿马克所包括的产品至少应有卵磷脂100吨、姜精油等160吨。可资为证的是，天津广夏称于1999年出口的价值5 610万马克的货物中，就已包括卵磷脂50吨，姜精油等80吨。

但根据国内专家对这一技术的了解，一套500立升×3的二氧化碳超临界设备实际全年产量绝对超不过20吨至30吨——就算设备24小时连续运作。

也许正是为了使之“符合逻辑”，2001年3月，李有强在银川告诉记者，天津广夏已掌握了特别技术，能大幅提升产能。他以蛋黄卵磷脂的提取为例说，天津广夏的500立升×3的设备已经将萃取时间从10个小时缩短到3个小时并进一步缩短到30分钟；今后通过上一套“在线监测”设备，还将把萃取时间缩短到十几分钟；而且，天津广夏生产的蛋黄卵磷脂的精度已从35%提高到97%。加上天津广夏是“四班三运转”日夜工作，产量自然惊人。

“30分钟”！所有听闻这一说法的专家均感到不可思议。萃取的工序包括给二氧化碳加压、萃取、释压等。仅仅给二氧化碳加压到几十个大气压这一步，就至少需要40分钟；提取卵磷脂，必需的时间量是五六个小时。只用3个小时提取出来的卵磷脂，精度上就要大打折扣。银广夏凭什么能做到30分钟提取卵磷脂？

李有强的回答是一个故事：“我这个技术是大伙和德国人吃饭的时候，把他给灌醉了，我们拿到了一张绝密的图纸——‘二氧化碳在任何条件下的临界状态’。德国人卖给你设备，但这个东西不可能给你。等到我们的卵磷脂做出来，连德国人都感到惊讶了。后来那个德国人还因此被总部降了职。”

记者到清华大学化学工程系——这是李曾经提起过的“合作伙伴”——做进一步核实。杨基础教授闻此扶案大笑：“我这里这样的图纸多得很，你要不要？那不过是最基本的一张技术解释图而已。”

杨基础是清华大学化学工程系教授，清华大学研究超临界萃取技术的三位主要专家之一，从1978年开始研究超临界技术，与企业界有着广泛的合作，被称为业内的“活字典”。

与银广夏有过接触的天津大学李淑芬教授也向记者表示，提取蛋黄卵磷脂，3个小时是“神速”，30分钟“简直是奇迹”。

西北大学陈开勋教授则指出，李有强所谓能最后将生产时间缩至十几分钟的“在线监测”设备，只是研究文献上的说法，是检测手段的一种，与二氧化碳萃取没有什么关系。

简而言之，仅从技术上而言，天津广夏不可能在预定时间内生产出满足合同数量的产品。

第二，天津广夏萃取产品出口价格高到近乎荒谬。

在2001年3月银广夏股东大会前召开的二氧化碳超临界萃取研讨会上，李有强曾说：“以姜为例，50公斤含水率在10%以下的干姜可以出1公斤油、1公斤含油树脂。国内最好的山东产干姜每吨7 000元，但‘欧洲市场的价格’是每公斤姜精油700至900马克（折合人民币约2 800元至3 600元），每公斤含油树脂是160至200马克（折合人民币约640至800元），天津广夏的出口价还处于中上等。加上人工费、水电费、机器折旧费，你们可以算算利润率。”

根据这些条件，可以大略算出每公斤姜精油和含油树脂的原料成本加起来只有350元，可是“卖给德国人”，就可以卖到3 440至4 400元。天下竟有此等美事！

银广夏提供的售价，与国际市场的伦敦价格，与众多国内厂家、行业专家提供的参考价有着巨大的差距。以姜精油为例，银广夏公布的价格是每公斤在2 800至3 600元，而2000年11月17日，伦敦市场CIF价是100美元/千克（折合人民币约827元/公斤），西安嘉德公司了解的国际市场价格只在600至800元/公斤，北京星龙生物技术有限公司（国内最早采用二氧化碳超临界萃取技术的生产企业）即使以小批量生产的价格算也只有1 000至1 200元/公斤，价格悬殊竟达3至5倍！

一位被告知银广夏萃取产品售价的专家笑称：如此昂贵的姜精油，简直可以与黄金媲美，看来要用滴管小心使用！

按1998年天津广夏向德国诚信公司出口货品的合同，有关货品合同价格如下：

桂皮精油 900 至 1 100 马克/公斤

桂皮含油树脂 160 至 200 马克/公斤

生姜精油 550 至 700 马克/公斤

生姜含油树脂 150 至 250 马克/公斤

蛋黄卵磷脂平均 300 马克/公斤

约合 120 万元/吨

2001 年 3 月,李有强在公开场合宣布的产品价格如下:

姜精油 700 至 900 马克/公斤

约合 280 万元至 360 万元/吨

姜油树脂 160 至 200 马克/公斤

约合 64 万元至 80 万元/吨

桂皮油 700 至 1100 马克/公斤

约合 280 万元至 440 万元/吨

桂皮树脂 200 至 500 马克/公斤

约合 80 万元至 200 万元/吨

无论是上述哪个价格,与国内、国际的实际市场价格相比,均有大幅度高估。

第三,银广夏对德出口合同中的某些产品,根本不能用二氧化碳超临界萃取设备提取。

据专家介绍,二氧化碳超临界萃取技术有一个重大局限,就是只有脂溶性(也称为非极性、弱极性)的物质才能从中提取,而且往往需要与其他技术相结合才能生产出精度较高的产品。

天津广夏声称其产品蛋黄卵磷脂的精度已经从35%提高到97%。但是,一位专家告诉记者,仅凭天津广夏那一套500 立升×3 的萃取设备,是不可能提取出精度超过 30%的卵磷脂的,必须要配套利用大量乙醇来进行提纯的后期分离设备,但天津广夏并没有这些设备。

2001 年 3 月 1 日,银广夏发布公告,称与德国诚信公司签订每年 20 亿元人民币、连续三年总共 60 亿元的供货总协议,公司每年需要向德方提供桂皮精油 150 吨、桂皮含油树脂 150 吨、生姜精油 160 吨、生姜含油树脂 160 吨、脱咖啡因茶叶 9 000吨、天然咖啡因 157.5 吨、茶多酚 24 吨、当归根油 24 吨、银杏酮酯 30 吨、丹皮酚 26 吨、丹参酮 15 吨、葛根素 10 吨等萃取产品。

这一合同提到的某些产品如茶多酚，属于水融性（极性）物质，用二氧化碳超临界萃取技术根本提取不出来。合同中提到的银杏酮酯、葛根素、丹皮酚也非常难提取。这是记者所采访的诸多国内专家如清华大学杨基础教授、中国化工大学余安平教授、西北大学陈开勋教授的一致意见。1997 年，河南南阳市以为利用二氧化碳超临界萃取技术能从银杏叶里提取银杏黄酮，为此投资 2 000 万元，并把万亩农田改种银杏树，结果项目失败，农民当年颗粒无收。

此外，疑点还有很多——

银广夏称，2000 年，公司对德国出口了 50 吨以上的卵磷脂，这至少需要上千吨原料。但知情人透露，蛋黄卵磷脂的原料蛋黄粉在国内只有两个生产基地，分别在沈阳和西安，可事实上两地加起来卖给银广夏的蛋黄粉亦不过 30 吨。

记者还从天津获悉，某制药厂曾经也想上二氧化碳超临界萃取的设备，但天津广夏的一位高层管理人员私下向他们透露，此举需谨慎，因为天津广夏"已经很久开不了工了"。

对于银广夏计划在芜湖上的另一条 3 500 立升×3 的生产线，根据银广夏的公告，将主要处理茶叶，每年向德国公司提供萃取产品咖啡因 157.5 吨、茶多酚 24 吨、脱咖啡因茶叶 9 000 吨，这至少需要处理 2.7 万吨茶叶。余安平教授、杨基础教授对此分别进行测算，得到的结论是一致的：一套 3 500 立升×3 的设备即使全年全天 24 小时不停运转，也只能处理茶叶 6 000 吨至 7 000 吨而已！

……

如此等等，不胜枚举。

嘉德的另一种命运

为什么同样的设备，在银广夏可制造暴利，在嘉德却贡献乏善可陈？

到目前为止，中国只有三家公司购买了德国伍德公司制造的二氧化碳超临界萃取设备，除了天津广夏（500 立升×3，1999 年引进），还有西安嘉德（500 立升×2，2000 年引进）和广州的南方面粉厂（250 立升，1995 年引进自用）。2000 年 12 月，全国超临界流体萃取学会的年会正是在西安杨凌举行的，赞助商就是嘉德。

虽然有此设备，西安嘉德的日子并不好过。这对银广夏竟然也造成了压力：必须解释，为什么同样的设备，在银广夏可制造暴利，在嘉德却贡献乏善可陈？

2000年7月,张吉生首次对记者提到在西安还有一条同样从德国伍德公司进口的二氧化碳超临界萃取生产线,但一直闲置。2001年3月,李有强在接受专访中声称西安嘉德公司是由于没有掌握设备的诀窍导致举步维艰,银广夏正考虑是否收购。天津广夏现任总经理阎金岱也在接受采访时表示,嘉德对萃取技术掌握太少,是其与银广夏命运迥异的主要原因。

这些说法经媒体报道后,对嘉德的影响很大。因为此时嘉德正在引资过程中。银广夏的表态使其陷入被动。

嘉德此时的确处于某种困境:嘉德于2000年5月引入设备,7月试车成功至今,未能打开市场。和银广夏一样,嘉德也是通过西·伊利斯公司的驻华机构捷高公司的业务经理陶鹏,从德国伍德公司进口了这套二氧化碳超临界萃取设备。与天津广夏的设备相比,除了少一个釜(萃取所用的容器),结构几乎完全一样。

嘉德也和西·伊利斯公司签订了保护合同:"在3年内西·伊利斯公司不得在陕西省境内出售安装类似设备。"最关键的是嘉德和西·伊利斯签订了至少70%产品由西·伊利斯包销的合同,并有德意志银行做担保。

但是,这一包销条款至今没有兑现过。陶鹏几次允诺要带德国客户来嘉德,却始终没有成行。西·伊利斯方面已经承诺,嘉德公司可以依照合同规定,获得设备价款10%即40多万马克的违约赔偿金,条件是不再承担法律责任。

记者了解到,与天津广夏神秘封闭的作风相比,嘉德公司从一开始就与西北大学化工系陈开勋教授有着全面的技术合作,在各种产品的试车和市场调研上下了很大功夫。在包销协议难以兑现的情况下,公司精心生产了各种样品,亦做了许多推销努力,包括德国方面,但全部石沉大海。嘉德的结论是:问题不在于技术,而是市场很难打开。

为什么西·伊利斯公司一方面宁愿牺牲上百万元的违约金,也不愿意包销嘉德产品或介绍客户,一方面却为天津广夏介绍了诚信公司这样的大客户?这是嘉德始终想不明白的事情。

"我们没有什么'秘密武器',我也并不羡慕你的秘密武器,但我至少知道这套设备究竟能出多少东西。你在外面怎么说我不管,但若涉及嘉德的利益,我们不会永远沉默。"嘉德董事长李挺说。

德国客户之谜

为银广夏贡献了1999年和2000年主要利润的德国诚信公司，既非如银广夏所说为西·伊利斯公司的子公司，更非成立已160年的老牌公司。它成立于1990年，注册资本仅10万马克

银广夏的“秘密武器”，如果有的话，除去其“技术诀窍”外，恐怕就是大手笔的德国客户了。从西·伊利斯到诚信贸易，究竟是何方神圣？

为银广夏1999年、2000年利润做出巨大贡献的德国诚信公司的英文全称为：Fidelity Trading GmBH。这家公司，尽管按银广夏的说法有着巨额对华贸易，但在中国居然没有办事处，在互联网上也查不到丝毫信息。

银广夏在2001年3月股东大会上分发的材料称，“德国的Fidelity Trading GmbH是在德国本地注册的一家著名的贸易公司，系德国西·伊利斯的子公司，成立已160余年历史。该公司是一家专门从事生物制药、食品和医用原料的贸易公司，在欧洲是一家信誉和口碑均很好的公司。”

德国西·伊利斯公司的确是一家历史悠久的贸易公司，德国伍德公司制造的二氧化碳萃取设备正是通过西·伊利斯出售给银广夏的。但诚信公司是否是其子公司呢？

记者曾多次向德国西·伊力斯驻华机构捷高公司核实此事，但该公司接待人员的态度十分含混，一时说诚信是德国公司，一时说诚信和西·伊利斯有关系，一时说诚信是其子公司。最后竟然是一再要求记者去问银广夏！诚信和西·伊利斯的关系怎么能由银广夏来证实呢？

在7月16日的一次电话采访中，捷高的有关业务关键人物陶鹏明确地告诉记者：诚信只是一家在德国注册的公司，与西·伊利斯有着业务往来，但并非西·伊利斯的子公司。

问题其实并不复杂。据知，2001年5月，在《中国证券报》一次例行的编前会上，其总编辑提到，既然银广夏引起了那么多疑问，为什么不可以借助新华社驻德分社的力量去调查一下它的背景呢？此后，该报是否果真去德国调查我们不得而知，但确有新华社驻外记者在德国当地查询查号台，但该公司并未有电话号码登记。

记者了解到，中国工商银行总行通过其海外分行对诚信公司进行了调查，在德国汉堡商会查到如下记录：

“Fidelity Trading GmBH公司于1990年在该会注册，注册资本51 129.19欧元（约10万马克左右），负责人为Kiaus Landry，主要经营范围是机械产品和技术咨询。”

注册资金10万马克,对于贸易公司而言并不算离谱,但毕竟其与银广夏签下的是年度金额达20亿元人民币、总金额达60亿元的合同,对比过于悬殊。此次调查之后,中国工商银行总行没有恢复对银广夏的贷款。工商银行总行曾与银广夏于1999年12月29日签订流动资金贷款合同,借款金额为2亿元,期限定为自1999年12月29日起至2001年10月28日止。今年四五月间,工总行提前中止了贷款。

银广夏的对外发言人丁功民曾向记者许诺,今年4月,当芜湖的萃取生产线建成之时,德国诚信公司将来华签订今年的供货合同(每年20个亿、连续3年总共60个亿的总协议的一部分)。届时采访这家公司,任何疑虑都会迎刃而解。

直到今年6月18日,安徽芜湖1 500立升×3的二氧化碳超临界萃取生产线终于试车之时,期待已久的德国诚信公司代表仍没有出现。参加试车典礼的人们看到了几位高大的德国人,但那是伍德公司派来的工程师,与订货合同全无关系。典礼的第二天,李有强飞赴德国,原因不明。

是不是诚信公司人士不露面,真相就永远无法获知了呢?

天津海关一锤定音

经过反复调查后,天津海关向《财经》出具了一份书面证明:"天津广夏集团有限公司1999年出口额480万美元、2000年出口额3万美元。"天津海关还查出,天津广夏从2001年1至6月,没有一分钱的出口额

随着时间的推移,众多的疑点已经令很多人无法熟视无睹。

在2001年的股东大会上,宁夏证管办官员就冷静地提出:如此将整个企业的利润维系在单一国外客户上,蕴藏风险是否过大?

中央电视台《经济半小时》栏目曾对银广夏做过采访,相关节目由于种种原因至今尚未播出,但对银广夏的疑虑早有存在。

新华社宁夏分社已经就发现的银广夏诸多问题,向有关部门做过汇报。

就连银广夏总部也对天津广夏有了不满:实施2000年分配方案需派现1.5亿元,但创造了4亿多元"利润"的天津广夏却没有转来一分钱……

由于投资额超过5亿元,银广夏准备上的3500立升×3生产线需要经过国家计委审批。按照规定,国家计委将这一项目交给了中国国际工程公司进行项目评估。该公司的有关人士表示,已经注意到了银广夏有关项目的种种可疑之处。他的一个问题就是:"谁亲眼目睹过天津广夏的生产情况?"答案是,几乎没有人。近一年多来,银广夏谢绝了几乎全部参观或采访天津广夏生产车间的要求。

这位人士表示，对这个项目的评估工作目前正在筹备之中。如果得不到计委批准，项目将无法获得银行的支持，也不能享受进口关税的豁免。

这说明，越来越多的人开始冷静思考银广夏的神话是否可信。而天津广夏创造的巨额利润是否可靠，也越来越成为问题的关键。

不止一位银广夏的同行向记者指出：既然天津广夏的货物全部出口德国，那么按照现行税法，可以向税务机关办理出口退税，按照2000年天津广夏共出口1.8亿马克的说法，出口退税收入将不下7 000万元人民币，而且这肯定会在财务报表里有所体现。

记者一再检索银广夏2000年年报，但财务报表上甚至找不到退税收入这一栏。7月10日，记者从天津市国税局进出口分局的官员处证实，天津广夏从未办理过出口退税手续，甚至连出口退税的税务登记都没有。

根据此前银广夏财务总监兼董秘丁功民的介绍，银广夏的会计师事务所深圳中天勤会计师事务所曾经向海关、银行征询过有关出口量、银行账务的情况。

2001年5月，记者径直来到了深圳中天勤会计师事务所会计师刘加容的办公室。在记者的要求下，刘拿出了厚厚的原始账目，出示了其中的银行对账单、海关报关单。不过刘表示这些单据均由天津广夏方面提供，事务所并没有直接向海关和银行征询。

令人起疑的是，这几份盖着天津东港海关字样的报关单上，每一样商品前的"出口商品编号"均为空白。稍通外贸实务的人都能发现，这是违反报关单填写基本常识的。记者记下了其中一张"报关单"的海关编号和内容。

两个月后，天津海关查出这个报关单编号根本不存在。

天津海关查阅有关资料发现，2000年天津对德国出口总额计6亿多美元，但金额最大的摩托罗拉公司也不过3 800多万美元，怎么可能有一家公司一年对德出口9 000万美元(约1.8亿马克)？经过反复调查后，天津海关向《财经》出具了一份书面证明：

"天津广夏(集团)有限公司1999年出口额481.9 272万美元，2000年出口额33 571美元。"

天津海关还查出，天津广夏从2001年1至6月，没有一分钱的出口额。

天津海关官员强调，这个数据包括了以天津广夏之名在全国任何口岸出口的所有金额，而不仅仅是天津海关。

就算是确有出口额的1999年,《财经》在天津海关查实的数据亦证实,当年天津广夏的出口总额仅是482万美元(约合4 000万元人民币),还不到陈川所称5 610万马克(约合2.2亿元人民币)数字的1/5;而出口的货物中,更有2/3是牙膏,此外还有少量的亚麻籽油。

真相终于清楚了,再清楚不过了:天津广夏1999年、2000年获得"暴利"的萃取产品出口,纯属子虚乌有。整个事情——从大宗萃取产品出口到银广夏利润猛增到股价离谱上涨——是一场彻头彻尾的骗局。

记者仍然记得最后得到天津海关证实的那一天。7月的阳光相当刺眼,朗朗乾坤之下,似听到泡沫扑哧一下破裂的清脆声音。

我们终于知道了真相,它是如此简单而残酷。

参考报道2:《C村纪事——写给未来的信》①(节选)

未来:

你好!

见信如晤,虽然我们从来都没有见过面。

新年的烟花还没有停歇,这是我们村的传统。每逢盛会或过年过节的时候,总会看到它们在黑色的夜空盛开。大人小孩都爱它们,是的,我们是有理由高兴的。

去年村里收成不错,在十里八乡排到第二位,仅次于A村。年中和年尾,村里唱了两台大戏,代号SB和YY。据说,这两台大戏赢得了世界级的巨大声誉。

然而,有人在村头河边的渔网上贴出一幅大字标语,说什么"神马都是浮云"。倒也没错,一时绚烂过后,烟花所能留给我们的也就只剩浮云。当然也有伤痛,过去一年,特别是辞旧迎新的时候,火总在村里肆虐。

浮云过处,这片土地也常常战栗。去年,先是村西头一个叫玉树的高地发生地震,死伤无数。随后,一个叫舟曲的山沟里泥石俱下,吞噬了许多生命。那里,曾经是一片茂密的林区。

沧海桑田的变化正在我们这里发生,快得叫我们难以适应。就好像我们村里正在驯养的一匹叫作"高铁"的骏马,日行以万里计。

① 记者魏黎明,刊于《经济观察报》,2011年1月1日。

我很想骑上这匹骏马，回到村东南头发生的那场著名"交通事故"的前一刻。那是一个摄像头没有记录下来的时刻。那一刻之前，一个人活着，手上戴着一只表，怀里揣着忐忑和抗争；那一刻之后，那个人死了，怀里揣的东西传递给了更多人。

然而我知道，这匹马再快也不可能带我回到过去了。那么，它能带我更接近你一些吗？未来，我多想知道你长得什么模样，可你总是寄一些旧照片给我。

我也给你说一些村里的旧事吧。不久前，村里一个养企鹅的专业户，跟一个骑虎的猎人打了一架。他们互相指责对方偷了属于他们的一种叫"市场"的东西。

就为这个，他们强迫村民停下手里的活计，看他们表演"拳脚功夫"。企鹅专业户还作了一个艰难的决定，要求村民在他和猎人之间作一个抉择。在这个过程中，村里摆渡的、挖金山的、数星星的都加入了战团。

爸爸说，他们都是"挨踢"业的，这个行业从来都刀光剑影。这场冲突最后由村里出面喝止了。我们土鳖校长说，都是为村民服务，何必大动干戈。在我们学校，土鳖校长还兼任村史和思想品德老师。

关于这件事，一位教经济的海龟老师说了一套深奥的话。我到现在也没弄明白，大意是这样的：真正伟大的企业和企业家，唯一的宗旨应该是提供服务，而不是其他。他说，村里的企业普遍害了一种短视病。人们搞投资、做企业，开口闭口市场份额，获利几何，却几乎从来不谈计划为人们带来怎样更好的服务。

在我们村最近一百年的历史上，实业救村一直是一个梦想。最近30年，我们的企业越来越多，规模也越办越大，特别是一些村办大企业。在这个过程中，人们总在谈论一种叫作企业家精神的东西。

然而，年中的时候，一位从村办大企业退休的老人说，村企没有企业家。而此后不久卸任的一位村办企业"大管家"给自己的定位是：一个忠臣。

我搞不懂这些，更加不懂得什么叫企业家精神。事实上，我不懂的事情太多了。你记得吧？我们村有两个市场，一个菜市，一个股市。今年菜市很红火，但是种菜的和种粮食的都说没挣到钱。股市相对冷清，却有不少人挣得盆满钵满，据说勤劳的他们同时还在干养殖老鼠的副业。

海龟老师又有说法了，他说这表明我们的金融系统有漏洞。村里连年丰收，农产品价格依然暴涨。他说这足见我们的金融系统，与物质生产和交换的基础背离得有多远。

你知道，我们村历来以农业立村，后来办起了工业，大兴交通，这些被称为是现代社会的基础。现在，我们也办起了金融，几个大的生产队竞相争夺金融中心的地位。但老师说,从A村华尔街传过来的那一套对冲、套保、期权、评级债券等,虽然活跃了市场,同时也让它变得更像一个赌场。

是的,过去每逢过年过节,我们村里的人都喜欢赌两把。现在,这个传统被大大扩展,竟至随时随地、无时无刻了。

这个恶习在村委的打击下,这些年改观不少,却总是阴魂不散,甚至更恶劣。另一位海龟老师说,在西边几个村的宗教史上,天主教和新教都反对赌博,但理由各异。天主教反对赌博,因为一个人可能会输,理智的人不应赌博而危害自己和他人的幸福。新教反对赌博,因为一个人也许会赢,而这对人性有害。

老师说,新教教义后来被一个叫马克思·韦伯的人归结为资本主义产生和发展的根基。用我爷爷的话说,横财易去,同时带走的还有人们的勤劳、善良和正直。

然而,我们村许多人确实发了横财,他们的后代招摇过市。与此同时,村里收入最低的一群人正在"享受"日益昂贵的生活必需品。购房自然更不必说了,这已经离普通人的生活越来越远。

你知道的,我们村正在进行一项叫"城市化"的大工程。我们今年的第一台大戏,主题就是"城市,让生活更美好"。是的,我们的生活确实越来越好,这一点不容置疑。然而,我们的生活越富足,我们似乎就越难得到快乐。而且,生活中总有一些不那么美好的事情发生。譬如"强拆",在村里害了好些个人命。

教西边村史的老师说,城市最初出现在西边,那是一种半自治的组织形式。居民都是自由民,他们纳税,以换得一定的城市自治权。他们可以自由迁徙,而不必办理暂住证。

是的,迁徙也正在我们这里发生。我的一些同学转学到隔壁村小了,他们的父母也随着迁走。他们曾经被称为我们村的精英,被视为你的代表。

对于这件事,我们观感复杂。我还是转述老师的话吧,他说,只有专制的大一统帝国才阻止人民迁徙。过去我们村东临大海,西峙高原,北依长城,南有夷蛮,人民无处可去。现在,他认为无论如何这是一种进步,民众有自由迁徙的权力。

但是,未来,你也会离我们而去吗?

你是那么聪明,你知道我所提到的这些喜事,其实说起来有点微不足道。就好像我们那看似丰厚的收成,只要一平均下来,也就少得可怜了。

我知道你并不注重物质的享受,但为何你常常为现实流下热泪?

你一定看到，推土机成了村里最忙碌的机器。在它面前，渺小的人们用火消灭自己以示存在。你一定听说，最近村里有一头叫“跨省追捕”的怪兽出没，来无影去无踪，择人而噬。你还听说，有人公开叫嚣要把那些写下文字的人管起来，不让他们把这些告诉你。

你知道的，这是一个大村子，人口众多，历史悠久，遗留问题多且复杂。我们总是对许多事感到不满，人们争相发言，然而沉默的大多数更加沉默。

……

隔壁村特别是A村的人总因此嘲笑我们，他们甚至揶揄我们历代赖以生养的这条大河。他们说，这是一种以专制和封闭著称的大河文明。他们炫耀自己来自海洋，说那是自由和开放的象征。

我看到的是，大河正在向海洋汇拢。老师说，这是一个趋势，浩浩荡荡，不可抵挡。

未来，是这样的吗？

A村的人说，我们曾经有机会走向海洋。那是大概500多年前，我们的庞大船队穿过印尼群岛、印度洋，到达非洲。再绕过一个叫非洲之角的地方，我们就将来到大西洋，在那里我们会发现美洲。

然而，这项耗资巨大的举动很快被封停了。那之后没多久，一个叫哥伦布的人发现了新大陆，世界格局由此改变。而我们却将大河的入海口牢牢锁死，那时造一艘双桅帆船都是要冒杀头风险的，更不用说驾着它出海了。

现在，我们已经开放，走向海洋，我们甚至开始“仰望星空”。西边几条村早几百年前就在做同样的事。他们关心太阳和地球谁围绕着谁转，因为这个，有人被烧死了。然而，留下来的是他们对于宗教的新认识，以及对天文的研究，还有由此产生的对精密仪器的研制。后来，这成为“工业革命”发生的一系列先兆。

然而，当时钟、火枪和眼镜等传入我们村的时候，村里私塾的几位大儒认为这无非是奇技淫巧，甚至有损大统。他们认为，我们更应该注重的，是对仁义礼法的传承和谨守。

老师说，我们村的这种“停滞性”曾让E村一位名为亚当·斯密的先哲困惑。后来，G村一个叫黑格尔的哲人给出了答案：个人在精神上没有任何个性可言，从本质上讲C村历史不能称之为历史，它只是君主覆灭的一再重复而已，不可能由此产生任何进步。

……

还是说说村里的事吧。在村里荒废的学校地基上，人们修建了许多新的庙宇和道观。几十年前，他们亲手推倒了它们。是的，人们并不真的信那些被供奉着的鬼神，但人们信神仙。

前阵子一个叫“利益”的道长，据说就是一位传说中的神仙。但是，后来人们发现，他更重要的身份是生意人。

人们还迷信大师，据说大师可以用茄子和绿豆调理我们日益臃肿的身体。然而，最终人们发现再一次上当受骗。

其实，我们很久以来就已经不再相信任何人了，除了金钱。我们这些人总认为，只要有了金钱就有了一切，就能拥有你，也就能拥有幸福。

未来，你告诉我，是这样的吗？

就这些吧，我不能说太多，你懂的。

C村一名小学生

读了上述三个阶段比较有代表性的经济报道作品，读者的感受是什么呢？笔者感受到经济报道方式的沧海桑田以及沧海桑田通过经济报道镜像的具象化。

三、自媒体时代到来后财经媒体的新气象

微信是腾讯公司于2011年1月21日推出的一款手机聊天软件，由此，中国的自媒体时代来临了。之后，微博、微信公众号、爱奇艺视频、喜马拉雅电台和蜻蜓、百度、搜狐、今日头条等平台，都成为财经自媒体发展的重要渠道。截止到2012年9月17日，微信注册用户量超2亿。随着移动端迅猛发展，2015年已成为新媒体视频元年，各种视频APP、公众号层出不穷。2017年4月24日，腾讯旗下的企鹅智酷公布了最新的《2017微信用户&生态研究报告》，数据显示，截止到2016年12月，微信在全球共拥有8.89亿月活跃用户，而新兴的公众号平台有1 000万个。2016年，微信直接带动的信息消费达1 742.5亿元，相当于2016年中国信息消费总规模的4.54%。

自媒体呈现出独有的特性：移动化、服务化、个性化、社交化、圈地化等，使得它成为迅速消解老牌财经媒体的利器。2011年之后，传统媒体从报纸、杂志到电视，渐次进入收入和利润的拐点，7年来传统媒体人才流失、停止发行、减薪等事件屡见不鲜。传统的财经媒体人也成批涌进互联网创业者当中。《中国企业家》前执行总编李岷于2012年5月创立了个性化商业资讯网站虎嗅网，网站内容由编辑和用户共同筛选，然后再精要加工，走个性化与社会化结合的路线。如何应对受众的流失，适应移动互联

网时代变化的需求，成为这些年来业内的核心话题。这几年来，老牌财经媒体纷纷上线，冠名原媒体推出微信公众号，打捞老客户，培植新力量。而“华尔街见闻”“秦朔朋友圈”“吴晓波频道”等新锐的微信公众号都在探索新媒体运作和内容生产的方式，切割和分流着原有的财经新闻用户。

自媒体时代所引发的变革不仅仅限于中国，全球财经媒体正经历着深刻的变革，2015 年 7 月 23 日，日本经济新闻社收购《金融时报》，由此可见一斑。

如何适应互联网时代的到来，完成新媒体的转型，优化传统媒体既有的资源，创造出新的内容满足自媒体时代的用户需求，是传统媒体人必须面对的问题。“经营维护要闻集散地——微信群的业务讨论是一个版面上看不见的工作。因为要闻部没有本部门的记者，因此发动其他记者进行跨部门的讨论十分必要，尤其是热点新闻，本来就具有跨部门的特征。集散地最初并不活跃，但是我们尽量不断地往里面扔新闻，不断地激发讨论，慢慢地相对活跃起来。跨部门的讨论能碰撞出多角度的选题，因为不同部门的记者关注重点不一样。”[①]类似这种讨论，自新媒体成为传统媒体的生存杀手锏以来，从来都没有停止过。

自媒体时代，财经新闻的生产正在探索的路上，传统媒体也不是一无是处，正如日本《产经新闻》收购《金融时报》时的公开信所言：“自 1876 年创立以来，日经一直致力于推动私营部门驱动对商业友好的自由市场经济。我们相信，政府的参与应被限制在合理水平。一个多世纪以来，我们保持了我们的信条：公正、不偏不倚的报道。我们认为这与 FT 的座右铭‘不惧怕，不偏袒’是一致的。我们都有从事独立新闻报道的历史，有共同的信仰和价值观。我们的多数董事会成员都是职业记者，是对新闻报道的激情将我们凝聚在了一起。”[②]

练习题：

1.阐述中国财经报道独立话语形成的原因及表现。

2.仔细阅读参考报道《银广夏陷阱》和《C 村纪事——写给未来的信》，分析其写作特色。

3.2011 年以来，财经媒体发生了哪些变化，其文本的写作呈现出哪些新特点？

---

① 谭翊飞.做有竞争力的财经报道[EB/OL].(2016-07-10)[2017-05-06].http://mp.weixin.qq.com/s/s_xqjCsVfx4a14FkmAlYPg.

② 秦朔.新时期中国财经媒体回顾与启示[N/OL].第一财经日报，(2015-08-27)[2017-05-06].http://www.yicai.com/news/4677840.html.

第二章　财经报道的特性

▶内容提要

与其他类型的新闻报道相比,财经新闻有着自身的特性,表现为专业性、分析性、预见性、实用性和公益性。这五个方面特性的内涵不同,在财经报道的操作中,对五个特性的把握和体现也各有要求。在大数据的背景下,财经新闻的专业性中对数字的重视和表现显得更为重要,财经新闻的专业性以可视化为代表的表现形式也在迅速发展。

财经报道的报道对象是经济领域的变化,这一报道对象决定了其自身的特性:专业性、分析性、预见性、实用性和公益性。因为有这样的特性,所以财经报道的过程也有别于其他类型的新闻报道,呈现出不同的特征。当然,正如清华大学国际新闻项目组主任周乃菱教授所言,“先是新闻然后才是财经新闻”。是的,在谈到财经报道的特性时,一定不能忘掉的是它必须具备“新闻”的所有特性。舍此,财经新闻便无从谈起。

本章节有关财经报道特性的阐述都建立在“新闻”的基础之上。

第一节　专业性

一、专业性的内涵

众所周知,与其他类型的新闻报道相比,财经报道的内容几乎全部是关乎国家命脉、百姓民生的,所以财经报道具有很强的专业性,专业性表现为财经报道必须以经济学的专业视角来报道财经要闻、解释经济现象、调查经济事件。从操作的角度来看,财经报道的专业性表现为经济信息的选择、发布的专业性,经济信息分析解释的专业性,经济信息服务方式的专业性。专业性既是财经报道所具备的特性,也是高度专业化的财经媒体运作的根本要求。国外著名的老牌财经新闻机构如路透社、彭博咨询、道·琼斯等通常会向受众提供专业化的数据分析,而数据分析往往建立在大规模的信息搜集的基础上，从事数据分析的记者通常要达到“二级”经济分析师的水平。所以，专业从事新闻传播的学习者若要致力于耕耘财经报道事业，平时注重此方面常识的积累非常有必要。

二、专业性对财经记者素质的要求

财经报道的专业性，要求财经记者不仅要具备专业的经济和金融知识，而且要具备一定的分析能力，把专业的经济学知识通过通俗且浅白的方式表达出来。有关财经记者素质要求的相关内容会在本书“财经记者的素养分析”处专门讲解。

三、专业性对财经报道文本的要求

在具体的财经报道操作中，专业性常常体现在对相关专业术语的准确运用和有关数据内涵的权威分析上，即“对这些数据的分析，尽量深入肌理，了解数据背后隐藏的逻辑，而不是简单重复地发布”①。

在经济术语的使用上，术语堆积的现象是需要避免的，如何避免？可以在解释术语上下点功夫。目前，一些做得较好的媒体常常会采用链接的方式对术语进行通俗化的阐述。在术语的使用上，要对经济术语的英文缩写进行对应汉语的翻译，而这种翻译必须是经济学界普遍认可的汉语表达。以 QDII 这个常用术语为例，为了防止受众不理解，可以对其做类似的处理：QDII 是 Qualified Domestic Institutional Investors 的首字母缩写，中文意思即“合格的境内机构投资者”，是“指在人民币资本项下不可兑换、资本市场未开放的条件下，在一国境内设立，经该国有关部门批准，有控制地允许境内机构投资境外资本市场的股票、债券等有价证券投资业务的一项制度安排”②。

下面以《低收入市民生活聚焦：CPI 16 年涨两倍 收入涨 660 元》③一文为例来看记者处理相关术语的方式。为了解释低收入层 CPI 的内涵，记者在报道文体的后面加上了下面的解释：

---

① 谭翊飞.做有竞争力的财经报道[EB/OL].(2016-07-10)[2017-05-06].http://mp.weixin.qq.com/s/s_xqjCsVfx4a14FkmAlYPg.

② 参见百度百科关于“QDII”的词条。

③ 刊于《北京晚报》，2010 年 10 月 26 日，记者丁文亚。

关键词:低收入层CPI 本市统计部门的居民消费调查数据来自全市5 000个居民调查户,分收入层统计CPI就是将目前的5 000调查户按收入分成三个档次,10%为高收入层,10%为低收入层,其他80%为中等收入阶层。测算低收入层CPI指数,是为了更真实、更全面地反映物价的变动对不同收入层人群的影响。前三季度,居民消费价格(CPI)同比上涨2.9%。其中9月份CPI同比上涨3.6%,环比上涨0.6%,涨幅创23个月新高。分析师表示,食品价格上涨是9月份CPI走高的主要原因,由于9月份假期较多,节假日消费旺盛在一定程度上推动了肉类和粮食等农产品价格的上涨。

如上处理的方式,能有效地排除受众对相关经济学术语的困惑,从而增强了报道文本的可读性。

对经济数据的使用,既要注重合理选择又要进行通俗化阐释;只注重数字的引用,不注重解读数字背后含义的做法,是无法被受众较好地理解和吸收的。所以,在数据的使用上,财经记者需要有意识地在专业性和通俗性之间寻找一种方法,使财经报道的数据得到合理而权威的解释,同时又能通俗地体现出其意义。如何体现出有关数据的意义,对外经贸大学英语学院的浦军副教授指出,"要从数字中挖掘出关系的逻辑、永远不变的东西,这种永远不变的东西即是报表之间的关系以及表内的各种数据之间的关系"①。

在数据的使用上,还要注意数据引用过度以及表达过于抽象的问题,对于数据使用的量要控制。财经报道的文本,如果有过多的数据和抽象的表达,会使受众产生强烈的专业阻隔感,进而失去继续阅读的兴趣。如何避免?其操作的方法有很多,常见的是对数据进行逻辑性的整理,或者以图表的形式直观地展现出来,如图2-1,诸如此类的处理方式会使受众很轻松地接受相关的财经报道。著名经济学家茅于轼说:"一篇优秀的财经报道,一定是善于找到经济事件与百姓生活联系的报道,它应该是权威专业的,同时也是深入浅出的。寻求专业性内容呈现和接受者理解的方便,该是财经记者非常注重的一个面向。"

---

① 引自对外经贸大学英语学院会计学副教授浦军先生2011年5月21日至22日在清华大学新闻与传播学院"财经新闻教学研讨班"上的讲座,题为"财经记者应具备的会计学知识"。

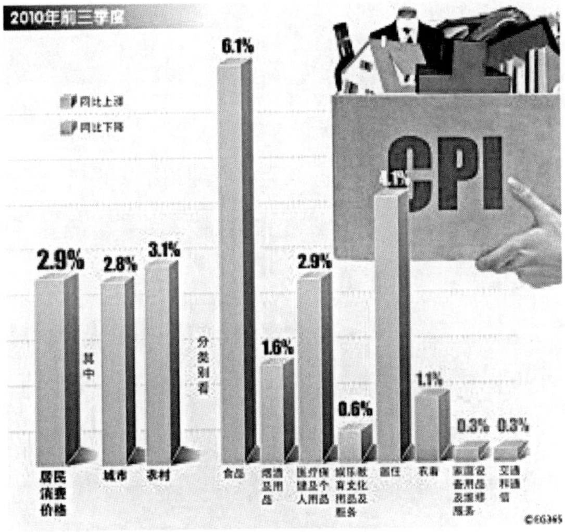

图 2-1　2010 年前三季度 CPI①

阅读以下两个文本，体会专业性与通俗性表达之间的关系：

参考报道 1：《王二育儿、政府主导和中国模式》②

王二有个儿子。孩子生出来之后没有好好照看，长到五六岁的时候，面黄肌瘦，发育不良。这时候王二才重视起来，开始舍得在孩子的营养上花钱。另外，王二对孩子的一举一动都看管得很严：夏天不让下河游泳，冬天不让上山玩雪，怕孩子出危险，受风寒。总之，一切王二觉得对孩子不好的事情，王二就肯定不会让孩子做。

就这样没过几年，王二的孩子个子长高了很多，也壮了不少，成绩也不错。孩子由原来班上最矮最瘦不太引人瞩目的人，一下变成了班里的几个大个子之一，而且品学兼优。很多家长都向王二取经，希望传授育儿经验，特别是怎么把一个体弱的孩子在不长的时间里养得这么好。

王二想了想，觉得自己育儿的成功经验总结起来至少有两条：一是要舍得在孩子的身体上花钱；二是要严格管教，帮孩子做正确的选择。有的家长觉得第一条

---

① 本图表来源：《低收入市民生活聚焦：CPI 16 年涨两倍 收入涨 660 元》，《北京晚报》2010 年 10 月 26 日，记者丁文亚。

② 郭凯．王二的经济学故事［M］．杭州：浙江人民出版社，2012：221．

还比较好理解,但是第二条就不那么显然了:做家长的,未必一定知道什么样的选择对孩子是最好吧?是不是还是应该适当让孩子做点自己的选择?更何况,孩子总要长大独立的。王二对此不是很同意:我自己的孩子我最了解,当然知道什么样的选择对孩子最好。此话说过没多久,学校里就有两个孩子下河游泳差点出事。王二这下更加觉得自己的正确:我们家的孩子,一直不让下河游泳,所以从来不会出这样的危险,这当然是对孩子好。

中国经济的成功,已经早就不是新闻了。一个例子是,林毅夫、蔡昉和李周合著的《中国的奇迹》1994年就已经出版。这本书最近又引起了一些人的关注,原因就是"中国模式"这个名词变得十分流行。许多"中国模式"的支持者在为其寻找理论根源的时候,找到了《中国的奇迹》这本书。必须得说的是,《中国的奇迹》是本好书,我读过好几遍,家里的书架上中英文的版本都有。只是"中国模式"提法的流行和一本16年前就出版的书并没有任何关系。最直接的原因是,在这场全球金融危机中,中国的经济地位相对增强和美国的经济地位相对变弱,以及这背后看似极不相同的政府对经济管理的模式:自由放任的资本主义和有中国特色的社会主义。

笔者已经在《王二养生秘诀、华盛顿共识和中国模式》一文中讨论过,中国的经济改革所遵循的原则,在很大程度上和华盛顿共识并不矛盾,中国的成功并不是对华盛顿共识的否定。中国和美国,究竟哪个国家的经济更接近于"自由放任"也是值得讨论的。在劳动力市场,在产品安全,在消费者保护这些领域,中国可要比美国自由放任多了。但必须得承认的是,中国政府对经济领域的直接控制和影响确实要大大超过美国政府。中国一直有着积极的产业政策;政府和国有企业还控制着大量的资源,垄断着核心的行业;中国政府在放开一些重要市场和价格的时候还非常谨慎,比如说金融市场,利率、汇率和能源价格。这些特点,简单地说就是政府主导,在这场危机中似乎都成了中国的优势。正因为中国的金融市场没有开放,因此中国在危机中受到的直接损失微乎其微;正因为政府和国有企业控制着大量资源,主要银行都是国有,中国政府才能够在最短的时间里动用最多的资源来应对这场危机;正因为中国有着直接的产业政策,才让中国的新能源领域在近两年有了突飞猛进的发展,在一个新兴行业里有了一席之地。这些难道不都证明了"中国模式"确实存在优势吗?

我们完全没有任何理由否定中国的成绩。但一个危险是,把一个在具体情况下成功的经验过于一般化。

如果只看王二孩子成长经历的后半段，你也许可以得出王二是个好家长的结论。但是如果从出生就看起，事情就不那么一目了然了。中国的经济也是如此。中国在改革开放前也有产业政策，也没有开放金融市场，政府也控制着大量资源，为什么经济就一点都没有成功？而到了改革开放后，经济却如此成功？《中国的奇迹》一书，恰恰就对这个问题给出了一个解释：政府主导是一把双刃剑。如果政府选择了错误的发展战略，违背了一个国家的比较优势，那带来的不会是繁荣而是各种扭曲；而如果政府选择了正确的发展战略，遵从一个国家的比较优势，那才可能带来经济的成功。因此，同样一种"模式"，会产生截然不同的影响，这里面的关键是政府的政策是不是顺应市场的力量。政府不是用来否认和替代市场的，而是用来弥补和支持市场的。

当然，历史是历史，现在更关键的问题还在于未来。我们真的有把握说，王二的孩子今后一定能成才吗？孩子小的时候，家长多管也许是应该的。可是孩子越来越大，家长继续那么管，恐怕就会阻碍孩子发展。如果什么都不让孩子尝试，什么风险都不让孩子担当，什么都按照家长说的做，这样至多只能培养一个好学生吧？一个国家的经济，和孩子的成长一样，也是有阶段的。如果说政府主导在发展的初期是必要的，这完全不意味着同样的成功在未来10年、20年可以被复制。

Microsoft不是靠政府支持发展起来的，Google没有拿一分钱政府投资，Facebook是从哈佛大学的宿舍里起家的。中国在不远的未来，必然需要由依赖投资出口拉动增长，转型为依靠科技创新拉动增长。那样一种增长模式，要求一个自由公平的市场环境，要求一个灵活的资本市场，要求允许很多很多的失败。这些不是政府主导所能提供的，这些也不是有了产业政策就能发展起来的。

2006年的时候，宏观经济学里最热门的话题之一是"大稳健"(Great Moderation)，用来形容格林斯潘时期的低通胀、高增长和低波动。不少经济学家欢呼雀跃，认为终于找到了缓解经济周期和抑制通货膨胀的法宝。当然，随后发生的就是众所周知的"大衰退"(Great Recession)，而大稳健的背后则是一个大泡沫。很显然，那些宣布胜利的经济学家高兴得太早了。

如果我们真的要把政府主导作为"中国模式"的一部分，就不能只把政府主导和一时一事的成败联系起来，因为一时的成功就宣布胜利，犯上面那些经济学家的错误。我们要历史地看，要面向未来地看，要看自己，更要看别人。如果真的做到了这些，也许我们会稍微谦虚一点：政府主导，也不是万灵药啊，这样以故事为例的写法，让不懂经济的门外汉也看明白了！值得学习！

文本分析:经济发展模式是一个较抽象的经济学话题,为了使对中国经济发展模式的分析更通俗、浅白,作者采用了"王二育儿"的比喻方式来处理,如此,抽象的专业性知识便获得了浅显易懂的效果。

参考报道2:《专家帮你算细账:减税后老百姓购房到底能省多少钱》①

东北网10月23日讯 10月22日,财政部最新发布,从2008年11月1日起,对个人首次购买90平方米及以下普通住房的,契税税率暂统一下调到1%;对个人销售或购买住房暂免征收印花税;对个人销售住房暂免征收土地增值税。地方政府可制定鼓励住房消费的收费减免政策。那么,这些市民盼望已久的利好消息的出台,将对哈市房地产市场产生哪些影响?到底能为市民省多少钱?业内人士又有哪些看法?记者就此进行了采访。

好家庭经纪公司相关负责人郭荣为市民算了一笔账,以一处2004年建成的住房,原价30万元,现售价50万元为例,以前买卖双方要支付7种费用,其中,交易契税为房产评估额的1.5%,约7 500元;建设费为建筑面积每平方米6元;工本费为80元;营业税为房产评估额的5.55%,约27 750元;个人所得税为房产评估额的1%,约5 000元;印花税为房产评估额的1%,约500元。综合以上所有税费将在4万多元。契税税率暂统一下调到1%后,将省5 000元;暂免征收印花税又省500元。也就是说,仅这两项税费,市民将省下5 500元。

21世纪不动产总经理季涛表示,假设原价30万元,现售价50万元的房屋属于征收土地增值税范畴,按房产评估额减去房产原值(暂不计算其中的合理费用)的30%至60%计算,以最低30%征收来算,新政出台后,仅此一项市民将省下6万元。如果建筑面积在140平方米以上的,仅土地增值税至少能省近10万元。

对于"金融机构对居民首次购买普通自住房和改善型普通自住房提供贷款,其贷款利率的下限可扩大为贷款基准利率的0.7倍,最低首付款比例调整为20%。同时,下调个人住房公积金贷款利率,各档次利率分别下调0.27个百分点"的政策,金融机构人士也给市民算了一笔账。

兴业银行哈尔滨分行相关负责人于海告诉记者,对于下调0.27个百分点的公积金贷款利率,以买一套50万元、最低首付款为10万元、贷款年限20年的新建住

① 徐生文.专家帮你算细账:减税后老百姓购房到底能省多少钱[N/OL].新晚报,(2008-10-23)[2017-12-03].http://heilongjiang.dbw.cn/system/2008/10/23/051560598.shtml.

宅为例，未调整前每月还款2 608.99元，调整后为2 550.07元。原20年共还款626 156.54元，调整后共还款612 019.11元，20年仅利息就省14 137.43元。

于海说，对于“贷款利率的下限可扩大为贷款基准利率的0.7倍，最低首付款比例调整为20%”的商业贷款，仍以一套50万元、最低首付款为10万元、贷款年限20年的新建住宅为例，调整前每月还款2 946.96元，调整后每月还款2 690.69元。原20年共还款707 269.71元，现共还款645 764.70元，将省61 505.01元。

对于新房市场来说，业内人士杜松扬认为，降税政策适时出台，不仅会提升市场发展的信心，还能刺激市民的购房需求。尤其哈市与北京、上海等城市相比较，人们置业购房以刚性需求为主，所谓地产泡沫程度较弱，因而在利好政策出台后，商品房的交易量必有回升，楼市也势必随之回暖。而且，哈市目前新报建项目偏少，后市供应减少，随着交易量上升，会使房地产市场走上更良好的轨道。

业内人士于鹏也表示，降低交易环节的税费将减轻购房者的负担，对提升消费、增强信心有积极作用，特别是对二手房交易市场来说，更能起到真正的利好作用。“但是在全国不景气的房市背景下，此举是否会对政府救市起到预期的作用还很难说，如果房市低迷波及哈埠，那么降低房产交易税仍难以撬动市场。”几位业内人士有着共同的观点。

文本分析：仔细阅读以上这条有关房产新政的新闻后我们可以发现，记者使用相关数据时非常注意其可接受性。记者始终站在受众的立场上并为受众进行数据的采集、计算及分析。对于那些不知在新政后如何决定自身的房产交易行为的受众来说，读完本条新闻后会有非常清楚的行为选择的取向了。

四、财经报道中的数据表达

数据是新闻报道中必不可少的内容，对大数据时代的财经新闻报道来说更是如此。真实、准确、有效而且表现力强大的经济数据，不仅能帮助报道者寻找到珍贵的新闻点，有利于问题的解读、视角的确定和未来趋势的合理分析，还能够帮助使用者切实有效地观察到经济活动中的变动。

为了将以数字为主要表现形式的数据更好地呈现给读者，在展示报道文本时，往往有一些可供参考的手段帮助我们，下面进行逐一介绍：

1.数字的转换

对于财经记者来说，正确使用数字是必须具备的基本功，但是对于报道文本的接受者来说，也许他们很难读懂并认可所呈现出的过多的数字。“但如果数字取代了聪明的思考，而且将它们大量抛出来，希望有人会感兴趣，那么数字就毁了新闻”[①]，所以把数字转变成更容易接受的方式来表达，是不错的解决思路，以下提供一些帮助数字被接受的方法。

当数字代表了发生的事物的时候，当它们能把甲和乙进行比较的时候，数字就给一则新闻增色了……一个普通的记者会这样写：“闹市区迪斯科舞厅失火导致五人丧命。”这也是个好新闻，尽管有些悲剧性。但是一个财经记者就不能这样写——“亨利和米拉的鞋厂今年生产了1 050双鞋子。”要想让这则新闻有意义，我们必须加上一句——“而去年生产了1 000双。”普通新闻的记者一般没有必要这样写——“和去年失火死亡的3人相比。”因为，“某一经济体如果增长了5%，意味着一个很长的故事”，而且，“数字可以让我们从过度的啰唆陈述中解放出来”。[②]

如何在进行写作和编辑的时候运用数字？除了把数字跟长句子和不熟悉的公司名、地名、人名及技术术语分开(如果可能，将数字制成图表)，并不断地核实以保证精确外，还要把握以下这些基本的数字概念常识。

分数

对于大多数读者来说，分数是最简单的数字类型——二分之一，四分之一，三分之一，五分之一，十分之一，等等。其他的数字似乎都比这种数字复杂，所以应该避免使用其他数字，尽可能地把它们变成分数。当你有大数字或者百分比要处理时，看看是否有可能把它们变大或者变小，化为分数：

你可以不说51.2%，而说“大约一半”；你可以不说73.9%，而说“大约四分之三”。

还有一种应用分数的方法，就是不说数字本身，而用文字来代替。

例如：不说三分之一，而说“三个中的一个”；不说68.9%，而说“十之有七”。

① 谢芙琳，瓦茨.当代西方财经报道[M].张倧，译.上海：复旦大学出版社，2007：128.
② 谢芙琳，瓦茨.当代西方财经报道[M].张倧，译.上海：复旦大学出版社，2007：129-133.

百分比

也许这是最常用的统计方式。因为百分比中本身已经包含了比较的概念。百分比较就是把某件事物看作另外一件事物的一部分，我们把比较的事物定为100，因为这个数字很好，是个既完整，又大又简单的数字。

我们常把百分比数字变大、变小后化为最接近它们的整数，除非它们是利率或者是某一敏感的指数（如通货膨胀率）。四舍五入求整数有时是可以的。

记住，你不能犯这样的错误：假如某个经济体去年增长了5%，今年增长了3%。你不能说今年经济衰退了，它其实还是增长了，不过增长速度变慢了。

两个百分比之间的差异是百分点。我们说，上个例子中的经济增长，今年比去年降低了两个百分年点。

回报率

这也是一个百分比，但特指某项投资带来回报的比率。股票和债券的回报率的计算方法不同，但还是可以比较的指数。

指数

指数由百分比发展而来。我们知道比较的起点和基准是100，我们每次想要进行比较或者计算变化的时候，指数起的作用是把某一个特别时期的事物基数定为100，再跟踪这段时间基数的变化。这就解释了我们在某一个指数旁边看到的类似“1990=100”的字样。这表示，在1990年我们把要考察的事物定为100。所以，到了2005年，当指数到达了197.5，我们可以说，这个数据已经翻番了。换言之，指数就是一种跨越时间考察事物变化的方式之一。

当指数被用来衡量很多东西时，如消费品、零售价格、服务价格，它就变得复杂了。于是便有了消费品价格指数和零售价格指数。这些指数是这样产生的：统计部门指出一个标准家庭一个月的消费清单（包括租房、交通、理发、音乐碟片、食物、衣服，等等），计算出这个家庭的所有消费（购买实物和服务的一揽子消费）。假设消费是178.96美元，到了下个月，假设消费是174.29美元，再下个月是174.87美元，等等。如果我们把头一个月的消费定为100，然后把每个月的一揽子消费和第一个月的消费进行比较，就能得出百分比的变化。

股票市场的指数也是同样道理。它们是很多不同公司股票的算术平均数，是根据公司的规模和其他因素进行权重处理后产生的，最终产生的指数是一个总体的状态和所有这些股票变化的一个基本的晴雨表。股票有涨有落，股票指数也随着这些涨落而起伏不定。

指数没有单位，只是一个数字。今天的指数和开始计算的那天的指数之间的差别是一个百分比。过了一段时间之后，今天的指数和初始指数间的比较开始没有什么关系了，只有目前的指数和先前的指数的差别才是我们关注的内容。例如，我们假设目前上海证券综合指数在1 600点左右，这个指数已经诞生多年。假如指数在第一个交易日是100，那么这段时间来已经增长了16倍。通常情况下，我们关心的是每天、每周、每年的变化，只是在很少的时候我们才注意长期的变化。华尔街在20世纪90年代曾经有过互联网的热潮，那时的指数值得关注，但是我们几乎从来不会追溯到指数的原始起点。

在追溯和比较不同指标的变化轨迹方面，指数是有用的。例如，我们要比较薪资和通货膨胀，或者薪资和房租等指数在一段时间内的变化，我们可以选择同一个起始日期进行计算和比较。如果你对发展经济学有兴趣，你可以比较商品价格(原材料、农产品和矿产品)和资本商品价格(如机械)。很多发展中国家依赖原材料的出口来换取外汇，它们大多数要从国外购买机械和设备。如果原材料价格低，而机械的价格又偏高，那么这些国家的处境就很困难。我们将这两个变量进行比较，看指数如何随时间而变化，就可以确切地了解究竟这些国家的发展难在哪里。

假如不同的指数已经存在了，但起始日期不同，也是可以相互比较的。手段是从计算方法上改变起始日期，更新指数起点。

人均

有一些数字只有在你明白涉及多少人的时候才有意义。Per capita这个拉丁文就表示“人均”。这个概念帮助我们理解经济数字，如国家的财富。当你知道A国的GDP总量是1 000亿美金，B国的GDP总量是500亿美金的时候，其实你并不了解事情的全貌。也许A国的人口是B国的两倍，就是说，两国的人均生产总值是一样的。

有时我们衡量的指标并不是全部人口。

比例

严格地说，比例就是把某一事物用另外一个事物的复数形式表达出来的一种数量关系，最典型的例子是老师和学生的比例，比如，一个老师对40个学生。注意今天很多的比例表现为百分比。比例这个字眼已经失去了严格的数学意义，现在只表示两个事物之间的数量关系。所以负债和资产的比例有时候可以表现为该公司总资产中多少百分比是债务，多少百分比是资产；债务和还本付息的比例通常是指一个国家出口收入占其外债还本付息的百分比。

趋势

当统计人员把某个时间段内的数据变化轨迹变成一条理论上的直线时，就把该数据的起伏变化忽略了。

时间段

应该牢记你的数据属于什么时间段。是本月数据和上月数据进行比较,还是本月数据和去年同期数据相比较?是本季度数据和上季度数据的比较,还是本季度数据和去年同期数据的比较?该数据是否是月度或季度的数据经过"年度化处理"(即乘以一定倍数变成整年的数据)之后的数据?如果不清楚数据的时间段,你一定要向数据发布机构询问,然后在你的报道中要从一开始使用这个数据时就交代清楚。

季节性调整

这是统计者把数据变平均的一种手法——类似于"看趋势"。有的数据在一年中变化很大(例如增长季节或者旅游季节等时候数据量大),所以有时我们要对数据做一些调整,让它们看上去平均一些。在写作时你要弄清楚数据是否已经做了季节性的调整,如果是,则在报道中应该交代清楚。

剔除异常情况

这是一个和季节性调整很类似的概念。它是一种在一个大背景中将一些特殊的、异常的数据剔除的做法。例如,某国家航线在 4 月份购买了 10 架喷气式客机,那么该月的现金外流会迅速变大,把该数据去除,我们才能了解在一般情况下该航线财务支付数据的整体概况。

权重

还有一个数学家经常玩的游戏——就是把各个不同的指标给予不同的权重,然后放在同一个篮子里。假如平均每户把收入的四分之一用在房租上,那么房租在消费者价格指标中的权重就要大于糖果的权重。所以,假如房租涨价了 10%,而糖果涨价了 50%,在总的价格增长指数上,就应该反映出房租的权重大于糖果的权重。

按实值计算/按不变价格计算

这是通货膨胀数据调整的方法。典型的例子是国内生产总值(某国经济所有生产和服务的价值)的计算。如果今年和去年生产了同样数量的产品,而价格增长了 10%,名义上 GDP 增长 10%,但是按实值计算的 GDP 增长为零。所以你的报道中如果出现了类似的数据,必须说清楚是名义上的数据还是按不变价格计算的数据。

把这些概念都弄明白是需要时间的,除非你是一个天生的数字迷。但是,还是要坚持弄清楚,因为在财经报道中把数字算错就如同在体育比赛报道中把比分弄错一样。你千万不能犯这样的错误。

数字运用的原则有哪些呢?在具体的写作过程中,有一些数字运用的总体原则我们要注意:

• 让数字为报道服务,而不是让报道为数字服务。你要思考的问题是:该报道是关于什么的？回答该问题的时候，你先尝试不要用数字来回答。即使是关于最新的经济指标和公司经营情况的，你也要理清楚：经济为什么增长、公司是如何管理才扭亏为盈的、谁在变化中起了最大作用、用什么战略起死回生等问题。这样思考后你就不会成为数字的奴隶，换言之，数字是讲故事的工具，不是故事本身。

- 如果你认为理解报道要表达的内容是很基础且很有必要的，那你也不要在导语中使用两个以上的数字。两个数字本身已经多了，现在的做法最好是在导语中讲“为什么”的问题和“怎么样”的问题，而根本不提数字。
- 一般的新闻长度是400个字左右，其中不要超过10个数字。这是一个最高限额，也就是说每40个字用一个数字。对读者来说，这个比例太高了，所以尽量少用数字。
- 让数字均匀分布，不要让它们挤在一起。你可以用引言来改变文章的节奏，把数字分隔开来。
- 把相关数字放在一起。如果你在文章的第一段报道的是某公司的销售收入，不要等到最后一段再提出你要拿来比较的销售收入的数据。
- 文章里有很多因素会让读者感到乏味无趣——除了数字、长句外，还有读者不熟悉的公司名、地名、人名以及技术术语。所以在文章中应该尽量将这些因素分离，如果你已经有了地名、长句，就尽可能少用数字。
- 可以考虑把一些数字拿出来制作成图表，让图表自己表达信息，报道本身的节奏就可以轻松顺畅了。
- 不断地核对数字，一次、两次、三次。①

2.数据的可视化

对数据的运用是财经新闻报道的基础。财经报道从本质上来讲是对数据的呈现、分析与解读。从数据中发现新闻故事，以数据来阐述新闻故事，并根据数据来深入研读和理解新闻故事，是财经新闻记者必备的技能。

在信息时代驾驭数据的力量是我们在新闻报道中所探索的新路径。随着海量数据的出现和应用，数据新闻学成为新闻学研究中的热点。数据新闻学要求记者在专业报道的技术与能力之外还具有对数据的理解能力与整合能力。数据新闻在报道事实之外能够更直观、清晰和有效地揭示问题、展示趋势和发展方向。从这一角度来讲，数据新闻是更加主动的一种新闻方式，因为记者需要主动从数据中找出新闻点、发掘新

① 谢芙琳，瓦茨.当代西方财经报道[M].张倞，译.上海：复旦大学出版社，2007：129-133.

闻故事，提供信息和见解，并以此创造价值。①

数据可视化是一个热门的概念。“数据可视化的基本思想是将数据库中每一个数据项作为单个‘图元’元素表示，大量的数据集可构成数据图像。同时将数据的各个属性以多维数据的形式表示，可以从不同的维度观察数据，从而对数据进行更深入的观察和分析。”②图 2-2 便是数据可视化的一个典型案例。

图 2-2　全国城际控股型投资拓扑关系图(2013—2017 年)③

如图 2-2，在书写文本时，我们可以利用几何学原理中的拓扑学④把各空间数据间的相互关系绘制出来，以非常直观的方式把资金流动数据之间的关联甚至深层的意义透射出来。良好的可视化数据可以直接揭开经济活动背后的大幕。

数据可视化与信息图形、信息可视化、科学可视化以及统计图形密切相关，有静态和动态两种方式。对于静态的可视化，我们可以通过散点图、折线图、柱形图、地理图、饼图、关系图、K 线图等多种形式来表达，这些图表可以传递清晰、有效的信息，大大降低了

---

① 杭敏，LIU J.财经新闻报道中数据的功用——以彭博新闻社财经报道为例[J].新闻记者，2015(2).

② 大数据可视化解决方案[EB/OL].(2017-07-27)[2017-10-15].http://www.bjzst.cn/solution/2017/0727/523.html.

③ 钱都去了哪些城市？——资本也用脚投票[EB/OL].(2017-09-19)[2017-10-15].http://www.sohu.com/a/192983801_115443.

④ 拓扑学是研究几何图形或空间在连续改变形状后还能保持不变的一些性质的学科。它只考虑物体间的位置关系而不考虑它们的形状和大小。拓扑英文名是 Topology，直译是地质学，最早指研究地形、地貌相类似的有关学科。几何拓扑学是 19 世纪形成的一门数学分支，它属于几何学的范畴。有关拓扑学的一些内容早在 18 世纪就出现了。——参考百度百科“拓扑学”词条解释。

财经新闻的阅读门槛。其缺点在于，报道文本中如果有较多的图表，不仅占据的空间加大，造成报道文本的沉重感，还会导致阅读者的接受疲劳。所以，动态的图表呈现在特定时候就会起着非常好的一动代百图的效果。

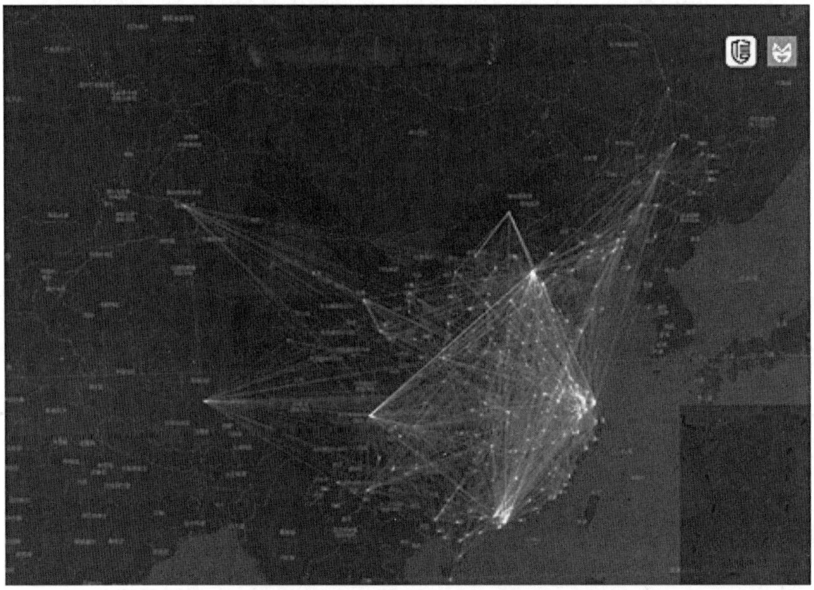

图 2-3 全国城际控股型投资流向图(2013—2017 年)

图 2-3 也出现在《钱都去了哪些城市？——资本也用脚投票》一文中，此图是动态的，颜色和亮度都在变化，以变化构建出全国跨城市资本流动的连续状态，既能传达出变化的流动性，又能满足阅读者视觉的灵动感。

需要注意的是，在使用数据时，应注意数据的真实可靠以及内在的逻辑和功能。在对数据进行可视化的处理时，有时会遇到一些数据可视化后却并不能完整地描述或者分析阐释经济信息的关联性意义的情况，这时候是需要配注适量的文字加以说明的。

使用好数据是财经记者的看家本事，如何更好地利用数据，以下这些观点可供参考：

第一，深入挖掘数据。利用自身专业知识和敏感度深入挖掘数据，数据包括媒体数据、政府部门的数据、各类企业生产销售管理数据、民众个人留存的数据等。

第二，理性分析财经数据。(1)保证数据的质量和财经新闻的数据可信度。(2)在分析数据时，应以问题为导向，将挖掘的数据置于特定的语境中进行分析，理顺数据之间的逻辑关系，加深对财经新闻真相与意义的理解。(3)在分析时应与读者切身利益联系起来，增强新闻报道的可读性和服务性。

第三，可视化呈现财经数据，将数据以信息图表、视频等形式展现出来。

第四，建立和完善媒体财经数据库。提高数据整合能力，及时、准确、有效地对各种财经数据进行获取、挖掘、分析。[①]

另外，数据的有效表达当前涉及统计科学、新闻传播、艺术设计、计算机科学等不同学科，对于人才的要求越来越高，如何尽快突破人才瓶颈，协作发展无疑是一个更快更好的方式。

报道 1:《解密"双 11"数据|3 分钟破 100 亿元，这个成交额从何而来?》[②]

进入第九个年头的"双 11"，不仅是一场消费盛宴，更见证了中国零售业的变迁。

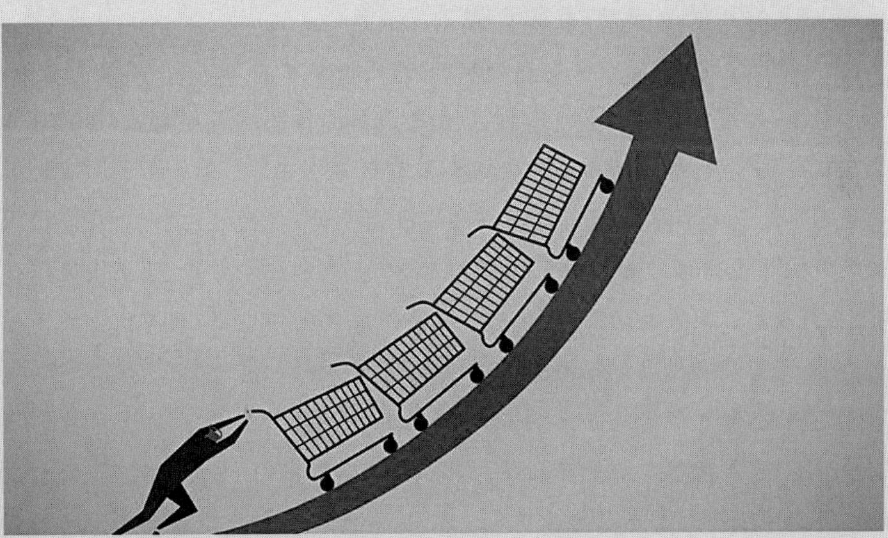

3 分零 1 秒破 100 亿元！2017 年 11 月 11 日凌晨，进入第九个年头的天猫"双 11"，再次创下了"开门红"。

不过，"双 11"已经不再是天猫一个平台的狂欢舞台，而是成为一场所有电商以及实体店共同为消费者带来的消费盛宴。在众人关注的"双 11"成交数据背后，是中国零售业的变迁，更是零售业上下游的升级。

从追求销售额，到实践"新零售"

今年，天猫将其"双 11"主会场设在上海，最重要的原因在于上海是商业创新的前沿城市，面对热门的"新零售"，上海的实体店纷纷交出自己的答卷。

① 杭敏，LIU J.财经新闻报道中数据的功用——以彭博新闻社财经报道为例[J].新闻记者，2015(2).

② 任翀.解密"双 11"数据|3 分钟破 100 亿元，这个成交额从何而来？[EB/OL].(2017-11-11)[2017-12-01].http://web.shobserver.com/wx/detail.do?id=70759&time=1510329844544&from=groupmessage.

“新零售”是阿里巴巴董事局主席马云在2016云栖大会上提出的新概念,强调用技术创新打通线上线下,为消费者提供更好的体验。如今,不同电商平台都提出了类似的概念,比如京东的“无界零售”、苏宁的“智慧零售”等,虽然名称不同,但核心一致。不难发现,“双11”的内涵已经发生了变化:曾经,电商平台或互联网企业以创造销售纪录为主要目标;但今年,他们更关注“双11”中的技术创新驱动。

苏宁易购副总裁上海苏宁总经理范志军说,今年是苏宁第五次举办“双11”O2O购物节,也是苏宁向社会交出自己在智慧零售上的实践成果。他说,比起销售额,苏宁更看重“科技苏宁、智慧零售”的发展目标。

“所谓智慧零售,是指用互联网、物联网技术感知消费习惯、预测消费趋势、引导生产制造,为消费者提供多样化、个性化的产品和服务。简单来说,智慧零售主要体现在智慧采购、智慧销售、智慧服务三个销售端口,对所有线下门店进行革新。”范志军进一步解释说,苏宁是从实体商业起步的,但经过这些年的发展,深深感受到线上线下联动的重要性,而“智慧零售”就是用技术创新,让线上线下优势互补、相得益彰。实践也证明,零售业不能割裂成线上和线下,只有线上线下结合起来,才能为消费者提供更好的服务。

他举例说,通过智慧销售上的实践,苏宁的实体店不会成为线上平台的展示厅或前置仓,而是能够触及更多人群。“比如,苏宁推出的‘共享导购’是对金牌销售导购员这一线下人力资源的共享。过去,优秀的导购员只能面向有限的顾客介绍,但现在通过视频,导购可以在苏宁APP上把自己的专业展示给更多的对象,导购效果呈几何级倍增。而感兴趣的消费者通过预约V购,既能在线了解产品,也能到店体验,从而实现线上线下同步的销售拉动。”

“双11”的峰值,激励创新

“在‘双11’可能是峰值,但每年‘双11’之后,就变成常态。”这是阿里巴巴首席执行官张勇经常挂在嘴边的一句话。确实,九年“双11”的发展,不仅仅是一年比一年高的成交额,更是一年比一年大的物流配送量、一年比一年要求更高的网上支付环境、一年比一年种类更丰富的技术手段。

所以,比起成交额,“双11”更大的意义在于成为各方参与者的峰值测试节点——如果能应对“双11”的大客流、成交量,就意味着相关技术或服务已经趋于成熟,推动中国零售业以及上下游产业的升级换代。

记者梳理发现，今天的“双 11”堪称一艘需要面对前所未有之规模和复杂挑战的巨型航母，支撑这一商业航母背后的技术体系，也已进化成代表互联网技术巅峰的“超级工程”：除了交易、支付系统以外，还有数据、客服、搜索、推荐、广告、库存、物流……这是一个庞大、复杂、精密的商业协同系统。在这其中，涌现出一系列创新。

例如，物流业是“双 11”的重要受益者。针对每年“双 11”的大量包裹，过去拣货员需要在仓库里逐一将货物找出来，一个拣货员经常要日行八万步。可今年“双 11”，菜鸟、京东、苏宁等都在仓库内部署了机器人，由机器人负责将装有商品的货架拉到拣货员跟前，拣货员抬手就可以拣货，一天只要走两三千步，拣货效率和准确率都大大提高。

此外，“双 11”的订单背后，离不开客服与消费者的交流。但随着成交额骤升，人工客服已经不足以应对如此大的客流量。于是，越来越多的平台利用人工智能技术，推出机器人客服。例如，阿里巴巴为商家开发的一键授权客服机器人，可以一年 365 天×24 小时不间断工作。从“双 11”预售开始，这一名叫“店小蜜”的客服机器人一天能服务约 350 万个客户；而在过去，一个人工“店小二”每天只能服务 200 至 250 个客户。

可见，“双 11”不仅成为深入人心的营销节点，更是改变了中国的商业形态。它从单日销售狂欢发展为社会商业力量的整体巡礼，从单纯的商业交易数据发展为衡量全球消费趋势的风向标，从简单的上网卖货发展为如今技术、服务等全方位创新成果的试验田。

中国的“双 11”，正成为世界“双 11”

经过九年发展，“双 11”的影响力更是从中国拓展到了全世界。除了海外的消费者关注“双 11”，诸多海外品牌也纷纷“蹭”热点，甚至连资本市场也认为，中国的“双 11”意味着巨大的消费潜力和“含金量”。

近日，财经媒体 Business Insider 以《Bubs 加入天猫“双 11”，致股价疯涨》为标题报道称，澳大利亚乳制品企业 Bubs 在宣布其将在天猫平台出售乳制品以及参与即将到来的“双 11”之后，股价瞬时暴涨 23 个百分点。

像宝洁这样的全球日化品巨头，也依靠“双 11”的销售来支持其业绩。宝洁最新公布的季报显示，依托天猫带来的强劲销售增长，宝洁中国区销售额增长 8%，而其第一大市场美国市场，销售额仅增长 0.3%。从去年开始，为了更好地开发中国市场，宝洁在天猫开设了旗舰店。其电商总监承认：电商渠道是中国增长最快的销售渠道，带动了宝洁中国的销售。

面对这些变化,张勇认为,天猫"双11"不是对传统销售场景的简单线上化,它的魅力在于提供的平台和模式。而这种平台和模式不仅适用于中国品牌,同样也适合国际品牌。2014年,阿里巴巴将"全球化"明确为集团三大战略之一,自那时起,"双11"就已经成为阿里巴巴推动自身全球化,服务更多海外消费者和品牌商的重要载体。如今,海外市场已经成为天猫"双11"的重要组成部分——在今年的"双11"中,中国消费者可触达超过六万的国际品牌和商家,同时也有超过100个中国品牌将借"双11"全面出海。

文本分析:"进入第九个年头的'双11',不仅是一场消费盛宴,更见证了中国零售业的变迁",这句话概括出了本报道的核心专业价值。记者在报道中,不仅对数字的变化极端敏锐,谙熟历史又紧盯当下变动,而且还有很深的销售理论的功底,能通过3分钟的变化分析出行业市场和全球市场销售的变迁。

第二节 分析性

一、分析性的内涵

经济现象背后的原因本身很复杂,对其进行深入的解释需要多方面的知识修养特别是需要经济学科的相关理论知识。就普通的受众来说,他们无法理解经济领域出现的种种变化,也没有能力对诸种变化进行合理的分析与解释,所以对财经媒体便会产生期待,即期待它们能够用通俗而可读的方式对诸种经济现象的"为什么"加以分析,从而解除他们对经济现象产生的"雾里看花"的感觉。

为适应以上受众的需求,目前全球的财经媒体无不将很大一部分精力投入到对经济现象的分析与解释之中。正如《华尔街日报》发行人高登·克罗维兹(Gordon Crovitz)所言,"在报纸的内容上,我们现在很强调做解释性新闻,侧重报道和分析趋势,而不是基本事实",因为"根据我们的调查,读者乐于读到有更多分析和解释的长文章"。① 的确如此,在媒体形式丰富而便捷的今天,人们可以通过手机、网络、电视、报纸等多种途径获得最新的经济信息资讯,但是对相关资讯的专业性的分析,则是需要

① 庞瑞锋.财经新闻道[M].广州:南方日报出版社,2008:11-12.

一批有实力的财经媒体和财经记者来做的,即以专业的视角报道财经新闻、解释经济现象、解析经济事件。

二、如何进行分析?

如何进行分析?这首先要对分析的内涵加以说明。所谓分析,即尽可能深入地把握事物变化的本质,同时对事物变化现象的多样性、原因的复杂性进行充分阐述。相对于资讯的现实呈现来说,对资讯的分析更侧重于通过现实变化的表象来探究更深层的东西,诸如历史渊源、因果关系、矛盾演变、影响作用,甚至发展趋势等。

因为分析即是对财经报道本身的立体式的再现,所以对财经资讯的分析需要记者既要有宏观的视野,又要对具体新闻事实的内部联系有深刻的把握。同时,在表达的过程中还要注重持有冷静而理性的态度。因此在对财经资讯进行分析的时候,记者始终不能忘记自身记录者的身份以及在报道中应该秉持的客观立场,不能有意或者无意地把自己打扮成特定利益集团的代言人。

在对财经新闻现象进行分析时,记者应时刻牢记"中性"立场,这是分析是否有力度的核心。在题为《媒体札记:被猪农坑了》[①]的财经评论中,作者对在"双汇瘦肉精"事件的报道中媒体所持的不同态度加以分析。从作者的分析可以看出,在报道"双汇瘦肉精"事件时,媒体报道立场是多元的:有中立派,有严厉的揭露派,还有为"双汇"申冤的叫喊派。如下:

在今年的"3·15"晚会上,中国最大肉制品加工企业双汇,很不幸地被央视选中曝光,暗访报道称,河南孟州等地养猪场采用违禁动物药品"瘦肉精"饲养出"健美猪",这种有毒猪肉最终流向了济源双汇。

此后,包括新华社在内的媒体广泛跟进,与同期被曝光的锦湖轮胎相比,这家以火腿肠等产品闻名全国的河南企业集团,承受了更大的舆论压力。虽然双汇次日即通过官网承认报道属实并致歉,但针对食品安全的民众怒火易燃难熄,多有评论员将双汇比作因毒奶粉而在2008年身败名裂的三鹿。

新华社一周后发表调查报道,再次检索食品安全监管链,并由专家强调,"抓生猪质量,不是一两个部门能够做起来的事,但众多环节有一个出了问题就会导致整个监管失效","对于食品安全事件,别让'都在管'成了'都不管'"。

---

① 徐达内.媒体札记:被猪农坑了[EB/OL].(2011-03-29)[2017-12-01].http://www.ftchinese.com/story/001037789?page=2.

事发十日后,双汇董事长万隆终于决定亲自向媒体辩解。根据《21世纪经济报道》等在3月26日刊发的消息,在前一天出席全国供应商视频会议并讲话的万隆向记者强调:“我们不会成为下一个三鹿!”根据他的解释,“瘦肉精”事件与“三聚氰胺”事件有着本质的区别:济源双汇的猪源是在流通环节因把关不严流入的,“瘦肉精”是别人所为,“这个问题的根源在源头,我们也坚决支持从源头上抓猪肉质量问题,依法严惩”。

双汇“亲自养猪”的决定很快得到了媒体反馈,少见正面回应。《齐鲁晚报》于28日发表评论,在分析了双汇不惜成本发展养猪业如何有悖于社会分工后,强调“一个企业的自救,不可能带来整个行业的食品安全,食品安全的实现最终离不开严格的监管”。

作为《21世纪经济报道》的直接竞争对手,《第一财经日报》在3月28日刊发的报道中,则重点引用“业内人士”获悉双汇“推卸责任”后的不满。网易专题编辑将这篇报道总结为“万隆称双汇代人受过,学三鹿将责任推给养殖业”。据此报道,有业内人士认定,在“瘦肉精”丑闻中,应该对双汇及检验检疫部门“各打五十大板”,而且“双汇如果想在消费者心中重新树立品牌形象,可能需要长达几年的时间”。

《广州日报》亦在当日发表社评,认定双汇的“亲自养猪”决定“极可能只是其在特殊时期的一个危机公关举措,目的是间接转移责任、为未来加分”,并直斥万隆“被猪农坑了”之说不成立:“三鹿的案例教育我们,长期使用三聚氰胺原料奶的知名奶企,即使不是制造毒奶的‘首恶’,至少也是心知肚明的‘同谋’。一出事便将缺乏话语权的奶农、猪农拉出来顶罪,却将自己打扮成蒙在鼓里的受害者,这不是一个坦荡企业应有的态度与回应。”

除中原报章外,今日更有多家外地媒体跟进,批评双汇避重就轻回避责任。《新京报》社论得到新浪腾讯共同推荐,回溯当年“三鹿的负责人一开始也是这么说的”,并警告当地政府不可为保住税收,而与涉事企业暗通款曲,“最终,大板看起来高高举起,实际上轻轻落下”。《长江日报》的作者则批评,双汇的“代人受过”之说,暴露了其社会责任意识淡漠的价值理念:“不论养殖业,监管者,还是双汇集团,他们心里都没装着消费者,没装着人民健康,没装着社会责任,心里装的只有自己的利益。这三个方面,如果有一方面是负责任的,是正直的,讲诚信讲道德的,便不会有今天的瘦肉精问题。遗憾的是,三道防线或失守于‘利益’二字,或失守于渎职,而这时候,其中的一个方面埋怨其他两方面害了自己,这也太不厚道了吧?”

更严厉的指控来自《广州日报》的最新揭发，这份南方畅销报纸今日刊登一家大型肉企联系人对万隆的批评："双汇是按照猪的瘦肉率来收肉的，它不可能完全置身事外。"此人根据自己在双汇惠州工厂的经历称，双汇对猪农有瘦肉率要求，合同约定，瘦肉率不达到70%，将不收肉，而一般猪的瘦肉率是30%－40%。这篇得到多家门户网站早间共同推荐的报道称："如果不是企业有需求，猪农并不会喂养瘦肉精。而随着猪肉价格近年大幅波动，猪农还替肉企承受了价格波动风险。"

新华社昨日发出电稿，称农业部等九部门将于近期启动为期一年的"瘦肉精"专项整治行动，而事涉双汇"健美猪"一案的六人被免职，涉嫌在河南省内非法销售"瘦肉精"的72人被采取强制措施。

受众的眼睛是雪亮的，哪家媒体是从公民食品安全的角度出发替公众揭露该事件的真相，哪家媒体就会有公信力并获得受众的认可。

在进行分析时，限于记者对相关知识把握的不熟悉，为了更深度地解剖事实服务受众，记者常常需要请专家出来"说话"。例如，在题为《4月CPI重回"1"时代 透露了什么信号?》的分析文章中，记者叙述了"今天上午国家统计局公布的数据显示，4月我国居民消费价格指数CPI同比上涨1.2%，涨幅比上个月扩大了0.3个百分点。其中，食品价格下降3.5%，非食品价格上涨2.4%。这是CPI涨幅连续两个月低于1%后重回1%以上"这样的概貌性上涨的事实。CPI的上涨，牵动千家万户，报道中除了要呈现"涨"的详细情况外，记者还要满足受众对"为什么"和"如何应对"上涨的知情需求。记者请出了中国人民大学财政金融学院副院长赵锡军和央视特约评论员杨禹对以上问题一一回答，没有自己去分析。

分析时，记者确实要善于请人帮忙，这个人应该是能说而且有说服力的人，所以对于记者来说，日常工作中各方人士的通讯方式要时时记录、好好保存并且能随时调用。当然，还应注意的是，对有分析能力的人士的选择和使用记者需要谨慎和小心，稍不留心，就会因为选择错误而导致分析缺少公信力。以2017年秋天落马的中国新闻社原社长、党委书记、党组成员刘北宪为例，"在任上时，刘北宪的身影多次出现在财经圈。他曾多次担任中国经济年度人物的专家评委，并在有'中国版财富500强'之称的华德奖担任评委会主席；作为主办方代表参加中国经济形势分析会，还曾对股市、楼市等中国经济热点话题进行评述"[1]。当初那些热捧此人的财媒和记者们,这会儿该是如人饮水,冷暖自知了。

参考报道 1:《加息的背后》[2]

加息,加息,春眠不觉晓,处处加息吵,有人戏言。

没错,4 月 5 日,中国政府再次提高基准存贷款利率 0.25 个百分点,这是年内第二次加息;4 月 7 日,欧洲央行宣布加息 25 个基点,至 1.25%。

这下,有投资人担心,似乎不光是新兴市场困扰于通胀威胁,成熟市场的频率也拨到了"紧缩政策"这一格上。

但是市场的反应颇为平静,并没有大幅起落。原因在于不管是中国的加息还是欧洲的加息都在预料之中,且这也不能作为"全球紧缩"的象征,确切地说,应当是"货币政策正常化"。在正常化的背后,则意味着经济的复苏和稳步发展。

欧洲之所以率先在成熟市场中加息,便是因为从近期公布的数据来看,欧元区经济好于之前市场预期,主要是因为占欧元区 GDP 三成的德国增长迅猛。

但欧洲的问题依然存在,如欧元的升值对欧洲尤其是德国的出口将带来一定影响。另外,欧洲大部分国家在未来 3—5 年都面临着财政紧缩的难题。"PIGGS"国家[3]里,2011 年还有 GDP 同比负增长的国家,这种情况下,还要紧缩财政赤字,压力可想而知。

欧洲目前的状况,可以说暂时摆脱了"二次探底"的担忧,但真正复苏和恢复活力则任重道远。

相比之下,中国政府的加息政策更多是为了抑制通胀,此外,也表明政府推进经济增长方式转变的坚定决心,因为加息会进一步强化人民币升值压力,从而也推动出口外向型的企业的产业升级步伐。同时,贷款利率较大幅度的上调显示政府平抑房价的决心,要将经济从"房地产拉动"的怪圈中逐渐放出。

---

① 张一鸣.新闻界"大佬"刘北宪落马[EB/OL].(2017-11-14)[2017-12-11].http://blog.sina.cn/dpool/blog/s/blog_564f84200102xgse.html? vt=4.

② 加息的背后[EB/OL].(2011-04-13)[2017-12-03].http://www.p5w.net/news/gncj/201104/t3547639.htm.

③ 笨猪五国(英语:PIGGS),亦作"欧猪五国"或"群猪五国",是国际债券分析家、学者和国际经济界媒体对欧洲五个主权债券信用评级较低的经济体的贬称,包括葡萄牙(Portugal)、意大利(Italy)、爱尔兰(Ireland)、希腊(Greece)、西班牙(Spain)。笨猪五国最初被称为笨猪四国"PIGS",其中"I"指意大利,后来加入了爱尔兰。参见百度百科关于"笨猪五国"的词条解释。

不管是中国，或是其他新兴市场，通胀的主要推动力来自食品价格。目前，随着食品价格增速的放缓，且一旦天气恢复正常态势，食品价格甚至可能小幅回落，就意味着整体新兴市场的通胀压力会趋于平缓甚至消退。在这样的情况下，新兴市场的经济增长爆发力将重新显现出来（尤其与成熟市场相比较时），投资人或会发现，新兴市场资产将再次成为收益较大的资产类别。

文本分析：该报道分析的视角是众人瞩目的加息产生的原因，纵观全球的加息潮，其原因有共同的成分，“应当是‘货币政策正常化’。在正常化的背后，则意味着经济的复苏和稳步发展”；也有不同的原因，“欧元区经济好于之前市场预期”，“中国政府的加息政策更多是为了抑制通胀，此外，也表明政府推进经济增长方式转变的坚定决心”和“要将经济从‘房地产拉动’的怪圈中逐渐放出”。

在对加息的原因加以分析后，记者对未来的走势作了预测，“整体新兴市场的通胀压力会趋于平缓甚至消退。在这样的情况下，新兴市场的经济增长爆发力将重新显现出来（尤其与成熟市场相比较时），投资人或会发现，新兴市场资产将再次成为收益较大的资产类别”。

从以上对这则报道的分析我们可以看出，记者对“加息的背后”的分析更注重加息原因的探索及未来远景的预测这两个视角，但不管是对原因的阐述，还是对远景推测的分析，记者的写作都是建立在对加息相关事实的准确把握基础之上的。

参考报道 2：《一碗面“吃”出 CPI 温度 记者试着揭开面价节节高背后的秘密》[1]

① 张真，罗凰凤.一碗面“吃”出 CPI 温度　记者试着揭开面价节节高背后的秘密[N].钱江晚报，2010-10-29.

“现在在外头吃碗面条太贵,片儿川也涨价了。忠儿面馆涨了2块,要7块了。”昨天中午网友LILY刚从面馆出来,就忙着在微博上发布。

前几天本报财富铁哥们“蒋闷神”爆料:在一家连锁快餐店点了碗牛肉面,拿到一个标着9的单子,本以为是9元一碗,没想到那是排队号子,牛肉面实价:18元。他说:“算下来,比台湾的一碗牛肉面还贵。”

也难怪,每个月的CPI[①]止不住地往上涨,汇集了面条、鸡蛋、调料、肉、菜等原料的杭州面条——片儿川无疑成了这拨涨价潮的综合体。要找到便宜好吃的面,还真不容易,本报记者专程对此进行搜罗。

5元以下的面越来越少

1999年刚上大学时,初到杭州的大一新生章洁点了碗阳春面,每碗2元。当老板端上一碗清汤面,上面飘着点葱花时,她还有点小小的失望。不过,这个品种在杭州的各大小面店早已销声匿迹。

“现在最便宜的是葱油拌面。”经常爱吃面的“老杭州”程先生说,大部分面馆每碗要3.5元。

杭州的特色面——片儿川,价格一直比较亲民,眼下,它的行情也水涨船高了。

在国庆黄金周前,知味观就作出调价:最便宜的片儿川由原来的8.5元调到10元。从这个月起,奎元馆家喻户晓的招牌面片儿川和虾爆鳝面价格也作了小幅上调,片儿川从9元变成了10元,虾爆鳝面则由原来的30元变成了35元。

特色面馆紧随其后,忠儿面馆的片儿川也从5元涨到7元,只有个别机关事业单位食堂价格还维持在4元。在记者搜寻的七八家面馆中,除了片儿川,最便宜的肉酱拌面要9元。

除此之外,牛肉面这个大众品种也有相当大的涨幅,15元以下的牛肉面难觅踪影。九佰碗的招牌牛肉面刚刚调价,由原来的17元变成18元,永和大王的牛肉面价格也一样。康师傅私房牛肉面今年6月作过一次调整,所有的面价格上调2元,最便宜的一种私房红烧牛肉面变成了20元。不过,之前盛传的每碗108元的高价面已经悄悄下架。

---

① 消费物价指数(Consumer Price Index),英文缩写为CPI,是反映与居民生活有关的商品及劳务价格统计出来的物价变动指标,通常作为观察通货膨胀水平的重要指标。一般说来,当CPI>3%的增幅时,我们称为Inflation,就是通货膨胀;而当CPI>5%的增幅时,称为Serious Inflation,就是严重的通货膨胀。参见百度百科关于“消费物价指数”的词条解释。

随着价格调整，各家面店的最低价也不断上涨。比如，专做日系拉面的神田川，几年前16块钱的拉面没了，取而代之的是18块钱一碗的拉面。同系列的味千拉面，最便宜的面19元一碗，牛肉面每碗28元。

面碗越来越大，面汤占了大半

除了价格上涨，很多消费者对面碗的印象越来越深刻。

“一端上来，这么大的碗，吓一跳。”马小姐前两天在一家饭店点了一份海鲜面，直径就像小脸盆。“吃了才知道，中看不中吃，看着满，却吃不饱。”马小姐说，其实大多成分是汤，一些女生有时都吃不饱，何况男生。

在杭州各大面馆里，这样的“海碗”越来越常见。

“把面碗做大，一个作用是视觉上好看，另一个可以多放汤，把总分量做足。”一位业内人士表示。

杭州老字号店奎元馆相关负责人给记者算了笔账：一碗面的原料构成大致分三个部分，汤350—400克，面125克，佐料100—150克，总规格625克左右，这是比较标准的配比。现在食用油、蔬菜、肉类都在涨，影响较小的是汤那部分，面条和佐料的涨价力度相当大，虾爆鳝面光黄鳝的采购价就上涨了20%。“利润越来越薄了。”

面价PK收入：荷包能承受吗

对于面条价格上涨，记者采访的各面馆老板都众口一词：都是成本上涨惹的祸。

有老板给记者详细计算了成本：目前每斤面条的价格上涨了0.5元。为了面汤不浑，口感好，每10斤面条还需半斤左右鸡蛋加进面里。作为调料的大蒜、生姜等的价格最近也一直处于上涨态势，五香、八角、花椒之类的“大料”也从以前的十二三元/斤上涨到了现在的30多元/斤，涨幅翻番。

“如果只有少数几样成本上涨都还不要紧，但是面条、鸡蛋、调料、肉、菜这些原料的价格都在涨，处于终端的我们也不得不提价了。”杭州一家弄堂面馆老板表示。

涨价声中，部分市民表示钱越来越不经用，但也有部分人觉得这是物价和收入水平上涨的必然趋势。今年48岁的张先生是土生土长的杭州人，很喜欢吃面，他记得大约10年前，以片儿川为例，那时奎元馆的片儿川维持在4—5块钱，要是去弄堂里的小面店，那两三元就能吃上一大碗面了，量很足。如果再早一些，月工资平均100多元，吃碗片儿川大概1元。

“消费者对价格的感受是因人而异的,收入和物价比是否合理,要有个前提,那就是必须在温和缓慢上涨的基础上。”杭州市统计局相关人士表示。

片儿川杭城售价不完全统计

搜索地	价格	近期涨幅
奎元馆	10元	1元
知味观	10元	1.5元
忠儿面馆	7元	2元
某事业单位食堂	4元	无

文本分析:这一条有关“CPI”上涨的新闻解读非常有人情味,记者采用了一个小的视角,即与百姓生存息息相关的“一碗面”,从这一视角可以探知CPI上涨对普通收入者及低收入者生存状况的影响,这是该文能够在第一时间备受关注的根本原因。

除了分析角度平民化之外,该文成功的原因还在于记者采访深入,揭示了真实的平民生活,并在写作中使用了丰富的表达元素,诸如采自底层生活的图片等。

第三节　预见性

一、预见性的内涵

19世纪末至20世纪初,活跃于美国新闻界的重量级人物约瑟夫·普利策对于媒体的预警功能深有体验,于是他以一个绝妙的比喻来加以阐述,“倘若一个国家是一条航行在大海上的船,新闻记者就是船头的瞭望者。他要在一望无际的海面上观察一切,审视海上的不测风云和浅滩暗礁,及时发出警告”。约瑟夫·普利策在此处的比喻形象地传达了媒体所具有的预见性。

“地球村”的形成使得世界各地信息的流通愈加便捷,同时也带来了极大的风险,从经济发展的角度来说,任何一个国家的经济脉动都会或大或小地影响全球的经济,1997年的亚洲金融危机以及2008年年底开始的全球金融危机已经证明了这一事实。

类似于“全球金融危机降临之前，‘财经媒体去哪儿了’”[①]的疑问，便是全球化所带来的经济风险激发起的公众对于财经报道预见力的强烈呼唤。今天，预见力水平的高低已经成为衡量一家财经媒体影响力的重要指标。

何谓预见力？简单地说就是对于未来发展趋势的判断能力，其目的在于通过预见引导公众对未来风险进行规避或者应对。预见力往往不仅依赖于预测者对既有事实确凿而全面的掌握，诸如对相关背景资料的使用与理解、对经济学科知识的掌握与运用，还依赖于预测者高度的独立思考能力。所以，预测者要密切关注国际国内经济发展的动向，熟知国家关于经济发展的方针政策。2017 年 11 月 7 日，公众号“华尔街见闻”推出了题为《车业大佬：汽车已是夕阳产业，20 年后将不再有私家车，司机也不复存在》一文，无异于在读者中投了一枚炸弹，惊悚之人，不在少数。文中说，“20 年内，司机将不复存在。除非你足够富有，拥有一个庄园，那你可以建自己的车道，开车过瘾”。做出这个预测的是有足够发言权的一个大腕 Lutz，他是瑞士裔美国人，出生于 1932 年，曾在美国海军陆战队服役，之后在通用、宝马、福特、克莱斯勒等汽车巨头工作，并出任重要管理职位。Lutz 在欧美汽车业影响巨大，被称为“汽车业老兵”。他的预见能力目前被业内很多人士重视，借以提高财经报道之于公众的服务力。“南方财经不再靠新闻报道‘单打独斗’，而是通过方式方法创新，拓展财经信息数据服务，以经济走向预测等为手段，发布相关经济指数，抢占经济话语权、标准权，竖起经济发展的风向标。”[②]

二、实现预见力必须把握的准则

公众立场、负责任的态度、谨慎发言是财经报道者在预测未来时必须把握的准则，只有这样的预测可信度才会提高，也才能避免被人利用，成为误导受众的工具。近年来，财经受众已经对证券投资咨询机构及其从业人员在投资信息方面的误导产生了巨大的不满。

---

① 胡舒立.危机之前，财经媒体去哪儿了[J].青年记者，2009(16).

② 王义军，闫业伟.坚持“四个创新” 抢占经济话语权[J].新闻战线，2017(11).

参考报道:《后危机经济预言何以失算?》①

"后危机"以来世界经济的变化,多半给财经分析家们失算了。围绕世界经济最大的失算当首推两个:一个是美国"债务炸弹"说。还在2010年年初,在国际投资界颇有影响的电子期刊《金钱早》(*Money Morning*)就登了一篇研究报告,预测说美国政府债务过大且还在迅速增加,犹如一个"定时炸弹",弄不好会在2010年年底前爆破!预测最重要的依据是:接下去一年时间,美国到期还本付息的国债总值2万多亿美元,年度预算赤字1.5万多亿美元,旧的债务和新增赤字相加,总额在3.5万多亿美元之巨!都要靠发行新的政府债券来倒账,来支撑。而一旦美国联邦债券发行不畅,将可能导致这个炸弹的破裂。如若这个炸弹爆破,无疑会将世界经济推入新的灾难之中。

另一个是关于欧盟经济率先"二次探底"之说。这个预测源自"希腊危机"。2010年第二季度爆发的希腊债务危机,一度引发全球金融恐慌,欧盟主权国债务纷纷告急,欧元汇率急转直下,由此引发了欧盟与欧元区成员国政府的财政紧缩。27个成员国中,一大半政府都提出了紧缩开支的计划,包括了英、法、德等最大的几个成员。按照常理,在经济尚未完全走出金融危机衰退阴影的趋势下,紧缩型财政政策势必引出经济"二次探底",这也是几个月前经济界对欧盟经济的"主流预期"。

现在回过头来看,上述预测都失算了!虽然美国政府财政赤字累累,但迄今一直咬住刺激政策不放松,美元债券发行一直不差,加上"联储"适时出手,预测中的"债务炸弹"未见,债务情势并未恶化多少。类似地,尽管欧盟成员国主权债务危机不断,从希腊到最近的爱尔兰,还有些扩散的影子,一度引发西班牙等国恐慌。然而欧盟经济尤其是欧元区经济迄今未见"二次探底"。近几个月的总体表现,明显地在向好的方向演进。其中具有欧盟"台柱子"经济的德国经济,则出奇地好!商业信心与制造业景气指数节节攀升,外贸盈余不比中国少,但所招致的贸易保护主义刁难却寥寥无几,不像中国那样近乎受到围追堵截!

接下来,还会有类似的预测。还会有类似的失算!其中或许将包括对美联储"量化宽松"货币政策效应预测的失算。目前财经界有预测说,美联储一而再地量化宽松,过量发行美元,将导致美元大幅度贬值!就目前态势来看,这个预测似乎也不太牢靠。

---

① 赵伟.后危机经济预言何以失算?[EB/OL].(2010-12-22)[2017-12-15].http://finance.ce.cn/rolling/201012/22/t20101222_16486423.shtml.

问题在于，财经界的预测为何一再失算？除了世界经济复杂多变难以预测之外，**我以为这里一个重要的原因，在于经济分析家们大多在沿用老的格局来看世界。客观地来看，世界经济格局在此次危机之前已经发生了巨大的变化。最值得关注同时也为大多数经济分析家们所忽略的一个变化，是全球化与经济集聚两大趋势的合力与“变种”。**

全球化确如美国专栏作家弗里德曼所说的，进入了一个新的阶段——或所谓“3.0版”！这个“版本”的全球化以互联网、个人电脑和电子商务为“加速器”与载体。这个版本的全球化对于原本就在发生的经济集聚，起了巨大的推动作用。经济集聚是新经济地理学揭示的现象。按照这个经济学分支学科揭示的视野，从世界经济到区域经济，分成多个层次的“核心”与“外围”格局。其中“核心”占据主宰地位。世界经济原本有三大内核，分别为美国、欧盟和东亚的日本。目前美国和欧盟两个内核依旧，而东亚这个内核在变，日本之外加进了中、韩，形成了中日韩共享的内核。“后危机”以来世界经济的这三大内核功能各异：美国是全球经济的超级金融与研发内核，对于金融资产的吸引强于制造业；欧盟兼具金融与制造内核地位，但金融业集聚引力略逊于美国；东亚中—日—韩分享的内核，制造业集聚引力远高于金融。同样沿着这个视野下去，便不难看出，全球产业与资产集聚中形成了三块事实上的“高地”：美国是“金融高地”；欧盟是个制造业与金融兼具的“次高地”；中—日—韩则形成了一个松散的制造业高地。

在全球经济上述三大内核的互动中，东亚制造业集聚所赚收益，一旦沉淀为金融资产，多半便会流向金融内核，主要是美国。由于这个缘由，东亚巨额的贸易盈余构成了最重要的金融资产流。由于金融集聚，美国政府发行再多的债券，也会有人去认购的。“联储”发行再多的钞票，也不会立马引发美元贬值的！

沿着同样的视野看欧盟—欧元区经济，也不难发现一个明确的核心—外围分野框架。其中卢—比—荷与法—德一线是欧盟经济的“内核”，其中德国经济则是“内核中的内核”。在这种核心—外围分野下，从希腊到爱尔兰债务危机，仅仅加剧了欧盟原有核心—外围的分野，强化了核心成员的经济实力。在这个框架下，外围成员债务危机招致的损失，实际上变成了内核国家的额外收益。这方面的例子简直可以随手抓来，其中两个最引人注目：一个是，在希腊与爱尔兰等外围国家闹腾债务危机，债券利率升高因而政府融资成本急升的同时，我们看到的是德国政府债券利率下降因而融资成本下降。另一个是，在外围成员债务危机引发欧元贬值之际，德国出口因外贸而盈余大增，由此刺激了该国商业信心大增，创造了18

年以来的新高!

新世纪伊始,克鲁格曼曾写道:正是那些充塞在大小决策者头脑中的大量过时的教条,限制了经济学为防止萧条的尝试。**在我看来,财经分析家们之所以屡屡失误,也与他们头脑中过时的理论不无关系。**

当然除此之外,还有一些亦官亦学的人,被经济名家曼昆称作"不懂装懂搅局的家伙"。在时下国内,还有些揣摩领导意愿"预测"的家伙,这些人原本就没有多少经济理论知识,仅凭直觉和小聪明发话,犹如那些开出"打鸡血"处方的庸医,不过是在忽悠大众和领导而已!

文本分析:从这篇文章可以看出有三方面原因(在文中都以加粗的形式显示)导致了预测的失算,甚至带来大笑话。当然,文中提到的第三个方面的原因,则不在本教材的讨论范围内。如果一定要加以解释,则是预测者因相关知识的欠缺而造成的对事物认知的不全面。其实,对于做预测性报道的财经记者来说,这三方面都是做预测性财经报道时的大忌。

第四节 实用性

一、实用性的内涵

在市场环境的条件下,受众希望从财经报道中获得与日常工作、生活关系紧密的财经信息,获得可否进行经济操作的启示和建议,这是财经报道实用性存在的基础。2017年11月16日,微信公众号吴晓波频道推出《如何从财报的3个指标,判断这只股票要不要买?》一文,为股民提供了买股票的参照:毛利率、存货和预收款、上下游关系,通过这三个方面来显示业绩拐点,这就是财经新闻实用性的体现。财经报道本身具有的经济信息传播、分析、解读及预见的功能,使得其具有特别的实用性。实用性表现在财经报道本身能够使受众及时获知重要的市场变化信息,根据这些信息,市场主体能够及时进行或者终止相应的经济操作,从而获取利润回报或者规避投资风险。及时地通过报道告知公众经济风险或者获利机会的存在,是财经报道记者的使命之一。

财经报道的实用性体现为直接和间接两种。直接的实用信息是指对读者生活、工作的相关行为起到具体的指导、告知和预警作用,比如股评,新基金、新邮票、新金银币的上市，银行的加息，人民币理财产品的推出，商场商品的降价等。间接的实用信息则包括更广的范围，如重大的经济政策的解读、经济界的具体动向、经济走势判断、经济问题分析等。但不论是直接的信息，还是间接的信息，它们的共同点都是对于读者有一定的利用价值，有的甚至还能产生一定的经济效益。[①]

二、如何把握实用性

财经报道所具有的独特的实用性，是该类报道本身具有的特殊魅力。但是，在现实的财经报道领域，财经报道的实用性还没有得到高度的重视，财经报道中存在的空泛或者无病呻吟的问题随处可见。

如何能够更好地把握财经报道的实用性，首先是在报道的时机上要引起足够的重视。时机包括时效和时宜。时效是以最快的速度向最大范围的受众进行报道；时宜是选择合适的时机向受众进行报道。因为一条过时的财经信息会对受众起到不利的作用，甚至导致受众蒙受直接的经济损失。

如果说时效是为了避免信息的滞后与无效的话，那么时宜则是为了规避过度追求时效而产生的对受众的误导。不适宜的经济信息传播会造成不理性的舆论氛围，进而引发受众的过度恐慌，从而产生不利的经济操作行为。诸如这两年来媒体对绿豆、大蒜、苹果等的相关报道，就曾经引发了消费者抢购的不理性行为。当然，价格过度失衡的原因还包括游资的不道德的炒作。

财经报道的有用性是建立在报道诸要素必须真实准确的基础之上的，也就是说不能有丝毫偏差。只有真实准确的经济信息，才能让国家的经济政策、各行各业的最新经济信息真正有利于社会各阶层的关心者，也才能确实起到维护市场秩序和维护投资者、消费者的正当权益的作用。

同时，财经报道的有用性还要求新闻必须是通俗易懂的，即“财经记者应该能够用浅显而生动的语言，将专家高屋建瓴的评析和深奥的理论深入浅出地‘翻译’给读者，使各类经济问题比如股市行情、经济趋势、企业管理等变得浅显易懂，普通读者获取信息就会没有障碍”[②]。如果一条财经报道文本受众看都看不懂，如何谈得上有用呢？正如著名经济学家茅于轼在《生活中的经济学》一书中所言，“一篇优秀的财经报道，一定是善于找到经济事件与百姓生活联系的报道，它应该是权威专业的，同时也是深入

① 罗国安.时效 公信 通俗——财经报道有用性的三个保证[EB/OL].(2005-01-01)[2017-12-03].http://www.hangzhou.com.cn/20050101/ca742964.htm.

② 怎样当好财经记者[EB/OL].(2016-05-12)[2017-12-03].http://zhidao.baidu.com/question/45537795.html.

浅出的”。如果财经报道写得受众看不懂或者不愿看,那么财经报道也达不到实用性的效果,所以财经报道要走出目前存在的外行看不懂、内行不愿看的怪圈,必须做到表达深入而浅显,为此在写作上要特别注重表达要清晰、通俗与简洁。清晰、通俗与简洁表现在遣词造句、报道模式、经济术语和数据的使用等多个方面。遣词造句还要以普通公众的接受水平为标尺,避免过度专业化的表达以及庸俗倾向导致的所谓的娱乐化。以2008年2月25日创刊的《第一财经周刊》为例,此刊定位在80后、90后阅读群体和TMT等创新行业,所以在注重专业性的同时,还着力打造文本轻松、清新的风格,同时创造条件来提升报道的可视化表达,深受年轻人的追捧。2012年此刊利润超过了5 500万元,达到了创刊后的最高峰。

有关经济术语与数据的使用已在本章第一节中介绍。当然,财经报道的实用性是建立在其他特征基础之上的,所以,不能把实用性与其他特征割裂开来。

第五节　公益性

以上内容讲述了财经报道本身所具有的四大特征,不是说每一条财经报道都会同时体现出这四个方面的特征,而是说经济领域的专业性报道整体包括这四大特征。就每一条单独的财经报道来说,它可能更能体现出某一或者某两个方面的特征。当然,也会有一些报道体现出综合性的四大特征,但那毕竟是少数。

一、财经报道为何要特别强调公益性

在理解及掌握了财经报道的四种特征之后,这里还要特别谈一下财经报道所具有的公益性。实际上不仅是财经报道,任何领域的新闻报道都具有公益性,这是由新闻媒体本身的公益性质决定的。相对于其他类别的报道而言,财经报道着力于社会经济组织运行的报道和经济现象的报道,财经新闻的使用者期待财经报道能够为其提供支配和运行财富的良好认知、理解服务,使使用者能对自身财富的流动方向和时机作出恰当的判断,进而获得合理的增值回报。

“当前资本市场快速发展,老百姓、投资者对于财经新闻的需求空前高涨”[①],而公众从经济角度出发的对财经报道的需求,就使得利润的回报成了他们对于财经媒体角

---

① 李希光担忧媒体专业程度:谁是财经媒体幕后操手[EB/OL].(2007-04-22)[2017-12-03].http://finance.sina.com/chanjing/b/20070422/15323526830.shtml.

色的重要期待。所以，财经媒体在此种责任要求下必须要更加注重信息的透明，以保证广大公众的切身利益。正如一位财经记者所言，“做财经记者，笔下有财产万千”[①]。

二、如何保证财经报道的公益性

保证财经报道的公益性的核心在于真实、及时、精准地进行经济信息服务的推送，这就需要财经记者在报道中遵守职业道德。由于市场经济环境下经济信息所具有的天然的经济价值，所以财经记者敏锐地发现真实、可靠、专业的经济报道数据资源，并及时、准确、客观地公开投资者可以参考的信息对公众具有重要意义，但是在某些特殊的情况下，人们对经济信息的掌握具有明显的不对称性。遇到此种情况时，财经记者要以满足公众的知情权为己任，报道经济信息要能够承受住来自各方面的压力。同时，有些机构有时还会采用各种利诱的手段对相关信息加以屏蔽。针对以上情况，从事相关报道的记者就需要诉诸道德的力量，以职业规范来严格约束自身的采访报道行为，以保证财经报道的质量。

财经报道同样需要遵守客观性原则，再加上财经新闻的受众中有很大部分是投资人、利益攸关者，所以更加要求财经报道的全面和公正所体现出的客观性。新闻的客观性不仅指新闻报道的内容必须是客观存在的事实，还指报道者对于事实的选择要客观，即以中性的立场来选择报道题材、构架报道文本，而不是以自身的或者是自己人的利益作为选择事实和构架报道文本的标准，从而保证经济信息报道的质量，达到公正、公开传播的效果。

房产税一直是这些年来各方热切关注并时刻等待的一个税种，它与中国千家万户的利益相连。2017 年 11 月初，这个税种的相关规定显山露水，受亿万人瞩目。针对此变动，2017 年 11 月 6 日的《21 世纪经济报道》整合了中国经济网、第一财经网、《证券日报》、21 财闻汇微信公众号等多家媒体的相关内容，做了题为《确定了！房地产税将这样收！谁最害怕？个税将这样改革……》的头条文章，当天在其所属的公众号上推文，点击量达100 000＋，点赞近 500 个，还有很多读者留下了各种甚至可以作为再进一步深度报道分析主题的评论。此文如此受欢迎的原因在于其跟百姓自身利益的黏度很高，为了凸显房产税对利益攸关者的影响，文章中清晰地列出了一个小主题：“如果房地产税来了，谁最害怕?”在此标题下面，提供了六类典型症候：①在中心城市囤积了大量住宅的人，伤害指数★★★；②盲目购买了旅游物业、养老地产的人，伤害指数★★★★；③盲目购买了三四线城市郊区、新区住宅的人，伤害指数★★★★；④

① 宋晶.做财经记者，笔下有财产万千[N].大连晚报，2009-09-24.

加杠杆、超承受能力买多套房的白领,伤害指数★★★★;⑤在三四线城市囤积了大量住宅的人,伤害指数★★★★★★;⑥手中有多套房、负债率非常高的炒房者,伤害指数★★★★★★。此六种概括让关心者能轻松地阅读理解,然后可以对号入座,及时调试对自家房产的预期,决定取舍,这条报道可以说充分展现了财经报道的公益性。

参考报道:《其实聪明人都已经离场走人了,中产阶级的下半场要做些什么?》①

我觉得从现在开始,中产阶级进入了下半场,为什么说是下半场呢?就是中国经济基本面正在进入慢慢挤泡沫的阶段,M2的增幅一直控制在10%以内,根本目的是抑制信用扩张。股市进入平稳缓慢不愠不火的阶段,价值投资成为股民的信仰,随着接下来IPO速度的控制,股市有望继续稳步中徘徊。通过一系列组合拳,又是限购又是限贷又是限离又是限卖,最近又开始大力推动租售同权和房产税,房地产江湖难起风云。在外汇储备方面,以美元计值的外汇储备为31 092.1亿美元,较上月小幅增加7.03亿美元,也是自2014年5月以来的首次实现九连涨。

这意味着近十年的泡沫狂欢结束,这个泡沫是怎么回事可能很多人不懂。我们说中国的广义货币(M2)有160多万亿,这可不是印出来的真实的钱,央行印出来的钱是列示在资产负债表里的,专门有一个科目叫储备货币,差不多30万亿元左右,那么这30万亿的钱怎么变成160多万亿的呢?就是信用的扩张,在流通端主要是银行通过放贷反复运作的结果。所以在信用扩张货币政策宽松的大背景下,每个人都觉得自己赚到了钱,其实不过是水涨船高,货币的泡沫助推了你的资产泡沫。

图 经济图表 添加收藏 数据管理

时间:最

指标	2017年8月	2017年7月	2017年6月	2017年5月
货币和准货币(M2)供应量_期末值(亿元)	1645156.60	1628996.63	1631282.53	1601360.42
货币和准货币(M2)供应量_同比增长(%)	8.9	9.2	9.4	9.6
货币(M1)供应量_期末值(亿元)	518113.93	510484.58	510228.17	496389.78
货币(M1)供应量_同比增长(%)	14.0	15.3	15.0	17.0
流通中现金(M0)供应量_期末值(亿元)	67550.99	67129.04	66977.68	67333.21
流通中现金(M0)供应量_同比增长(%)	6.5	6.1	6.6	7.3

① 琢磨先生.其实聪明的人都已经离场走人了,中产阶级的下半场要做些什么?[EB/OL].(2017-11-15)[2017-12-03].http://www.sohu.com/a/204453691_495685.

在下半场，这一切玩法都将改变。举个简单的例子，你的房子这十年虽然翻了一倍，你名义上有了很高的资产价格，但因为货币政策和房地产政策的改变，已经变得有价无市。简单说，你名义上很有钱，但你实际上并没有钱。就好比你有个蛋糕，在拍卖的时候，大家不断地出价，最终你以 100 万买下，最后大家一哄而散，只给你留下了一个 100 万的蛋糕。你说自己身价 100 万，只会让大家哄堂大笑。现在就是这么个局面，稍微有点资产的中产阶级，账面上都有不少资产，但实际能兑现多少呢？其实聪明人都已经离场走人了，剩下一群懵懂的群众还在不停地猜测，到底是继续猛涨还是微涨。

在这个下半场，中产阶级要做些什么呢？

一是中产阶级的下半场要面临的最主要的挑战就是，改变过去粗放的投资策略，习惯了负债，习惯了加杠杆，现在你要接受一个投资什么都赚不到钱的时代。在接下来的这波周期里，因为资金被高位锁定，不管是股市还是房市，资金就失去了流动性。钱反而变得越来越值钱了，你看看这波资产泡沫狂欢到现在，身边的人账户里哪里还有钱，大家都是拿着各种资产。在这个周期里，不要轻易去抄底，任何的短暂亢奋都是发套给你，把钱乖乖存银行里等着下一波周期的到来，不要轻易把筹码交出去帮别人解套。

二是忘掉投资这件事，放弃一夜暴富的幻想，安心生活与工作。什么时候可以投资了呢？有一个指标，如果美国通货膨胀，美国对外输送美元的时候就差不多了。那个时候中国就会继续拿美元，而外汇进来后就需要发行更多的人民币，新一轮货币宽松就会开始。

三是把精力更多投资在孩子教育上,未来的竞争不像我们这一代人,每一个工种都需要非常强的专业能力。如果孩子教育出了问题,这个负债可是你一辈子都摆脱不掉的。第一代企业家靠开放的机会,第二代企业家靠的是把国外的借鉴到国内来,未来的企业家一定具有更国际化的眼光和更全面的素质,你没有接受过良好的教育,你连别人在聊什么都听不懂,而且你将很难再听说一个人没怎么读过书,忽然就成功的案例。

潮水正在退去,有人早就在岸上整理好衣装,而有人却还在安心地裸泳。这仿佛也是收割机和韭菜的故事。

文本分析:这是一篇非常能彰显财经报道公益性质的好作品,近年来,中国乃至全球经济普遍陷入低潮,曾经较长一段时期的高增长结束了,作为在上一轮经济高涨中成长起来的中产阶层,如何面对已经到来的黯淡:调试对待个人财富增长的心态、重新安排工作的节奏、整理生活中各种事情的轻重缓急等诸如此类的问题,在此文中确实得到了很好的解释。看后,利益相关者不花一分钱就能得到极棒的启迪,令人豁然开朗。

练习题:

1.阐述财经报道专业性的内涵,分析专业性对于记者素质和财经报道文本的要求。

2.何为财经报道的分析性?如何进行分析?

3.结合实践,谈谈财经报道中的数据表达的常用途径。

4.阐述预见力的内涵以及实现预见力必须把握的准则。

5.阐述实用性的内涵,并分析如何把握财经报道的实用性。

6.为什么财经报道要特别强调公益性?如何做更容易达到这个效果?

第三章　财经报道的采写原则

▶内容提要

与其他类别的新闻报道相比，财经报道有着重要的采写原则，这一原则是全球视野、本土视角。同时，与其他类别的新闻报道一样，财经报道也同样要遵守平衡的原则，但是在现实的报道中，新闻报道的失衡现象相当严重，这在财经报道领域也同样存在。要把握平衡的原则，报道者需要从多方面考虑。

第一节　财经报道的重要采写原则——全球视野、本土视角

一、为何要具备全球视野

中国经济已经融入世界经济体系，经济全球化必然会对中国经济的发展产生影响。经济全球化是一把“双刃剑”，不仅给中国经济带来有利的一面，同时也对中国经济造成了一定程度的冲击。当从全球来配置各种经济要素时，受到世界市场的影响，中国经济的风险自然也会升高，从2008年始于美国的金融危机给中国经济带来的影响便足以看出这一点。经济全球化在给中国经济发展带来机遇和考验的同时，也给财经新闻的报道带来了全新的课题，即跳出传统的局限于本国内部甚至本区域的封闭式的报道模式，以全球视野对国际国内经济变动进行报道。因此，在全球化的时代，在维护国家利益、民族利益的前提下，立足全球，放眼世界，以全新的思维、国际化的理念来报道新闻，提升中国经济的全球话语权是财经报道的必然要求。只有这样，才能使对经济问题的分析、解释更加合理和符合事实真相。

二、全球视野的具体内涵

全球视野包括两方面的内容：一是对全球领域内的重大的经济现状、经济走势、经

济关系及经济问题等加以解读,让受众[①]能及时而准确地知晓全球经济状况;二是对国内经济现象的思考和报道要站在全球的视角,使受众能得到窥一斑而知全貌的效果,进而对中国的经济现象和问题有深入而且全面的认识。

三、如何体现全球视野

如何在第一时间内对全球经济的重大现象、走势或者问题做出报道?这需要记者具备敏锐的新闻感,及时捕捉世界经济发展的风向;同时还要掌握获取全球经济信息资源的路径。在网络化的今天,获取全球经济信息资源已经相当便利,例如,以"建立一个没有贫困的世界"为宗旨的世界银行网站[②]有中文、英语、法语和西班牙语等17种语言,用以传播其采编的世界经济动态的信息。世界银行网站的内容适应不同的搜索需求,按地区、国家或者其他主题加以分类,方便使用者寻找信息。近来,世界银行又开通了一个免费中文网站,向中文读者开放了世行数据库[③]。在题为《中国杠杆率问题怎么看、怎么办、怎么干?》这篇解释文中,作者明确提出,"金融危机以来,世界主要经济体杠杆率居高不下。为何中国杠杆率备受关注?去杠杆要结合国情,也需要从全球视角进行分析"[④]。在全球化的时代,以全球视界来透视中国经济领域重大举措和瞩目人物,应该成为财经记者的思维习惯。

如何培养此种思维习惯?在报道时,记者应以整体的眼光来看待国内的任何经济事件,即既要站在国家的利益立场上,同时也要看到中国是全球经济体中的重要组成部分,把国内的经济现象放在全球的背景下去思考。2017年11月11日是中国第九个"双11",在此期间有一篇题为《解密"双11"数据|3分钟破100亿元,这个成交额从何而来?》[⑤]的文章,在文章的最后部分,记者用了"中国的'双11',正成为世界的'双11'"这个小主题,行文600多字,将已经置于世界市场的"双11"勾画出来:"双11"的影响力更是从中国拓展到了全世界。除了海外的消费者关注"双11",诸多海外品牌也纷纷"蹭"热点,甚至连资本市场也认为,中国的"双11"意味着巨大的消费潜力和"含金量"。此报道不仅动作迅速,而且全球视野的味道十足,中国市场在每年的"双11"跟世界市场已经水乳交融,"如今,海外市场已经成为天猫'双11'的重要组成部

① 2017年10月17日,财新传媒日前宣布,将于11月6日起,启动财经新闻全面收费阅读模式。收费阅读模式之于阅读者来说,其有偿使用信息的行为使得自身由受众的身份变为用户。

② 网址:http://web.worldbank.org/。

③ 网址:http://data.worldbank.org.cn。

④ 陈建奇.中国杠杆率问题怎么看、怎么办、怎么干?[EB/OL].(2017-11-03)[2017-12-03].http://www.ftchinese.com/story/001074904?page=rest.

⑤ 参见本书第二章第一节中关于财经报道的数据表达部分使用的参考例文。

分——在今年的‘双 11’中，中国消费者可触达超过六万的国际品牌和商家，同时也有超过 100 个中国品牌将借‘双 11’全面出海”。

四、本土化的内涵及如何体现本土化

在把握财经报道全球视野的同时，还要善于采用本土化的视角来思考，即从国际和国内的新闻中找到一个本地化的角度。①

“财经媒体在传播信息时，一定要本着高度的责任感和使命感，处理好局部与全局、历史与现实、静态与动态、虚拟与真实、微观与宏观的关系。财经媒体应该有系统性思维，在报道实体经济的时候，一定要看到虚拟经济的作用；在进行静态分析的时候，一定要看到经济发展的诸多变量，不能攻其一点不及其余，更不能先入为主，割裂经济现象，满足自己的表达欲。在具体制作财经新闻时，应充分尊重财经新闻的基本规律。比如，宏观经济报道需要从细节入手，同样，也不能试图借助于微观的新闻细节，把‘这一个’当作经济的整体来说明整体的经济状况。”②以上表达实际上是对在财经报道中如何遵守“全球视野、本土视角”这一写作原则的理性阐述。

在具体的操作中，以下细化的具体的做法会对读者有诸多帮助：

采访本地公司，了解它们面临的来自国外公司的竞争；

了解本地公司如何做好准备以应对竞争，它们是否担忧？

国内公司是否担心工作机会减少？工人们是如何想的？

了解消费者组织和政府是否期望国外的公司提供更好的服务；

价格的变化怎样？上升还是下降？消费者团体的期待是怎样的？

国外的公司是否会和本地公司形成伙伴关系？是否会投资本地公司？如果这样的话，国外公司会选择什么样的公司？过程将会怎样？

好记者会研究国内的情况，发现新的协议下谁是未来的赢家和输家。如果有争端发生，有没有办法来调停解决？中国能否从新的协议中受益？是否利用好新的游戏规则？

访问本地的出口商人，了解他们是否会在协议下出口更多的商品；

了解出口厂商是否有足够的资本来扩大生产、满足新的需求；

---

① 谢芙琳，瓦茨.当代西方财经报道[M].张倞，译.上海：复旦大学出版社，2007：10.

② 王大壮.财经媒体走向成熟的路径[EB/OL].(2011-04-23)[2017-12-15].http://jlrbszb.chinajilin.com.cn/html/2011-04/23/content_719901.htm.

了解本地公司是否进口了足够的材料来生产更多的出口商品;

了解本地生产的产品的质量是否够好,在国际市场上是否有竞争力?国际市场上有哪些国家参与竞争?

检查本地的基础设施和港口情况,这些基础设施是否可以应付物流的增加?航运和交通的延误情况如何?

了解本地公司是否可能从本地银行得到信用,进行进口和出口的付款。①

以下是将财经新闻本地化的6个技巧②:

1.关注供应商:当报道一个社区的产品或服务的时候,供应商、制造商和运输公司是最有用的,因为他们更容易接受采访,而且更加健谈和坦诚。当产品或服务表现出色或被倾倒在下水道的时候,他们能够为记者提供报道先机。例如苹果公司如果发布iPhone5,那么科技出版物的记者可以从供应商处获得信息。

2.找到一线希望:在一个自然灾害频发、银行倒闭、各种怨言接踵而至的世界,读者总是希望从记者身上寻找到一线希望。例如,在墨西哥湾石油泄漏之后,当地渔业协会受到重创,但是美国其他地区的海产供应商却蓬勃发展。

3.超越商业:记者总是关注那些在全国引起轰动的问题。Preddy在这里希望记者利用自己的想象力,从受欢迎的新闻报道中获得新的角度。例如:*利用对美国演员Charlie Sheen古怪行为的报道来反映当地医院的治愈率。*通过对英国皇室婚礼的报道判断它对婚纱行业的影响。*通过美国俄亥俄州立大学橄榄球队教练Jim Tressel辞职的报道,分析其是否影响该队纪念品的销售。

4.寻找有趣内容:新奇的经济指标,例如婚礼邀请函销售的提升和紫色眼线销售高峰,对寻找线索的记者而言都是有用的信息。

5.标注图形:可查看比较零售额与失业率的数字图表,寻找之间的联系。又如,一个记者可以查看比较一个社区内快餐连锁店的数量与当地医院经常诊断的病人数量是否有联系。

6.通过视觉元素增添趣味:提供视觉元素,例如图形、图表、配有文字说明的照

---

① 谢芙琳,瓦茨.当代西方财经报道[M].张倞,译.上海:复旦大学出版社,2007:10.

② SILVER L.将财经新闻本地化的6个技巧[EB/OL].(2011-07-01)[2017-12-15].http://ijnet.org/zh-hans/blog/%E5%B0%86%E8%B4%A2%E7%BB%8F%E6%96%B0%E9%97%BB%E6%9C%AC%E5%9C%B0%E5%8C%96%E7%9A%846%E4%B8%AA%E6%8A%80%E5%B7%A7.

片等。来自《亚特兰大宪法报》的 Tammy Joyner 在网络研讨会中说："我用一张比萨的照片来解释油价是如何影响所有事情的，从面粉到纸盒，再到餐巾纸。比萨店的老板需要将制作比萨的成本和原料转移给消费者：这些就是经济。"

参考报道：《高油价恐将重创全球经济》[①]

地缘政治导致北非地区动荡的局势，让国际油价在近期大有一举突破 130 美元大关之势。而与两年多前的那次高油价相比，其涨飞之快之猛是前所未有的。经济学家们研判：全球经济包括中国经济必将受此牵累。

威胁全球经济复苏

上周，国际油价继续上涨。8 日，纽约商品交易所原油期货价格收于 112.8 美元/桶，伦敦市场北海布伦特原油期货价格收于 126.7 美元/桶，两地市场油价均再次刷新两年来的高点。

现任国际能源署总干事田中伸男在此之前曾对外表示，若油价维持在当前水平，对全球经济的影响令人担心。

石油支出负担占 GDP 的比重过高将会拖累 GDP 增长。而业界的普识，当国际油价上升到 110 美元以上将对经济层面产生负面冲击。

作为世界经济领头羊，日益升高的国际油价重创美国正在复苏的经济，今年首季拖累其经济增长率达 0.5 个百分点。而更直接的呈现是"油价上涨挤占美国民众消费能力从而减少消费对经济的拉动力"。

与此同时，油价上涨对正在努力摆脱高失业率和房市低迷困扰的美国商界带来新的压力，加重了用油企业的负担。而美国经济学家预测，去年年底以来的油价飙升正在给美国经济带来损害，若原油价格涨至每桶 150 美元以上并持续，美国经济将重新陷入衰退。

对欧洲的影响更加明显。事实上，主权债务危机已让欧洲多国不堪重负，而北非又是欧洲传统石油供给商。试想北非石油供应已经出现"吃紧"态势，另寻更远的地方去采购石油，这无疑将增加不少运输成本，影响生产和消费。

高油价无疑成为全球经济的新震源。市场观察家分析称，此举引发了国际能源、金融与大宗商品市场的异常波动，更给"后金融危机时期"的世界经济稳定复苏增添了新的不确定性。

---

① 周勇刚.高油价恐将重创全球经济[N]中华工商时报，2011-04-11.

据国际权威机构研判,当前国际高油价再继续上行15%左右,并连续保持在一个季度以上,全球经济将受到更大打击,新一轮的欧洲债务危机将被提前触发到来,新兴市场经济很可能硬着陆。

考验中国经济承受力

也在上周,掌管国内油价的国家发改委,面对席卷而来的国际高油价,不得不做出了2011年第二次上调国内成品油价格的决断,由此中国的广大民众的成品油消费进入"跨八"时代。

目前,中国石油对外依存度较高且已超过55%,成为仅次于美国的世界第二大石油消费国。统计数据显示,中国油价比去年同期上涨高达1元多,涨幅达到13.4%,远远高于经济增速,高于CPI涨幅8.5个百分点。

实际上,油价上调带来的连锁反应将波及整个生产和服务领域,将推高石油衍生品的化工、纺织、塑料、化肥、农药等上涨,推高农副产品价格,从而进一步加重输入型通胀压力。

交通运输业最先受打击。据一项最新调查,在"高铁"的挤压下,航空公司今年已停飞了短途的航线,如南京往返武汉、武汉往返南昌等。而航油占成本1/4的民航业,油价上升直接导致费用增大,双重打压势必给其利润造成一定程度递减。

由于油价上涨,化肥价格一路高攀,农药、农膜、种子等价格也随势上扬。据统计,作为受油价上涨影响的主要下游产品,近5年来国内尿素、柴油、农膜价格分别上涨26.6%、64.4%和60%。而农资价格的上涨无疑拉动了农民生产成本的上升。

持续的高油价更使消费者担心用车及新增机械的用油成本增长,对汽车及机械制造业产生负面影响。另外,原油价格传导到塑料配件上,对整车和工程机械厂商的生产成本也起负面影响。

更不可忽视的是,作为全球的制造中心,中国提供的商品价廉物美,具有较高的竞争力。而油价的不断走高,无疑增加了较大的一块生产成本,在与印度、巴西等发展中国家的竞争中,将使中国出口企业原有的优势减弱。

经济学家分析指出,国内成品油价格的上调带动其他能源价格的上涨,输入性通胀的压力会陡然上升。而高油价通过行业传导将极大地制约中国经济的高增长。

构建低碳和新能源模式

作为全球第二大石油消费国,中国对石油的需求仍在增长且有不断加大的走势。而据市场观察家去年年末的预测,中国今年的日均石油消费量将超过1 000万桶。

面对高油价时代,中国必须审时度势,调整发展战略,以减轻宏观经济调控难度,并兼顾做到:一方面要保障宏观经济的平稳运行,另一方面又要适度减轻通胀压力。

据一项调查揭示,在经济发展水平、产业结构相近的情况下,日本人均能源消耗为4吨标油,美国为10吨标油,日美能源消耗差距的70%归因于消费模式的差异。

因此,对于中国来说,应对国际高油价,转变经济发展方式和改变能源消费模式,低碳型经济和低碳型消费,无疑是主攻的方向与目标,更是必由之路。

当前对企业而言,强化能源管理、节能降耗已成燃眉之急。经济学家强调指出,当下,国内节能减排最大的障碍是成本上升,而政府部门应给予强有力的政策扶持,培育市场,推广节能产品,并予以补贴、融资等方面的支持。

与此同时,在油价持续走高的格局之下,应适时提速清洁能源、新能源的开发。而除去目前加大天然气开采、步入页岩气开发以外,还要完善各类政策和法规,将风电、太阳能发电等形成市场化下的常态推进。

文本分析:以上是一条将全球视野与本土化结合得较为成功的财经新闻。

通过油价上涨这样一个敏感的经济神经,记者站在全球的高度分析了油价上涨所引发的世界经济复苏的各个经济层面的问题。油价不仅是全球关注的世界领域的重大的经济要素,也是中国至关重要的民生问题和经济问题。

记者站在全球的高度宏观地把握了油价对全球经济复苏的影响之后,又从中国这样一个发展中国家着眼,分析了油价给中国经济带来的输入性通胀以及更深层的经济增长的影响。在此基础上,记者通过油价对中国经济产生的冲击力进而对中国的经济结构进行了更深入的阐述,而这种阐述恰恰是通过一个小的角度来反映中国经济发展存在的短板,这些短板也是“十二五”期间中央要全力解决的问题。由此可见,本条报道的意义便显得非常重要了。

第二节 财经报道的平衡原则

一、新闻报道平衡原则的提出

众所周知,媒体是以传播信息为要务的大众传播工具,不论传媒发展和演化出多少功能,都不能弱化其最基本的功能——传播信息。为确保信息的真实、全面、客观、公正,新闻报道的平衡原则是不可或缺的。

因为财经新闻首先是新闻,所以在进行财经报道时还要遵守新闻报道中的一条重要原则——平衡原则。以下是对当前中国新闻报道在遵守平衡原则时存在的现实问题及解决思路的剖析,对财经报道来说,这些剖析同样非常适用。

早在1729年,本杰明·富兰克林接办《宾夕法尼亚公报》时就提出了"当人们各持己见的时候,双方均应享有让公众倾听到各自意见的平等机会"[①]的观点,这一主张被看作是"平衡原则"的首次提出。到19世纪30年代客观性原理形成并确定下来之后,平衡原则作为客观性原理的核心内涵基本上得到新闻界的认可。客观性原理也正是在此种背景下确定了自己的基本内涵:新闻报道中的事实和价值分离,避免价值的个人偏见。[②]

改革开放以后,由于传媒面临的媒介环境的变化,平衡开始被人们逐渐认识和重视,1983年孙旭培先生在其著作中提出了新闻报道的平衡原则。

二、当前新闻报道失衡的表现

在新闻报道的实际操作中,平衡原则并没有得到很好的贯彻。如果说,在计划经济时代和改革开放的初期,新闻报道的不平衡操作带来的负面影响还能被社会所吸纳的话,那么今天在社会利益多元、文化多元的格局基本形成的态势下,忽视新闻报道中应遵守的平衡原则会带来灾难性的后果。从总体来看,当前我国媒体在新闻报道中的失衡现象可以概括为以下三种:

(一)报道的过度偏向

当前媒体在新闻报道时的过度偏向,使得新闻资源的供给无法满足整个社会的正常需要,导致信息的不对称和公众在信息资源享有上的不公平。这种失衡主要表现为新闻报道的"一边倒"。

今天的中国,随着市场经济体制的逐步确立,整个社会形成了不同的利益群体,同时各利益群体的利益诉求也呈现多元化色彩。在这种背景下,及时而准确地反映社会各利益群体的不同呼声及需求已势在必行。可是,媒体则常常视而不见:对同一问题中各利益群体不同的诉求和看法的反映往往只有一个声音,于是便出现"多元社会,一个声音"的失衡报道局面,一面之词、"一边倒"的新闻在媒体报道中随处可见。"一边倒"的报道,

① 埃默里,等.美国新闻史:大众传播媒介解释史[M].展江,译.9版.北京:中国人民大学出版社,2004:38.
② 李良荣.当代西方新闻媒体[M].上海:复旦大学出版社,2006:82.

使表面的繁荣所制造的虚假幻象遮蔽了实际存在的诸多急需解决的问题，不仅损害了媒体自身的公信力，也误导着人们对现实世界的认识。其实，意见和利益的公开表达，多种意见和多元利益的畅通体现，也是构建和谐社会一个不可或缺的内容。

(二)对不同阶层生活画面反映的扭曲

近年来，随着社会转型的加快和国家公共政策制定的倾向性调整，我国社会的整体人群出现了急剧分化的趋势。这种深刻的变化给以反映社会现实变动为己任的媒体提出了全新的课题，即如何合理地反映社会各阶层的生活画面。但是从媒体近年的报道来看，可以说并不能让人感到满意。一个重要的表现就是，在新闻报道过程中媒体对不同阶层生活画面的反映有一定的扭曲。其表现和危害，主要体现在以下三个方面：

1.对富人及精英阶层报道的圣像化

在传媒日益商业化运作的今天，媒体越来越趋向于把精力放在对富人和精英的报道上。之所以这样做，是因为已经走向市场的媒体必须尽可能多地吸引受众眼球，借此获得最大的商业利润。同时，对财富、成功和美貌的向往和追逐是当下众多国人的共同心理。在以上商业背景的支配下，便出现了这样的现象："当今的传媒，是城市的传媒，而不是农村的传媒；是富人的传媒，而不是穷人的传媒。"[①]

如果说，在分量上媒体更倾向于对富人和精英加以报道还有存在的合理性的话，那么媒体对于此类人群报道角度的选择却存在着不容小视的问题，即不惜版面、过多地渲染此类人群超出常人的价值观念、利益需求、思想感情、生活方式，而对他们艰苦的创业历程、崇高的理想等更可以激人奋进的内容避而不谈。这种完全圣像化的报道取舍，不仅掩盖了此类人群的生存真相，还助长了整个社会的享受、攀比的风气，无助于和谐社会的构建。

2.对困难人群报道的悲剧化

在关注困难群体的媒体报道中，出现了对困难人群报道视角的严重取舍偏见：新闻报道主题的悲剧化。进城男民工们让人胆寒的讨薪、生活无着的打工妹被强逼卖淫等诸如此类足以撼动人心的极富曲折性的故事在媒体报道中只能集中反映一个主题：在现实状况下困难人群的悲剧命运。《人民日报》评论文章尖锐地指出：一种人群如果因为所谓的影响力和距离关系，而渐渐被社会的主流记忆力选择性地忽略，乃至淡忘，要等到下一次有新闻发生才能显示他们的存在——这样的状况，难以说得上是全面发

---

① 汪凯.转型中国：媒体、民意与公共政策[M].上海：复旦大学出版社，2005.

展。大众传媒出于经济利益的考虑,不愿意长期关注弱势群体,商业的逻辑使其在对弱势群体的报道中更有可能采用一种“炒作”的姿态,而不是作为其长时间的利益代言人。[①] 以上评论道出了媒体对于困难人群的报道取向悲剧化的真正原因。

对困难人群报道取向的悲剧化,还表现在有关此类报道的传播方式的超常化上。当前,媒体在极其有限的对困难群体的报道方面似乎陷入了一个怪圈:通过突发的恶性事件表现出来。2006年夏天,一位农民父亲因女儿考上大学付不起学费而自杀,这起事件曾被全国多家媒体相当卖力地报道过,直到女学生在媒体的帮助下得到了各界的捐助,从而解决了无钱上大学的难题。诸如此类让人咂舌的突发恶性事件的报道,在媒体上正不断上演。

传播方式的超常化往往导致民众对媒体本身和公共政策制定部门的误读,致使民众产生这样的误解:要改变自身的生存困境就必须想出出人意料的花招来“作秀”,借此来吸引媒体的目光,从而通过媒体报道,得到社会决策层的注意。就拿民工讨薪来说,这样一个既定的“跳楼秀”模式似乎在各城市不断重复:民工讨薪未成——集体跳楼(也有单个人的)——媒体报道——政府介入——找到欠薪黑心包工头——讨薪成功——笑逐颜开地拿着钱高高兴兴回家团圆。如果说媒体第一次报道的民工讨薪未成而跳楼还能称为好新闻的话,那么之后对同类跳楼事件的报道只能叫可悲的“模仿秀”了,没有任何新意可言。

以上现象本身是一个值得深思的问题:就媒体来说,如何能够在问题激化以前将其报道出来以引起社会和决策机构的关注?就民众来说,如何能经常性地通过新闻媒体表达自己的利益立场?必须指出的是,媒体在代表弱势群体的利益过程中,不仅仅是在弱势群体权益受到侵害时投以关注,更重要的是,应通过合乎理性、有建设性的意见交流,来达成共识,促成问题的解决,起到政策讨论和政策传播的平台的作用。[②]

3.对普通人群报道的丑化

在对普通人群的生活画面进行报道时,媒体也已经形成了一个惯式:从寻常要素中极力挖掘出富有戏剧化的因子来制造噱头,吸引眼球。比如,在一些对在校大学生、研究生的报道中,一些媒体试图通过自杀、性、精神病、贫困、犯罪等矛盾冲突异常剧烈的事件来吸引眼球,而关于这一群有着生机勃勃精神风貌的未来中国栋梁的正面报道少之又少。诸如此类的报道在媒体上比比皆是,长此以往,容易使公众对这一群体产生错觉:那些所谓的未来中国的栋梁之材们没有社会责任感,正在走向堕落。从现实的情况来看,媒体这种丑化普通人群的报道涉及面很广,几乎包括所有的从事着一般

---

①② 汪凯.转型中国:媒体、民意与公共政策[M].上海:复旦大学出版社,2005.

职业并有着一般收入的人群，比如医务工作者、教师等。

麦奎尔指出，大众传播是一个和社会一般大小的传播过程。大众媒介的社会位置，既不是在个体与个体之间，也不是处于社会背景中作为一个组织，而是在所有的社会关系之中——它是各种社会关系的连接者。[①] 与此道理相悖，当前我国媒体对社会整体中各阶层人群的失衡报道造成了媒体对社会现实投射的“碎片化”，没有对社会各阶层人的典型画面进行整体反映，严重影响了人们对社会现实的认识和理解。

(三)新闻娱乐化的泛滥

从近代报纸产生一直到现在，作为以服务公众为己任的大众传媒已经开拓出了丰富的功能，大众传媒以信息传播为基础的其他功能的延展充分满足了人们的多方面需求。一个健康的媒介运行环境应该是由各级各类媒体所合成的媒介整体能够均衡地发挥着各方面的功能，为公众提供所需要的各种信息营养，而不是有意地使某方面功能得以凸显或者夸张性发挥。如果过度发挥某一方面的功能，则媒介的整体运营环境是病态的。但是从我国媒介目前运行的状况来看，媒介提供娱乐的功能已经对信息传播功能的发挥造成了严重的影响。更为严重的是，新闻娱乐化的泛滥正消解着新闻报道本身的严肃性和启示意义。

媒介的娱乐化不仅表现在娱乐类节目数量的过度扩张上，还表现在新闻类节目的娱乐化包装上，尤其是严肃的新闻以娱乐为导向报道出来。现在我们的媒体报道中，许多严肃的新闻经常用娱乐的方式处理，比如腐败官员的曝光，还有杀人、强奸等刑事案件……一次次都变成了茶余饭后的娱乐材料。以媒体在 2006 年对杀人狂邱兴华的报道为例。邱案发生后，媒体关注的焦点集中在此事件的剧场效应上：邱兴华的杀人动机、公安部门的追捕过程、先后两审的经过、该不该让邱做精神病鉴定以及对其亲属的全方位“追踪”“传真”和“纪实”等。当媒体带给受众此血案的戏剧化的娱乐内容时，那些倒在邱兴华魔掌与屠刀之下的 11 位受害者和他们惨遭变故、痛失亲人的家庭却被集体“忽视”了。媒体的这种娱乐化倾向的报道使得公众很少有人知道 11 位受害者的名字和他们家庭所面临的困境，以至于出现了这样的后果：邱的亲属得到了政府的关照和社会各界的关注，捐款赠物者不断，生活条件得到改善，而受害者的家属仍生活在缺衣少食、债台高筑、拖家带口、举目无亲的困境之中。

类似不负责任的过度娱乐化的报道带来的结果并不是公众情绪的放松、身心的愉悦和精神的陶冶，相反，带给人们的只是心里的高度恐慌和对社会的不满，甚至可以说

① 孙旭培.论新闻报道的平衡[M]//孙旭培.新闻学新论.北京：当代中国出版社，1994.

过度地挖空心思寻找新闻事件内在的娱乐性往往会造成整个社会道德同情心的无意丢失。总之,过于强化新闻事件的戏剧悬念或煽情、刺激的一面会导致新闻事件本身的严肃性和启示意义的丧失,如此则成为整个社会的悲哀了。

三、财经报道的平衡策略

新闻报道失衡的后果相当严重:严重损害媒体的公信力,导致社会各方矛盾的激化,进而影响整个社会的稳定。因此,呼唤媒体对平衡原则的重视,规避由于新闻报道忽视平衡原则带来的种种弊端已迫在眉睫。要试图破解当前我国媒体新闻报道失衡难题的时候,有必要对平衡原则的具体内涵作出清晰的阐释。

什么是平衡?有论者认为,平衡就是在突出报道一种主要因素时,还要顾及其他因素,特别是相反的因素;在突出报道一种主要意见时,还要注意点出其他意见,特别是相反的意见。① 还有论者认为,平衡报道就是"客观、中性地刊登被报道人之间的论争","新闻机构在刊登这些意见时,不发表自己的看法,如果两种意见之间存在分歧,新闻机构也应当如实客观地刊登"。②

在肯定以上说法的基础上,笔者认为要清楚地对平衡的含义加以表达,必须把握以下几个重要内涵:给涉入新闻事件的各个方面以平等的表达机会;摒弃中庸的不分主次的表达;对相互对立的观点要进行客观的陈述,不能故意作任何主观的掩饰和忽略;平衡要内化为记者的职业道德,而不仅是简单的技术操作。

笔者以为,要彻底解决当前我国新闻报道中的平衡问题,必须从以下几个方面着手:

(一)拓宽采集新闻的信源渠道

"兼听则明,偏信则暗",这一俗语所昭示的真知同样适用于新闻报道。通过对多个新闻源的使用和交代,媒体一方面可以表明新闻事实是有根据的,增强新闻的真实性;同时,还可以通过集纳各方信息,兼顾矛盾各方,防止新闻报道的一面倒,为实现每一篇新闻报道的平衡奠定良好的信源基础。

在尽力拓宽采集新闻的信源渠道时,媒体还要注意在其中寻找出对事件发展起着重要作用的方面并加以突出,而不可"各打四十大板"。这可以从梅尔文·门彻的相关

---

① 谌达军.平衡报道兴起的社会背景和动因初探[EB/OL].(2006-03-16)[2017-12-03].http://alaninthefreedom.blogchina.com/128338.html.

② 门彻.新闻报道与写作[M].展江,主译.9 版.北京:华夏出版社,2004.

阐述中得到启发：平衡很重要。平衡并不是指他们必须让自己站在争论的正中央的位置。假如侯选人 A 今天做了一个重要演说，这个演讲值得上头版。而在同一天，反对者 B 只是重复了昨天的话或说了一些废话，报纸或广播电视台就没有必要在言之有物和言之无物之间保持平衡。一个绝对平衡的新闻界等于没有新闻界。①

(二)把握好单篇报道的平衡

如何把握好单篇报道的平衡，这可以通过一些技术手段来实现，如多面展示法：记者通过有意识地显示报道对象各方的观点、意见、看法或者材料来达到平衡的目的；综合分析法：记者将新闻报道置于广阔的背景中展开，从而找到代表不同利益群体的人的观点和有关此报道的种种相关联系；存疑法：记者对采访对象的说法心存疑虑，想方设法找到不同意见或看法，等等。总之，不管采用什么样的手段达到平衡，都只不过是一种技巧。“但实际上平衡是一种道德责任，不能够用秒表或直尺来衡量。”② 所以，记者在进行每一次报道时，都保持平衡的意识并有意为之才是最重要的。

单篇报道的平衡为媒体新闻报道的整体平衡打下了基础。但在具体的操作中，有人会误认为平衡便是没有倾向。事实上，在平衡手法的操作中记者总会把某种因素、意见作为主要因素、主要意见进行突出报道，只是同时要顾及或者注意到其他的因素、意见。这些被突出出来作为主要因素和意见的内容就体现了新闻的倾向性。以典型人物报道为例，要重点体现出人物所展现出来的时代精神，但同时也要呈现出人物丰满的人性化形象，而不是过去那种简单化、模式化的畸形媒介形象。

(三)重视新闻报道的整体平衡

1.通过连续的报道展现报道对象的真相

在新闻报道中，平衡是相对的，不平衡是绝对的。从新闻真实性的第二层内涵来看，新闻报道必须能够通过连续的报道，来真实地反映出我们生活的世界的整体，这就是新闻报道平衡的绝对性。可是在我国媒体中新闻报道所报道的一些“英雄”人物，常常会出现形象的坍塌，比如对于曾经名重一时的原江西省副省长胡长清的报道即是如此，这种现象就是媒体的报道没能达到第二个层次的真实。其原因很明显，就是媒体没有把握好如何在连续报道中进行平衡的问题。

---

①② 门彻.新闻报道与写作[M].展江，主译.9 版.北京：华夏出版社，2004.

2.通过连续不断的新闻报道,向人们呈现一幅现实社会的真实图景:既不一边倒,也不是歌舞升平的媒体幻象

这就要求新闻工作者从整体现实出发,决不漏报、瞒报重大新闻事件,力图做到新闻报道的平衡。如何达到新闻报道的整体平衡?必须从以下几个方面着手:第一,注意各类报道议题的平衡;第二,注意报道中心与报道面的适当平衡;第三,注意报道价值取向的适当平衡;第四,注意媒体各类功能之间的协调,避免使某一功能过度膨胀。

(四)制度保证

我国媒体生存的现实环境,决定了媒体运行过程中会常常受到相关部门制定的特殊规则的制约。不可否认,这是由我国的社会制度和媒体发展的传统决定的,也是媒体应该面对和自觉遵守的。但是,媒体作为社会大系统中的一个特殊小系统,它的发展和运行有着自己特有的规律,如果违背了这些规律,则会不可避免地导致媒体新闻报道的失衡,所以要破解我国新闻报道失衡难题的制度性因素必须得到相关部门的重视和关照。

新闻报道的公正与平衡,是媒体公信力的核心竞争力。因此,对新闻报道中的平衡原则,新闻工作者要准确把握其内涵。平衡手法所追求的目标,是更准确地反映事物内部之间的关系及其与外部的联系,达到真实、客观、公正地反映现实世界的媒介图景的境界,即尽力呈现事物复杂而多元的本来面目。不能否认的是,平衡不单是技术问题,它还是道德问题。因此,平衡的实现需要新闻从业者自身高度重视,把它内化为一种职业素养。当然,平衡的实现还需要必要的制度加以保证,如果没有相应的制度许可,平衡也只能成为新闻界内部的一个概念游戏。①

练习题:

1.财经报道为什么要遵循全球视野、本土视角的原则?如何实施?

2.当前新闻报道失衡的表现有哪些?请对其原因加以分析,并阐述解决之道。

① 以上部分内容发表于《新闻爱好者》2009年第3期,题为《试析当前新闻报道的平衡原则》,为本书主编与其博士生导师李良荣教授合写。此文获2009年度河南省新闻奖论文一等奖。

第四章　财经报道的类别(一)

▶内容提要

根据财经报道的目的划分，可将财经报道分为信息速递型报道、深入调查型报道、立体解释型报道、图解政策型报道、主题报道型报道以及财经新闻人物报道六种类型。本章对信息速递型、深入调查型和立体解释型的财经新闻的内涵及操作准则进行介绍。

对财经报道的范式加以分类，主要是基于课程讲述的需求，而就现实的情况来说，不同的报道范式往往相互穿插，只是在体现写作特色的过程中更倾向于一种罢了，决然不存在完全割裂的报道类别。所以，记者在报道财经新闻时，不需要死记硬背以确认自己的报道属于哪种类别，这种类别又具有多少种写作特征，需要掌握多少种报道技艺，而在于灵活而轻松地根据题材的不同和主题表达的需要来综合考究如何更好地采写，最终的目的是能够真正为受众所认可接受，并尽可能产生广泛的影响。

阅读以下报道，感受其是如何将信息速递、深入调查和立体解释有机融合在一起的。

参考报道：《失控的价格：发改委官员称目前物价上涨可接受》①

从 11 月 1 日到 11 月 10 日，只用了十天，一种名为 PTA 用于纺织服装的化纤产品价格每吨上涨了 2 675 元。

导致 PTA 价格上涨是因为棉价高烧两个月，市场急需找一种替代品，PTA 就成为资金追击的目标。

价格快速上涨的还有：一种用于家电汽车行业的热轧板卷价格上涨超过了过去两个月的幅度；一吨用于炼制白糖的甘蔗价格上涨了 300 元；郑交所期糖创下了近 30 年的高位；棉花创下了 30 年价格新高，每吨突破 3 万元的关口……

① 张向东，程志云，降蕴彰，张斌.失控的价格：发改委官员称目前物价上涨可接受[N].经济观察报，2010-11-12.

11月11日,国家统计局发布数据,10月份CPI涨幅达4.4%。虽然统计局否认全面通胀,但此数据距公认的5%恶性通胀是咫尺之遥。

价格体系犹如一副被推倒的多米诺骨牌,“蒜你狠”“豆你玩”“姜你军”“糖高宗”“油你涨”“玉米疯”“苹什么”“辣翻天”“药你苦”“棉里藏针”“煤”飞“色”(有色)舞……涨价在席卷一切商品。

抛储、加息、上调存款准备金率,政府开始出手,但“神马皆为浮云”,通胀预期像正在恶化的肿瘤,还在继续蔓延……

失控的价格

超市里挤满了拥挤的人群,生鲜肉区前更是人头攒动,猪肉分割区前,工作人员每分割一块五花肉,马上被放置区前的人们所哄抢。

分割工作员是一位小伙子,脸上的汗在往下流,看着这么多人,他有些着急,抡起胳膊,刀飞刃舞,但等待的人群是越聚越多。

这是北京家乐福九棵树店内一个角落,五花肉正在进行特价销售,每公斤价格是18元。一个正在等分肉的女士说,这肉其实不好,好肉都被割走了,就剩猪皮和一些肥肉挂着点瘦肉。“但这个便宜啊！那边好的五花肉33元一公斤,排骨42元一公斤,吃不起呀!”这位女士说,她每周来家乐福采购鲜肉,这周的肉比上周每公斤涨了2到4元。

“国庆之后,11月之前,到底发生了什么？为什么所有的产品都开始疯涨。”北京的张先生问。这也是市场急切寻找的答案。

通胀苗头最早出现在今年4月初,当时国内消费者物价指数(CPI)从2009年年底的负增长率悄无声息地爬到4月份的2.8%,大宗商品价格在蠢蠢欲动,大豆、橡胶、钢材等价格都在短期内出现过猛涨。当时,国家统计局和国家发改委官员都表示,价格上涨主要来自国际输入,国内通胀的压力尚在可控之内。

不过,当时按照国家大宗产品工作协调小组的建议,国家发改委仍在一周时间内先后两次抛储橡胶总计6万吨,抛储纸浆2万吨,一个月后抛储钢材2.7万吨,两个月后再次宣布抛储第六批储备糖10万吨。

当时国家发改委官员在接受本报记者采访时表示,2010年物价上涨的高峰可能将出现在七八月间,但之后全球和中国经济发展速度出乎意料地放缓,政府开始放松了对通胀的警惕。

7月,大宗产品价格开始出现年内第二次发力,这一轮价格上涨还伴随着国内多个区域农产品价格的上涨,以绿豆、蔬菜为代表的农产品价格突破年内最高纪录,当时商务部统计数据显示,全国36个城市中近7成食用农产品在涨价。

7月13日,国家发改委价检司出台《关于市场价格异常波动时期价格违法行为处罚的特别规定》(征求意见稿),此文件目的是制止恶意囤积、哄抬价格、牟取暴利等价格违法行为。但文件公布实施至今,发改委没有公布过一起价格违法事件。

从7月到9月,CPI仍在缓慢爬行,从4月份的2.8%一步步走到了3.1%、3.3%、3.5%、3.6%……但包括统计局在内的政府部门依旧说,年内3%通胀率可控。

十一后,价格突然失控,从现货到期货,从批发到零售,所有商品的价格如脱缰之马,都在上涨。

11月1日到11月10日,大宗商品掀起新一轮涨价高潮,10天之内,PTA现货涨幅超过2 675元,达到每吨11 250元,MED(生产长丝的化纤产品)十天内涨幅达1 385元,至9 100元;螺纹钢和热轧板卷品种的钢材现货价格自11月1日开始几乎每天上涨30元左右……

全通胀气息步步逼近,政府口径年内第一次转变,11月9日国家发改委主任张平在"全国煤炭工作会议"上正式表态,今年的CPI上涨将超过3%的政府预期调控目标。

谁的责任?

自年初以来,管理通胀预期一直是中央宏观调控的重点。

近年国家发改委牵头成立了国家大宗产品工作协调小组,成员包括央行、商务部、能源局等相关部门,其主要职责是监控大宗产品的价格,以防范通胀。但在实际运行中,各部门之间却有分歧。

11月11日,发改委相关人士对本报解释说,通胀预期的增强来自国务院决定实行适度宽松的货币政策,通胀根本来说还是货币问题。

矛头指向央行,这种指责确有理由:央行数据显示,今年9月末,广义货币余额已经达到了69.64万亿元,而国家统计局发布的前三季度GDP达26.866万亿元。

一位接近央行的人士告诉记者,实际上央行一直对通胀十分警惕。央行一季度货币政策委员会例会就提出,要处理好保持经济平稳较快发展、调整经济结构和管理通胀预期的关系。

9月29日，央行发布的"第三季度货币政策委员会例会"公告，把"管理通胀预期"提前到"保持经济平稳较快发展"和"调整经济结构和转变经济发展方式"之前。中国建设银行总行行长办公室高级经理赵庆明告诉记者，实际上在10月份央行加息前后，管理通胀就是央行最为迫切要解决的问题。

但央行迟迟无所作为，据悉在9月上旬，央行曾经向国务院上报加息，不过当时未获批准。

就此，国务院一位部委官员对本报解释，国务院对目前通胀的担忧并没有大家想象的严重。原因是：这次农产品价格上涨与此前几次不同，此前价格上涨的利润绝大部分被中间环节拿去，农民没有得到实惠。但这一次，价格上涨带来的利润更多留在了农民手中，这是中央想看到的情形。

除了国务院，接受记者采访的国家发改委官员也认为，目前的物价上涨依旧可以接受。这位官员还分析，此轮价格上涨结构上主要由农产品带动，造成包括大宗原材料在内的物价整体上涨。

就此农业部官员着急表态，如果把农产品涨价放到整个宏观经济的背景中来分析，物价普遍都在上涨，农产品价格上涨也比较合理。农业部官员还对记者分析，今年农产品价格的整体上涨主要原因是生产成本增加，种子、化肥、农药、地租和人力成本这几项加起来，年内就上涨了30%至40%。

工信部官员开始出面"和稀泥"，他表示，国内原材料产品目前的涨价是一种价格的回归，目前价格水平与金融危机前相比，依旧还有差距，与国际价格相比，也有差距。

此话让商务部官员感到安慰，商务部官员接受记者采访时表示，由于中国是外向型经济，容易有输入型的通胀。而且商务部官员更认为，通胀最根本的原因还是跟货币有关。

球又被踢回到央行身上。

应对之策

物价呈现全面上涨态势，部委仍是各自动作。

10月20日，央行终于宣布加息，上调存、贷款基准利率0.25个百分点。自2008年年底以来，宽松货币政策终于明确踏上收紧归途。11月10日晚，央行再次宣布上调存款金融机构存款准备金率0.5个百分点。

但工信部官员明确对本报表示，短期内，工信部不会采取任何措施，来强行干预市场价格。

国家发改委已经开始出手。一般情况下,设在国家发改委的国家大宗产品工作协调小组会不定期召开会议商讨对策,但最近一段时间,协调小组的会议召开次数明显增加。

11月初,国家大宗产品工作协调小组再次专门召开会议,商讨的内容是扩大国家大宗商品储备的种类和产品,以备更大规模物价上涨来临时,政府采取抛储等手段来平抑价格。

目前发改委应对通胀的具体措施有三项:首先将加大对主要产品价格的检查,严厉打击市场炒作行为;其次通过抛储手段增加供给,平抑物价;最后,不排除对个别极端商品采取更为严格的价格管制。三项措施中,国家发改委习惯并已经采取的手段就是抛储。据了解,未来一段时间,白糖、食用油、生猪、杂粮等农产品都会纳入国家收储的范围之内。

除了发改委,商务部也在紧急戒备。商务部官员告诉记者,"商务部现在尽量减少中间环节,进行农超对接。再一个就是地区之间的调配,有些时候供应量不够只是区域性的。"

国务院官员则对记者透露,目前国务院真正的担忧是大宗商品价格上涨给居民和经济领域带来的成本压力。对此,国务院已经考虑在适当时机对失业和低保家庭进行补贴。

对于通胀受损群体的补贴,财政部说,他们直接间接地一直都在做,比如提高就业补助、人力资源素质投入、提高低保补助标准。"但中央不能光出政策,也得考虑地方是否支付得起,现在好多地方支付起来都比较困难。"财政部一位官员说。

更多的期望仍在央行,央行副行长马德伦出席国际金融论坛2010年北京全球年会上表示,央行不会放任通货膨胀形势加剧。

不过,接近央行的人士说,目前央行手里的工具十分有限,市场寄希望于央行尽快大幅加息,但加息信号意义太强烈,在美国等发达国家都在实行量化宽松政策的时候,中国进入了加息通道,实际上给想进入中国的热钱打了一针兴奋剂。

不管怎么样,抛储、加息、调高存款准备金率、补贴、管制物价……能够抗通胀的手段在依次启动。

11月12日,大宗商品全线暴跌,PTA、菜油、白糖、棉花、PVC、棕榈油、豆粕、大豆、塑料、豆油、橡胶、沪锌、沪铜均跌停。但是,新疆棉花报价最高时仍达到33 000元。这也意味着,在这场涨价盛宴中,通胀和防通胀的博弈和表演依旧会相继迭起。

在《财经国家周刊》的宣传彩页上，有这样几句话，"洞悉政经国家思维""前瞻经济发展趋势""调查财经热点事件"。从这三句话我们可以看出，财经报道负有三大重要使命。本书有关财经报道分类的标准是建立在财经报道的不同目的之上的，因报道目的的差异，财经报道的文本在逻辑、原则及方法等方面会有诸多区别。所以，基于此种原因，本书将财经报道分为以下几类：信息速递型（包括理财服务及预测未来）财经报道、深入调查型财经报道、立体解释型财经报道、图解政策型财经报道、主题报道型财经报道以及财经新闻人物报道六种。

第一节 信息速递型财经报道

一、信息速递型财经报道的内涵

对于市场经济来说，经济信息的透明化快速传播相当重要，因为它事关各类投资主体或者消费主体的经济行为的抉择与收益，"仅具深度，哪怕仅隔三五日，也未必有人愿意读。因为市场瞬息万变，读者需要第一时间的报道"①。信息速递型财经报道重在告诉受众现在是什么样的或者未来可能会怎样，而不需要过多地分析与阐释"为什么"，也不需要运用背景材料来分析一个新闻事实产生的原因、意义、影响，更不需要探寻事实之间的深入联系。信息速递型财经报道包括理财服务及预测未来两种财经新闻。

二、如何进行信息速递型财经新闻的报道

（一）新颖、快速、精确、权威、专业

对于信息速递型财经报道，达到最佳报道效果的路径取向是新颖、快速、精确、权威及专业。

严格以新闻的内涵标准来看待经济的变动并判断其价值大小，不漏掉、不遗忘重要的新变化。2017年双"十一"来临，《北京青年报》记者李铁柱以《双十一法院网拍11匹马》为题，报道了"前无古人"的新动态。

---

① 庞瑞锋.财经新闻道：对话美国顶尖财经媒体高层[M].广州：南方日报出版社，2008：145.

再以著名的彭博财经频道[①]为例，为了达到快速精确报道的效果，它在世界各地，包括伦敦、纽约、东京、悉尼、新加坡及香港设有 87 个新闻中心，聘用了1 600名记者和编辑，对伦敦、纽约、东京等地的股票市场进行现场报道，对全球著名银行家和股票经纪人进行独家专访，并在 200 多家银行和金融机构设置摄影机。庞大的信息网络在第一时间为频道内的财经新闻栏目提供发生在世界各地的财经新闻和精准及时的财经信息，充分保证了彭博财经信息的新鲜性和独到性，使观众通过最可信的渠道即时获悉财经市场的一举一动。[②] 在以现场的形式对伦敦、纽约、东京股票市场进行报道的同时，该频道还对全球著名银行家、股票经纪人进行独家专访，这样就可以使得该频道的观众不仅能够直接了解世界最新的财经信息，还可以对财经事件的发展趋势有权威的把握。

以上做法其实都是彭博财经频道为保证财经信息速递开拓的渠道。只有渠道畅通无阻，才能保证信息迅速地被获取及传播。正如《华尔街日报》发行人彼得·凯恩曾说："我们是美国最重要的商报，我们的读者将根据我们的报纸做出商业决策，一个小数点的错误就可能给读者造成巨大的损失。所以我们必须在准确性上无懈可击。"[③]

阅读下面的新闻，来感受信息速递型财经报道的写作：

参考报道 1：《上海重庆房产税试点满三月　成交下跌房价仍坚挺》[④]

中新网 4 月 28 日电(房产频道 位宇祥)今年 1 月 28 日，上海、重庆正式推出房产税试点，到今天已经运行满三个月。在房产税及一系列调控措施的影响下，上海、重庆两个城市的楼市成交量低迷，特别是高档楼盘受到的冲击较大，但目前这些城市的房价仍然坚挺，并未出现明显下跌，甚至还有微涨，房产税对于楼市调控并未产生立竿见影的效果。

中新网房产频道的一项调查显示，截至 4 月 27 日下午，在参与投票的8 147名网民中，约 37%的人认为房产税可以抑制投机，稳定市场预期，遏制房价过快上涨。

---

① 作为欧洲和美国增长速度最快的商业和金融新闻频道，从 1992 年起，彭博财经通讯社以为马里兰公共电视台制作的每日 30 分钟的早间节目发端，短短十多年的时间里，这个频道就成长为全球性的商业和金融新闻频道，每天以 7 种不同语言，在 77 个国家广播，频道覆盖欧洲、美国、亚太区、非洲、中东及拉丁美洲等地共 2 亿多人。2003 年 1 月，彭博财经频道获得国家广电总局颁发的落地许可执照，在中国三星级以上涉外宾馆、公寓及政府机关都可以收看到该频道。

② 王彩平，池建新，李洁.从彭博看国内财经频道的出路[EB/OL].(2008-01-03)[2017-12-03].http://academic.mediachina.net/article.php? id=4798.

③ 吴谷平.制止虚假新闻报道专题讲座之五 防范虚假新闻 重在制度建设[J].新闻记者，2005(12).

④ 位宇祥.上海重庆房产税试点满三月　成交下跌房价仍坚挺[EB/OL].(2011-4-28)[2017-12-03].http://m.sohu.com/n/3066085411.

上海重庆房价仍坚挺

2011年1月27日晚,上海、重庆分别宣布自28日起正式启动对部分个人住房征收房产税改革试点工作。房产税的试点使两个城市的购房者观望气氛浓厚,商品房销售出现不同程度的下滑,但房价并未出现明显下降。

4月24日刚刚落幕的2011重庆春季房交会成交量暴跌。为期4天的房交会上,共成交各类房屋3 403套,成交建筑面积32.94万平方米,成交金额20.67亿元。成交套数只占去年秋交会的40%,更不到去年春交会的两成。

而4月18日,国家统计局公布的3月份全国70个大中城市住宅销售价格变动情况显示,和2月份相比,3月份重庆新建商品住宅大、中、小户型价格无论同比还是环比均在涨,其中90平方米以下的价格涨幅最大,环比涨幅达到0.9%,较2月份提高了0.5个百分点,同比涨幅则达到6.4%,较2月份放缓了0.4个百分点;90—144平方米的同比上涨5.9%,环比上涨0.7%;144平方米以上的大户型价格同比上涨4.5%,环比小涨0.1%。

同样,上海市统计局25日公布的数据显示,一季度上海商品房销售面积同比下降23.5%,商品住宅下降24.6%。其中,140平方米以上住宅销售面积下降超过了30%。

价格方面,据《文汇报》报道,今年第一季度,上海商品住宅成交均价为每平方米22 237元,环比上季度的每平方米22 914元下跌3%,同比去年第一季度的每平方米19 826元则上涨12%。另外,《中国证券报》的文章称,上周(4月18日—24日)上海商品住宅成交均价首次突破3万元/平方米,环比大幅上涨58.4%。其中,豪宅市场交易火热,成交面积第一名的一个别墅楼盘成交均价突破10万元,成交面积第二名的楼盘成交均价也超过4万元。

近四成网友认为房产税可遏制房价过快上涨

房产税能否成为遏制房价飙升的"利器"也成为业内及购房者广泛热议的焦点。中新网房产频道的一项调查显示,仅有约37%的人认为,房产税可以抑制投资投机,稳定市场预期,遏制房价上涨。

与此同时,多数业内人士认为,仅靠单纯地征收房产税,并不能够有效地遏制房价。中国社科院财贸所所长高培勇表示,成本、利润和税金构成了住房价格,房产税改革只是对税金进行调整,不足以对房价造成巨大影响。

不过，重庆市市长黄奇帆曾对中新社记者表示，重庆不是为了杀高房价而出台房产税，重庆目前房地产价格并不是很高，在当前房产均价5 000多元一平方米的情况下平稳出台房产税，是为了使今后五年、十年重庆当地房地产市场更加健全。

房产税是否“扩围”未见明确日程表

4月20日，国务院召开常务会议指出，要尽快调整完善房地产相关税收政策。媒体分析称，从政策层面上释放出的信号显示，作为房地产宏观调控中的一条重要措施，房产税的试点将会继续走下去。

今年两会期间，住房和城乡建设部副部长齐骥表示，目前正密切跟踪上海市和重庆市这两个城市房产税试点的开展情况。下一步，住房和城乡建设部将配合财政部和税务总局，在试点的基础上去推进这项工作。

国家信息中心经济预测部在3月份发布报告建议，未来需要进一步增加房产税试点城市数量，建立健全等级划分、税率设定、征收程序、价格评估等一系列配套政策。

不过，房产税是否会扩大试点范围，尚不得而知。北京、深圳、杭州、昆明等城市也都先后表示，暂无征收房产税计划。

文本分析：众所周知，到目前为止，买房已经成为城市居民理财的一个极为重要的组成部分。以上是一条典型的信息速递型财经新闻，既包含了百姓关注的实施房产税这一重大政策所带来的实际效果，也包含了同样受百姓关注的除上海、重庆之外的地方是否实施房产税的未来可能性的预见。

再看下面一条：

参考报道2：《央行二次加息或促提前还贷　专家：算算是否划算》[①]

央行年内二次加息的“靴子”终于在昨晚落地。记者了解到，再次加息后，不少房贷族将累计接受两次加息的影响，一些市民开始考虑提前还贷。

25日晚央行网站公布再次加息的消息，自2010年12月26日起上调金融机构人民币存贷款基准利率。金融机构一年期存贷款基准利率分别上调0.25个百分点，其他各档次存贷款基准利率相应调整。这是央行今年第二次加息。

---

① 温海龙.央行二次加息或促提前还贷 专家：算算是否划算[N].福州日报，2010-12-26.

据银行人士估算,央行再次加息,对房地产市场影响最大的是 5 年期以上贷款利率,由现行的 6.14%上调到 6.4%。以贷款 100 万元为例(选择等额本息的还款方式,以下同),月还款额为 7 245.31 元;如果按照 6.4%计算,贷款 100 万元的月还款额为7 396.98元,每月增加还款额为 151.67 元。

如果首套房按 7 折利率计算,则加息前月还款额为6 217.97元,利率调整后为每月还款6 315.71元,多付利息 97 元。如果按 8.5 折利率计算,则加息前月还款额为6 721元,加息后为6 845.03元,增加 123.34 元。如果是 1.1 倍利率计算,则加息前,每月还款7 603.64元,加息后每月还款7 777.02元。计息后,每月多付利息 173.38 元。

据悉,榕城银行的贷款利率调整主要有三种方式,最常用的是"次年调整"方式。本年度内如遇利率调整,房贷族利率要到明年 1 月开始调整。业内人士表示,央行年内二次加息,不少房贷族将累计接受两次加息的影响。以贷款额 100 万、贷款 20 年计算,以 8.5 折利率为基准,两次累加加息影响,每月将多还 217.82 元,这必然使得一些贷款者开始考虑提前还贷。

近日,记者从榕城多家银行网点了解到,受央行加息预期的影响,一些房贷族开始前往银行提前还贷。业内人士称,再次加息后,或将现提前还贷潮。

对此,理财专家提醒市民,提前还房贷,要认真算清楚。对处于还款初期的借款人来说,如果也没有合适的投资渠道,可以考虑提前还贷。因为此类还款方式的还款利息支出通常集中在还款初期,所以借款人在还款前期提前还款是划算的;但对贷款年限所剩不多、采用等额本息法还贷的客户,提前还房贷意义不大。因为此类还款方式到最后几年所剩利息较少,每月所还金额主要是本金。在目前房贷趋紧的情况下,提前还房贷不见得划算。

文本分析:以上也是一条信息速递型的财经新闻,其主要目的在于在第一时间内告知受众加息这一重大货币政策的调整,向受众提供加息后如何处理房贷的建议。

该报道的成功之处在于信息的充分披露,既有加息后不同类别的贷款还贷增加额度的详细数据,也有三种贷款方式利率调整的变化,这一报道让已经贷款买房者以及打算贷款买房者心里有了清楚的账本。再加上报道中理财专家体贴入微的计算以及理性的分析,相信关注加息的受众会对自己是否贷款买房或者提前还贷有了相对理性的判断。

相较于信息速递型财经报道的新颖、快速、精确、权威及专业的要求来说,以上两条报道都达到了标准,对受众来说,受益无穷。

(二)信息提供必须全面

对于信息速递型的财经新闻来说,有关经济主体包括企业主或者市场中最微小的个体投资者的信息必须全面。只有全面而避免偏见的信息才可能是最接近真相的信息,也才可能是最客观的信息,据此,市场中的各类主体才能做利于自身经济利益的选择。

当然,就信息速递型财经新闻的权威及专业方面的要求而言,还要注重采写信源是否具备权威及专业方面的资质。

同时,当需要进行适度的未来预测信息的报道时,还要对预测内容提供尽可能详尽的分析与解释。不能忽视的是,不管是何种类别的预测,都要建立在尊重事实的基础之上。

再提供一个案例,请仔细体会信息速递型财经报道的写作特色:新颖、快速、精确、权威、专业及全面。

参考报道:《本周人民币对美元汇率走高》①

新华网北京11月6日专电(记者 安蓓)市场在近期震荡波动后,于本周做出了方向性选择。美国第二轮定量宽松货币政策的出台,令美元下跌走势确立,并推动人民币对美元汇率走高。

本周的五个交易日,中国外汇交易中心公布的人民币对美元汇率中间价四个交易日上涨,一个交易日下跌,上下波动315个基点。周一,人民币对美元汇率中间价在上周五的基础上小幅回升22个基点至6.6 886。随后于周二再度回落至6.6 925。周三,受共和党拿下美国众议院多数党消息刺激,人民币回升107个基点至6.6 818。随后,美国联邦储备委员会第二轮定量宽松货币政策公布,人民币对美元汇率再启一波升势,于周四、周五连续回升至6.661,为近两周以来的新高。

近期人民币走势与美元的关联较为密切。10月下旬以来,在定量宽松货币政策预期下前期大幅回落的美元有所反弹,人民币也呈现宽幅震荡走势,显现出较明显的双向波动特征。本周的消息则暂时使不太明朗的美元走势告一段落。

---

① 新华网,2010年11月6日。

当地时间2日,共和党在美国中期选举中取得大胜,拿下国会众议院多数党地位。随后,美联储3日宣布推出第二轮定量宽松货币政策,到2011年6月底以前购买6 000亿美元的美国长期国债,以进一步刺激美国经济复苏。这一规模超出市场普遍预期5 000亿美元资金量的20%。如此明显的政策倾向,使得市场迅速步入一边倒的局面。美元指数快速下跌,于周四跌破76整数关口,跌势基本确立。

中国银行分析员认为,市场从9月份就开始炒作美联储此次定量宽松货币政策,对美元下跌已有较充分的反映。虽然此次美联储资金投放高于预期,预计美元指数下跌空间有限。而且,现在政策已基本成定局,如果期间美国经济数据有上佳表现,美元反弹反而会更加明显。

周五,美国公布的就业数据远远好于预期,且为4月以来最大增幅,推动美元指数周五大涨至76.6左右。有市场交易员认为,受美国定量宽松货币政策出炉的影响,美元再现破位下行,但因此前调整幅度已大,不排除最近出现一波反弹,人民币受此影响短期还有震荡可能。但人民币长期升值的走势不会发生变化。接下来影响人民币走势的短期因素仍比较多,除了即将召开的G20峰会外,美国后续经济数据的发布,以及各国对美量化宽松政策的后续反应,可能都会影响美元表现,进而人民币也会有所波动。

对于新一轮量化宽松政策的影响,中国人民银行行长周小川周五表示,新一轮量化宽松政策对于美国国内而言可能是一种优化选择,但从其全球角色来说,则不一定是一个优化选择,也许会产生其他副作用。他同时指出,人民币汇率政策调整应该是渐进而非激进的,在汇率问题上不能寄希望于用单一升值来解决问题。

远期市场上,11月5日晚间,用以衡量海外市场对人民币升值预期的海外无本金交割市场美元兑人民币一年期价与即期汇价相比,显示出市场认为一年后人民币升值幅度高于2%,升值预期略有增强。

近期英国和欧元区经济数据较好,推动英镑和欧元走强。本周,人民币对英镑汇率中间价和人民币对欧元汇率中间价均呈现震荡小幅走低的走势。中国银行分析员指出,近期欧元已经处于高估位置,继续上涨将有可能损及欧洲经济复苏,欧洲的主权债务问题随时都有可能被提及,应关注欧元回调的风险。

第二节　深入调查型财经报道

一、美国调查性报道的发展历史

追本溯源，调查性报道起源于20世纪六七十年代的美国。之前的19世纪下半叶，美国新闻界发起了一场旷日持久的“扒粪运动”，即报道揭露实业界丑闻的运动。“扒粪运动”兴起的背景是控制美国经济命脉的经济巨头为了巩固垄断地位，对内根本无视员工的利益，对外以迫害公众利益作为赚钱的重要手段，引起了社会公众舆论的强烈不满和抨击。持续到20世纪的六七十年代，“扒粪运动”中的黑幕揭露报道变种为调查性报道。在调查性报道中，《华盛顿邮报》对“水门事件”的报道当属影响最大的了。调查性报道促成了美国人民公民意识的觉醒，也深植着新闻界舆论监督的观念，所以赢得了公众和新闻界的广泛认同，1985年，“普利策新闻奖”设立了调查性新闻奖。①

二、中国调查性财经报道的发展

在20世纪80年代的中后期，中国经济领域里的很多问题开始显现，引发民众的诸多意见，此种情况下，调查性报道开始传入中国新闻界，《经济日报》《中国青年报》等媒体率先起用这种报道形式来报道中国经济生活中的新现象、新问题。此间，《经济日报》刊登的“关广梅现象”引发了全社会关于租赁企业姓“资”还是姓“社”的大讨论；而《中国青年报》有关大兴安岭特大火灾的“三色”报道：《红色的警告》《黑色的咏叹》《绿色的悲哀》，则将引发自然灾害的矛头直指官僚主义、麻木不仁、不负责任、违反科学规律的瞎指挥。这之后，调查性报道以其特有的报道力量引发了全国诸多媒体的热捧，中央电视台、南方周末等媒体纷纷推出了调查类的节目版块或者版面。

20世纪90年代中后期，国内一批新兴的市场化的专业化财经媒体兴起，如《财经》杂志、《21世纪经济报道》，这为调查性财经报道直指经济领域的问题和弊端提供了平台，而2000年10月《财经》杂志刊登的题为《基金黑幕——关于基金行为的研究报告解析》②的报道，产生了一石击起千层浪的效果，将调查性的财经报道推上中国新

---

① 参见互动百科关于“扒粪运动”的词条。

② 报道的具体内容见本书P113－123。

闻报道历史的最高点:引爆资本市场暗箱,从而引发证券市场的大震荡,弱势的投资者人人称快,一场论战也由此拉开。调查性财经报道以前所未有的影响力开始干预中国经济发展的进程。请看以下相关资料:

"2000年10月,《财经》杂志发表《基金黑幕——关于基金行为的研究报告解析》一文后,公众表达了极大的关切和义愤,但揭开还是捂住黑幕的交锋还处于对峙之中,人们便期待着经济学家的声音。在这种情况下,我在10月29日接受了中央电视台《经济半小时》的采访,围绕《基金黑幕》发生的争执发表了自己的看法。

"12月30日,作为中央电视台《对话》节目的嘉宾,在回答主持人和观众的提问时,我又重复了历年对于股市的一些看法。这个节目于2001年1月13日播出。与此同时,2001年1月12日,我赴上海参加一个会议,在旅馆里接受了追踪而至的中央电视台《经济半小时》记者的采访,就记者提出的有关庄家操纵股市的问题作了回答。这一次访问的录像在1月14日播出。

"也就在这个时候,证券监察机构早于2000年年初开始的加强监管力度的举措逐步加紧。它先对基金派出了审查小组,又在2001年1月9日和10日宣布查处涉嫌操纵亿安科技和中科创业股价的案件。到了1月14日至15日中央金融工作会议开幕前,政府领导人关于必须对触犯刑律者绳之以法的讲话的消息也在首都传开。于是,'庄家'们望风而逃,而股价则从1月15日起大幅连跌4天。这时,'吴敬琏一言毁市'的流言也在股市上传开。一时间,引来了无数评论和诘难。

"接着,颇有影响的《证券市场周刊》把我的观点概括为三条:1.中国的股市是个大赌场;2.全民炒股不是正常的现象;3.市盈率过高,并针对这三个问题刊出了《九问吴敬琏》的提纲。

"2月11日,争论进一步升级,厉以宁、董辅礽、萧灼基、吴晓求、韩志国五位先生举行与记者的'恳谈会'。据会议的组织者说,'现在股市已经到了很危急的关头','如果这场论战的赢家最后是吴敬琏,那将是中国资本市场的一场灾难',所以他们必须约见记者,'全面反击吴敬琏关于资本市场的种种言论'。"(摘自吴敬琏《十年纷纭话股市》)

随着其他学者和经济学家不断加入争论,由此掀起了一场中国股市何去何从的大争论。由于沪深股市随后创出新高,吴敬琏的"股市赌场论"也曾一度被市场嗤之以鼻。但这场中国股市何去何从的大争论一直延续到那年的"两会"。

吴敬琏在这年的"两会"期间举办了一场"私人新闻发布会"。他打破沉默,对厉以宁、董辅礽、萧灼基、吴晓求和韩志国五位学者不久前联袂举行"经济学家和媒体恳谈会"对他的质疑作出反击，并且借用捷克诗人的名句表达了他被投资者误读的心境："人们啊，我是爱你们的，你们要警惕！"令所有不警惕的人都想不到的是，就在这场大争论后没多久，中国股市便进入了4年多漫长的熊市。[①]

如果说《基金黑幕——关于基金行为的研究报告解析》只揭开了中国资本市场黑幕的冰山一角的话，那么2001年8月《财经》杂志又发表的题为《银广夏陷阱》的调查性报道，更是无情地撕开了资本市场的惊天骗局，再次击起社会舆论的狂风巨浪。[②]

现在，深入调查型的财经报道已经被越来越多的财经媒体所看重，它既对揭露经济生活中的一些问题起到举足轻重的监督作用，也促进了社会肌体的健康发展。同时因为调查性报道所具有的独到吸引力，所以注重调查性报道的财经媒体也因此而赢得受众的眼球，从而获得丰厚的经济效益和良好的社会效益。

调查性报道在中国新闻实业界被引进并产生巨大社会反响之后，也开始引起学术界的关注，在20世纪80年代到90年代期间，国内就有不少学者就调查性报道进行了相当深入的研究，这种研究的盛况一直持续到今天。

三、调查性报道的内涵

何谓调查性报道？美国密苏里新闻学院的《新闻写作教程》对调查性报道的解释是"一种更为详尽，更带有分析性，更要花费时间的报道，因而有别于大多数日常性报道"，而美国学者大卫·安德森(David Anderson)和皮特·本杰明(Peter Benjamin)在1975年提出，调查性报道就是"报道那些被掩盖的信息……是一种对国家官员行为的调查，调查的对象包括腐化的政治家、政治组织、公司企业、慈善机构和外交机构以及经济领域中的欺骗活动"[③]。而中国著名新闻学者甘惜分教授主编的《新闻学大辞典》[④]认为"调查性报道是一种以较为系统、深入地揭露问题为主旨的报道形式"。从以上三个定义可以看出，调查性报道以深入调查、意在揭丑为主要特征，主旨是将隐蔽的罪恶或问题加以揭示并尽可能地暴露于公众面前，从而促进社会的清明与公正，实现社会的良性发展。

---

① 凌翔.吴敬琏成股市舆论场众矢之的 难道仅为良心代言[EB/OL].(2005-08-08)[2017-12-03].http://business.sohu.com/20050808/n240229318.shtml.

② 有关"银广夏陷阱"的报道文本请参见本书第1章第3节。

③ 钱宁，王晖.浅析具有中国特色的调查性报道[J].常州工学院院报(社科版).2009(4).

④ 甘惜分.新闻学大辞典[M].郑州：河南人民出版社，1993.

四、如何采写调查性财经报道

调查性报道自身独有的揭露真相的报道旨归,使得进行此类报道的记者的采访行为往往会影响到一些人或一个群体的利益,因此经常会遇到诸多的报道阻力,有时还会身处危境。请看中国著名调查记者王克勤的相关际遇:2000 年 11 月,时任《甘肃经济日报》社记者的王克勤[①]接到一系列股民投诉电话,开始调查兰州证券黑市。首先他以商人的身份频频出入兰州各大股市进行探访,了解相关情况……12 月下旬,王克勤第一次接到被涉及的华信公司的警告:“王记者,你注意一点,不要胡整。”紧接着,“要打断王克勤的腿,要剥了他的皮”的传言就来了。

从以上王克勤的遭遇我们可以看出,记者在进行调查性财经报道时必须注意以下几个方面的问题:

第一,多方面拓展新闻源,保持对财经信息变化的敏锐度。[②]

第二,记者要做好自我保护并培植坚韧的职业精神。

第三,提供材料的信源(西方媒体称为“深喉”)要确凿,并在报道中及报道后保护好信源。

第四,采访中要注重关键证据的获取与留存。对于暗访中得到的材料,尽可能有摄像备份。

第五,写作中要注意精确、客观,秉持公正立场,以证据取胜,善于对公开材料进行分析和梳理,切忌乱发议论。

第六,要有深刻的专业知识背景,同时跟财经研究者建立联系和合作。

总之,调查性报道要求记者既要维持通过深入调查而产生的报道本身的吸引力,还要注重采写时职业伦理的约束和写作的高度精确。

当然,调查性报道的开展和面世并不是仅仅依靠调查记者个人的努力,还必须有适合的土壤和气候,有研究者提出调查性报道得以生存和延续的五个要素:“第一,拥有成熟、有实力的调查记者。第二,编辑部给予足够长的调查、打磨时间。第三,经验丰富、严谨不失胆色的编辑、把关人。第四,抗压能力强大的编辑部,一个强硬的平台。第五,一个心怀职业情怀的灵魂报人。五个要素缺一不可。当然,有强大的主管单位

---

① 《北京出租车调查报道》即是王克勤先生的得力之作。现在王克勤已经离开记者岗位,从事公益组织“大爱清尘”的工作。

② 参考阅读:王佳的《幕后揭秘:“裸条借贷”调查是如何生成热点的?》,刊于《南方传媒研究》2016 年第 61 期。

作为支撑，则更加锦上添花。”①确实，没有合适的生态和环境支持，再好的调查者也都只能是昙花一现。实际情况是，近年来，中国媒体市场中调查报道记者正迅速流失，现状令人担忧。②

以下提供一篇典范的调查性报道，希望能在理解调查性报道的题材选择、采写特征等方面的获得一些启发：

参考报道：《基金黑幕——关于基金行为的研究报告解析》③

编者按：此报告由两部分组成，一是作者在 1999 年 12 月完成的《基金研究分析》，以 20 家证券投资基金在沪市的买卖行为为研究对象，样本研究区间主要为 8 月 9 日到 11 月 9 日，扩展期为 8 月 9 日到 12 月 3 日。二是作者在第一次研究基础上的扩展性研究，为《基金风格及其评价》。第二次与第一次采用同样的研究方法，通过继续跟踪 22 家（样本期间增加汉兴和景福两只新基金）在沪市上大宗交易（成交量在 1 万股以上，含 1 万股）的股票汇总记录，分析证券投资基金在市场上的操作行为。由于该报告的研究区间从 1999 年 8 月 9 日扩展到 2000 年 4 月 28 日，样本涵盖期为 9 个月，被认为可以基本反映基金的操作风格。所以，笔者的评论分析依据主要以第二个报告为主。

1.“基金稳定市场”——一个未被证明的假设

中国的证券投资基金业的发展，还只有两年多的时间。该报告研究区间集中于 1999 年 8 月至 2000 年 4 月底。此间，我国有 10 家基金管理公司管理着 22 家规模较大的证券投资基金。作为报告的研究对象，这 10 家基金管理公司分别为博时公司、华安公司、嘉实公司、南方公司、华夏公司、长盛公司、鹏华公司、国泰公司、大成公司和富国公司；10 家公司管理的基金分别为裕阳、裕隆、裕元（博时），安顺、安信（华安），泰和（嘉实），开元、天元（南方），兴和、兴华（华夏），同益、同盛（长盛），普惠、普丰（鹏华），金泰、金鑫（国泰），景宏、景福、景阳、景博（大成）和汉盛、汉兴（富国）。基金规模主要为 30 亿元、20 亿元、15 亿元和 10 亿元四种。

---

① 李晓晔.一个财经调查记者的职业忠告：选择好平台，不要精英化[EB/OL].(2013-10-18)[2017-12-03]. http://www.tmtpost.com/71605.html.

② 源于 2017 年 11 月底的《中国新闻业年度观察报告 2017》显示，当前调查记者的职业忠诚度普遍较低且呈现出高度的不确定性，高达 36.8%的调查记者不确定未来还会从事多久的调查报道，有 43.6%的调查记者明确表示 5 年内不再从事调查报道。保持调查记者的从业规模并为调查记者提供充分的报道空间，重塑调查记者的职业认同感、不断地提升调查记者的工作满意度和忠诚度，是中国调查报道行业可持续发展的关键因素。

③ 平湖.李箐.基金黑幕——关于基金行为的研究报告解析[J].财经，2000(10).

报告的作者指出,“发展证券投资基金,究竟为谁服务的问题,可能目前还不十分明确”。

这涉及基金的定位问题。新基金的各种说明书都说得明明白白,“基金是一种代客投资理财的工具”;媒体上普遍出现的论点是,“基金要为稳定市场服务,是中国市场理性机构投资者的生力军”。

最初的逻辑是相当简单的,即认为随着市场扩容,资金的供给方出现了问题,而老百姓或一些保险公司虽然手上有钱,却因不会投资或没有时间而不敢或不能入市,因此应当把钱交给专家管理操作,这样供需就会平衡了,也就稳定了市场。

这种看法在一开始当然是符合实际的。两次研究都证实,证券投资基金刚入市时基本上有稳定市场的功效。

但是,当证券投资基金随着上市“老化”之后,其作用又如何?

报告将1999年8月9日到2000年4月28日的172个交易日具体划分为三个阶段,即1999年8月9日到1999年9月9日的盘整期,1999年9月10日到1999年12月27日的下跌期,以及1999年12月28日到2000年4月28日的上升期。

“在盘整期,除了新入市的基金天元以外,15只基金中基金泰和和普丰没有交易,其余12只参与交易的基金4只净买入,8只净卖出,基金总体表现为净卖出,净卖出金额31 018万元;在下跌期,除了新入市的4只基金外,16只参与交易的基金4只净买入,12只净卖出,基金总体表现为净买入,净买入金额为11 262万元;在上升期,除了新入市的2只基金外,20只参与交易的基金5只净买入,15只净卖出,基金总体表现为净卖出,净卖出金额为42.1 680亿元。而从整个样本期来看,除了新入市的基金汉兴和基金景福外,20只基金中,7只为净买入,13只为净卖出,基金总体表现为净卖出,净卖出金额为44.1 436亿元。”

接着,报告作了进一步分析。

作者指出,从基金总体减仓的情况看,无论在盘整期还是上升和下降期,“都有近三分之二的基金始终处于减仓阶段”。在三个阶段中均为净卖出的基金有9只,均是1999年上半年以前发行的基金,其减仓的主要原因可能在于:一是受到年终基金分红的现金压力;二是这些上年上市的基金仓位一直较重,尤其是一些基金的重仓股流动性较差,在年初的行情中借科技股走强大量减持重仓股票;三是部分基金对后市看法比较谨慎,特别是在沪市创历史新高后大量减持股票,例如基金兴和4月12日在沪市抛出股票市值3.77亿元,创下单日基金卖出股票金额最高纪录。三个阶段总体为净买入的基金有9只,除了基金普惠以外,均为新上市的基金。此外,在沪市的上升阶段,净买入的基金除了新上市的基金天元、汉兴、景福、景阳、景博、同盛和1998年上市的基金普惠等7只,其余15只基金均为净卖出,15只基金的净卖出金额超过65亿元。

作者的结论是:“这表明了基金对后市的看法并不乐观。”

在分析基金交易的进度时,作者又指出,在22只基金中,除了新上市的基金景福和基金汉兴,样本总区间为净卖出的裕阳、裕隆、景宏、汉盛、泰和、同益、普丰、金泰、安信、安顺、兴和、兴华和开元13只基金中,主要减仓都发生在样本期间的第三阶段,即1 348点到1 832点之间。其中第三阶段减仓幅度最低的基金兴华也有46%。这同样表明基金对后市的不乐观看法。

作者介绍说,在样本总区间为净买入的7只基金中,新上市的基金裕元、景博、景阳、金鑫和天元的建仓主要完成在第二阶段下跌期,对基金的业绩较为有利;基金同盛第二阶段完成了41%的建仓,相对并不十分有利;基金普惠在第三阶段增仓占整个样本期间净买入的99%,这在1998年期间上市的诸基金中尤为独特。

以上还只是“宏观”面上的统计。接下来,作者又对“中观”作了一番实证研究。他的方法,是研究上证指数涨跌幅较大的交易日(报告称之为“事件日”)基金交易行为可能会对大盘产生的影响(参见附表“事件日的基金买卖行为”)。由于研究期间包括上升和下跌两个阶段,作者确定上升期的涨跌幅在40点以上为事件日,下跌和盘整期的涨跌幅在30点以上为事件日。

经过研究,作者发现在盘整期和下跌期的事件日中,基金均为净卖出,尤其是涨跌幅103点的9月9日和涨幅54点的10月27日,参与交易基金的净卖出金额最高,分别为17 176万元和17 448万元;而在上扬55.8点的8月19日,参与卖出的基金在总数及交易额上都相对较少。他认为,这说明“9月9日以前是盘整期,大多数基金对大势的走势判断还不明朗,而在9月9日以后,大多数基金对大势判断趋于一致,认为在政策底部探明之前,大势基本不会好转”。

作者通过研究还发现,在12月27日之后的上升期,参与交易的基金家数明显增多,而且呈现出两个特点:一是新的基金入市对前4个事件日整体基金对大势的稳定作用至关重要。二是在扣除新的基金入市的影响后,上升期的15个事件日中,除了2000年3月17日和3月27日的上涨日,基金整体均为净卖出。这说明在大盘上升期,尤其在涨跌幅超过40点的事件日中,基金总体为净卖出,即一直处于减仓中;其中在1月12日净减仓净额超过10亿元,占当日沪市股票交易额的6.6%,对当日沪市下跌起着一定的推动作用。

很显然,定量分析的事实使我们看到,至少在1999年8月至2000年4月底的“样本期间”,基金稳定市场的作用并不显著。相反,就总体而言,基金在大盘处于下跌期中,一般借高位反弹减仓;而上升期中,则一直处于显著的减仓过程中。

2.“对倒”——制造虚假的成交量

或许,更长期的观察可以说明基金仍有稳定市场的作用。然而,从报告中进一步披露的证券投资基金减仓手法中,我们仍难以得出肯定性的结论。

众所周知,要将一种商品卖出去,必须有人来买。如果买家和卖家的需求和供给差不多,价格和交易行为都会十分稳定。可惜的是,市场经常会产生供不应求或求不应供的现象。当求不应供的时候,商家只能靠降价来吸引顾客,甚至不得不“大甩卖”。股票也是一种商品,被迫低价抛售股票亦即“割肉”。但是,由于“买涨不卖跌”的顾客心理,“割肉”也未必有人买,做鬼的办法就是自己做托。在证券市场上,这种做法被称为“对倒”,系严重违法行为。

“对倒”,自己买卖自己的股票,目的是制造虚假的成交量。过去股市中有一句格言:“只有成交量不会骗人。”因为价格比较容易操纵,如某只股票的开盘价、最高价、最低价和收盘价都较易由人来操控,但要操控成交量则较为困难。所以市场中的人经常说“缩量”或“无量”上升下跌,意即成交量没有配合,会令人缺乏兴趣。而一旦价格变动与成交量同步,则会引起投资者,当然也包括投机者的注意,被认为某只股票的基本面发生了变化,而且流动性好,适宜参与。

现在的情形已经有了变化。因为自买自卖式的“对倒”发展起来,而一旦在对倒操纵下的虚假繁荣出现,其他投资人在盘面上很难识别。这是机构利用大额资金和持股量优势所采取的恶劣行为,在任何股市中都会被指为操纵市场甚至欺诈。这在我国的《证券法》中也有明确的界定和判断。

此外,按照1999年12月25日第九届全国人民代表大会常务委员会第十三次会议通过的《中华人民共和国刑法》(修正案)第一百八十二条的规定,这些行为属于操纵证券交易价格,获取不正当利益或者转嫁风险,应该处五年以下有期徒刑或者拘役,并处或者单处违法所得一倍以上五倍以下罚金。

令人遗憾的是,从这份报告的分析看来,大部分基金都发生了“对倒”行为。

在第一次研究中,作者就发现,从1999年8月9日到12月3日的80个交易日中,同一家基金管理公司管理多家基金进行同一只股票的同时增仓、减仓或有增有减所涉及的股票有76只,自身对倒的7只,基金间双向倒仓的11只。此外,经对参与交易的基金管理公司分析,博时基金管理公司和国泰基金管理公司存在较多的双向倒仓行为。这主要在于这两家公司在研究期间均有一只新的基金入市,可以通过"旧减新接"的方法减轻原有基金的仓位压力。而且因为博时管理的基金裕元规模较小,对倒主要集中在基金裕隆和裕阳之间,规模一般在十几万股到几十万股之间;国泰管理的金鑫规模较大,与金泰的对倒规模可高达日300多万股,这主要体现在北京城建和爱建股份两只股票中。作者还指出,博时和大成管理的基金存在着较多的自身对倒行为,主要集中在这些基金的重仓品种中。

第二次研究从1999年12月3日扩展至2000年4月28日,其间基金共同减仓、增仓或有增有减涉及的股票140只。作者的分析表明:(1)2家以上(含2家)基金管理公司共同增仓或减仓的股票57只,其中基金参与配售的新股17只,除了2只新股,参与交易的基金均是在配售上市日抛出股票;基金重仓的科技股11只,重组概念股6只,其余主要是国企大盘股。(2)除了基金泰和,其余基金在17只新股配售上市当日均有减仓行为。(3)博时基金管理公司、南方基金管理公司、国泰基金管理公司管理的多家基金存在着较多的自身对倒行为,且品种主要集中在重仓股票中;嘉实基金管理公司没有对倒行为;其他6家基金管理公司均有自身对倒行为(参见附表"基金共同增减仓及对倒情况")。(4)在本次研究期间,没有双向倒仓行为。

作者还将两次研究的结果进行了综合分析,发现:(1)从新股配售来看,除了基金泰和,其余基金一般在配售上市的首日或次日抛出配售新股;(2)除嘉实基金管理公司,其他基金管理公司都存在着一定的自身对倒行为;其中,博时、南方和国泰的自身对倒较为严重,对倒品种仍然集中在重仓股票中,例如博时的国脉通信、清华同方,南方的南京高科、东方通信,国泰的第一百货、爱建股份等,这对基金维持或提高净值有着重要作用;(3)同一家基金管理公司管理的多家基金存在明显的共同减仓或建仓行为,其中博时、南方和长盛基金管理公司涉及的股票家数较多,共同建仓的基金对提高基金持股集中度、维持或提高重仓股票股价、提高或稳定基金净值有重要作用;(4)第二次研究没有发现双向倒仓行为,主要体现在新入市的汉兴和景福基金上,原因可能在于前次研究期间在大盘下跌期,仓位较重的老的基金压力较大;此次研究期间在大盘上升期,仓位较重的基金压力不大。

3.“倒仓”——更能迷惑人的操纵行为

上述引用的报告中还有“倒仓”的概念,即甲、乙双方通过事先约定的价格、数量和时间,在市场上进行交易的行为。

由于这里所涉及的甲方、乙方是同一家管理公司的两只基金,也有自买自卖的意思,也称双向对倒。

事实上,倒仓在市场中时有发生。我们还可以宽泛地描述这样的现象,即使双方在价格、数量和时间上没有事先约定,由于对某只股票的价格空间有分歧,也可以出现甲方将手中持有的大量股票抛售给乙方的现象。

但是,这样“倒仓”对甲方而言经常是求之不得的事。因为坐庄的人都知道,从收集筹码(股票)到将股价拉抬至高位,仅仅是完成任务的一半;最困难的事是如何将筹码抛给别人,最终变现。所以,市场上流传着许多故事:庄家糊里糊涂地吃进许多股票,却怎么也走不了,最后坐庄做成了大股东,进了董事会。

所以,一家基金公司管理的两家基金相互倒仓,无疑解决了先上市的基金的流动问题,又不影响甚至可以提高净值,真是“得来全不费功夫”。我们需要观察的是,及至开放式基金出现,是不是会再将封闭式基金的大量股票倒给后者?

倒仓比对倒在市场上更容易让普遍投资者看不懂。既然要倒仓,股票交易一定放量,但股价的波动却不一定很大,投资者稍有动摇,也被倒出去了(因为倒仓的价位一般较高,大家疑为庄家出货)。

在第一次研究中,作者如是描述“倒仓”的交易特征:

“从股价的波动性分析,大规模百万股以上的倒仓中,虽然倒仓量占了当日交易量的较大比重,但股票价格的波动并不明显,均在2%以内。在自身对导(即对倒,为报告作者笔误,下不赘述。编者注)中,除少数交易清淡日外,大多交易日的对导净额占当日成交量的比重较小,对价格不产生显著影响。”

第一份研究中还描述了两家或两家以上同“字号”的基金如何“增仓”和“减仓”:

“在增仓的行为中,主要有两种方式:一是以一家基金为主,其他基金进行辅助建仓,在大成和博时管理的基金中较为多见;一是两家基金建仓总量差异不大,有的只是小规模买入,有的共同持仓筹码较高。而在交易行为中,一种是一家基金进行个股的经常性买卖,一家基金进行时机性买卖,如防止深幅下跌或波动性过大的时机性买卖,在博时的基金中相对较多;一种是一家基金先大规模买入,完成建仓后,多家基金再间断性小规模买入,在大成管理的基金中相对较多。在共同减仓的行为中,主要是多家同时较大规模的减仓较为多见。”

4.“独立性”——一个摇摇欲坠的幻觉

从对倒到倒仓,乍一看都是为了基金投资人的利益。不过,当倒仓行为频繁出现时,人们不可能不会想到,这种倒仓不仅可以发生在同一公司的两只基金之间,也可在更大范围实现利益目的。这就牵涉到了基金的定位。

作者在论述基金的定位时,认为“如果基金发展为股东或发起人服务,那么基金的独立性就很成问题。非理性操作例如高位‘接仓’等就会损害投资者的利益”。

这里已经在对基金的机制发问。当年第一批基金成立时,市场上就曾质疑其是否会应和股东或发起人而出现倒仓行为,现在作者提出了同样的疑问。

他还指出,保持基金的独立性是衡量其维护投资者利益的重要标准。由于我国的证券投资基金多是由证券公司发起,其独立性相对较差,不同程度地存在着与其发起人共同建仓的行为。其中,南方管理公司的基金天元和开元的独立性较差,在南京高科、飞乐股份、江苏工艺等重仓股上,与其发起人南方证券存在着共同建仓行为;博时基金管理公司管理的基金独立性也较差,与第一食品等存在着共同建仓行为;国泰管理公司、长盛管理公司、华夏管理公司、大成管理公司的独立性相对较差;华安管理公司、嘉实管理公司、鹏华管理公司的独立性较好;富国管理公司的汉兴和汉盛在泰山旅游上存在着高位买入股票,其独立性也较差。

虽然在研究期间并未发现基金与股东或发起人相互倒仓的直接事例,但从两者共同建仓的合作关系看,从基金双向倒仓时的肆无忌惮看,人们很难相信在机制上并未独立运作的基金与其股东和发起人之间没有更严重的违法联手坐庄行为。特别是我国证券投资基金几乎都是以证券公司为母体,基金与发起人关系过分密切,公司决策人员主要来自大券商高层,交易经理大多来自券商自营盘的操作人员。

有人形象地将基金管理公司比喻成大券商的“资产管理二部”,事实上这是并不过分的。

对基金持有人造成损害的,可能是关联交易和内部人交易;但由于基金经理的权利和责任不对称,倒仓还可能以更恶劣的方式发生。

《财经》记者在采访中获悉,证券投资基金在一只股票股价高位接盘的情形在市场上并不鲜见。一个场景在市场口口相传:在热气腾腾的桑拿浴房中,谈判的双方“坦诚相见”,没有录音或者泄密的可能,希望基金接盘的机构开出价码,“每接我一股,我给你个人一块钱”。

据说,基金高位接盘的市场行情是:每股一元起,甚至有每股十元的情形。全部现金支付给个人,不用任何单据与签字。不少拥有巨额资金使用权的基金经理都有机会接到这类约会的电话和来访。

从理论上讲,"投资基金三角"——持有人、管理人、托管人之间是靠基金契约来调整各自的权利义务关系的。持有人持有基金资产,管理人管理和运用基金资产,托管人托管基金资产,他们的背后分别体现着所有权、经营权和保管监督权。

但是,由于基金持有人高度分散,有的基金达五六十万人,召开持有人大会的成本及难度均很大,重要事项审议所需要的50%以上表决权很难凑齐,因此持有人对基金管理公司实际上较少监督与制约;而国有商业银行作为托管人,基本上是"无为而治"的态度,地位超脱,监督不多。

由于制度方面的因素,基金运作的内部监控和外部监控都远远达不到应有的力度。其实倒仓早已在众多投资者的意料之中;见怪不怪,这才是证券投资基金真正的悲哀。

5."净值游戏"——不仅仅是表面的欺瞒

从上述分析中我们还可以看到,基金为了互相攀比,采取对倒、倒仓等手段将股价做高,提高自己管理的基金净值。这是否能够得出结论,为净值而对倒的仅仅是在"表面"上欺瞒投资者呢?问题不那么简单。

第一,目前基金都是封闭式基金,以对倒来提高净值,似乎只能说是"徒慕虚荣"。但今后一旦管理开放式基金,由于其规模随业绩的好坏而增减,如果继续以此手法提高业绩,就与上市公司做假账虚增业绩、吸引投资者如出一辙。

第二,表面上提高净值,最后的客观结果还是为了方便出货。很多人有一个误解,以为股价在高位下跌且无量,就把庄家也给套住了。其实,在很多情况下并非如此。因为如果庄家在上升的阶段反复洗盘,亦即经常高抛低吸,做阶段性的盈利,而且时间足够长,到了最后,它的成本已经极低。此时,即使股价暴跌,它仍有一倍甚至几倍的利润。

这样,若股价跌了1/3,很多投资者以为可以抢反弹了,庄家就可以把股票卖给他们;若股价又跌了1/2,更多的人以为见底了,又进去了,庄家再把股票卖给他们。最后,庄家仍大有斩获。

其实,这种利用"高价幻觉"的手法至少在1929年前的美国股市中就已经出现,并被当时的投机者记录下来。

由于除了嘉实基金管理公司，其余9家基金管理公司都管理着2家以上的基金，市场人士通过各种迹象早就在推测，同样"字头"的基金极有可能发生倒仓行为，只是没有确切证据，更不知道数量有多少。此次专题研究披露了有价值的信息，证实了识者的估计。

另外，市场上对基金获得的种种配售优惠的非议也并非没有道理。报告中指出，基金大多是在配售股上市日即抛出。这么简单的一级、二级市场套利行为，并不需要理财专家的慧眼。

将对倒直接用于提高净值是基金特有的做法。过去的庄家或机构由于没必要公布自己的经营业绩，所以一般不会这样做。然而，由于股票质押贷款的合法出现，机构质押的股票市值与质押的款项的数量成正比。如不严加监控，庄家机构极有可能出现类似基金为净值而进行的对倒行为。

6."投资组合公告"——信息误导愈演愈烈

《证券投资基金管理暂行办法》实施准则第五条证券投资基金信息披露指引中规定，基金管理人应当在每个基金会计年度结束后90日内编制完成年度报告；于每个会计年度的前6个月结束后60日内编制完成中期报告；投资组合公告每季度公布一次，应在公告截止日后15个工作日内公告。

在这90、60、15日的工作期内，没有法规限制投资基金的仓位不准变化，也没有法规要求这种变化应该进行公告。于是，在投资基金进行公告的日子里，投资者看到的证券投资基金公告中持有股票的信息并不是"现在时"或者"现在进行时"，很可能已经变成了"过去时"。

但和许多猜想一样，"事出有因，查无实据"，我们难以知道基金在"现在时"变为"过去时"的日子里，特别是季度投资组合公布的15天时间差中，究竟干了些什么。

根据目前读到的基金行为研究报告，我们可以获知基金在公告前的15天中作为多多，其持仓情况已有很大改变。这种"失真率"有日益扩大的趋势，而且极易在市场上造成信息误导。

作者在第一次研究中以1999年9月30日基金在沪市的重仓股为例，发现在公告基准日到公告日期间，76家基金重仓股中，存在着明显减仓或增仓(同公告日重仓金额相比在5%以上的)的股票18家，占全部样本的24%。因此可以说，基金公告日存在着20%左右的信息误导效应。

在第二次研究中,作者增加了对1999年12月31日和2000年3月31日两次基金投资组合中重仓股的信息披露研究,而整体期间包括了大盘的上升和下跌期间,因此更具有说服力。

研究显示,基金在公告基准日到公告日显著增减仓样本占沪市重仓样本的比例,按照时间先后顺序依次为15%、34%和32%;而基金在公告基准日到公告日后11个交易日内显著减仓样本占沪市重仓样本的比例,按照时间先后顺序依次为24%、56%和34%。

研究把公告基准日到公告日之间的信息误导定义为狭义的信息误导,把公告基准日到公告日后11个交易日内的信息误导定义为广义的信息误导,发现狭义基金信息误导有加重的趋势。1999年9月30日有15%的样本在公告日前已经发生显著增减仓行为,而在随后的两次公告中,显著增减仓的样本比例上升到30%以上;从时间序列看,基金利用公布投资组合的时机增减仓,越来越侧重在公告日前增仓或减仓,例如在1999年12月31日和2000年3月31日连续公告投资组合的基金重仓样本中,在公告前发生减仓或增仓的样本与公告日后11个交易日内减仓或增仓的样本之比,前者为38:54,后者为52:16。

进而观察基金管理公司,研究又告诉人们,在三次公布投资组合的基金中,嘉实基金管理的基金泰和信息披露没有误导性,国泰管理的基金金泰和金鑫、南方管理的基金开元、华夏管理的基金兴华和兴和、博时管理的基金裕隆和裕阳、富国管理的基金汉盛信息披露的误导性最强;鹏华管理的普惠和普丰、长盛管理的同益、大成管理的景宏、华安管理的安顺和安信信息披露的误导性相对较弱。

有人也许会认为,这是基金在合理利用"规则"。我们认为,至少有必要让投资者了解基金在如何利用"规则"。以后投资者们要各自小心,千万别轻信"基金是理财专家,所以它们的长期投资或看好的股票是值得理性投资的"的论调了。

无论如何,报告作者有关将15个工作日改为5个工作日的建议,是值得中国证监会的有关部门采纳的。

就信息披露一项而言,在该报告作者进行研究之后,市场的监管制度又有所更新。今年5月,中国证监会发布《证券投资基金信息披露指引》补充通知。该通知规定,基金中报、年报需列示按市值占基金资产净值比例大小排序的所有股票明细,至少应当包括股票名称、数量、市值、占基金资产净值之比;基金需列示报告期内新增及剔除的所有股票明细,至少应当包括股票名称、数量。

然而，政策刚刚下发，对策已经产生。厦门联合信托投资公司的胡立峰对此颇有研究，这又证实了基金行为研究报告的作者所揭示的相关问题具有某种根本性。

胡立峰仔细研究了26家证券投资基金按新规定所公布的2000年中报后发现，证券投资基金信息披露上最大的问题，在于“报告期内新增及剔除的所有股票明细”。

在各只基金的中报中，对此项的界定与解释是(有的基金未解释)：本期新增股票包括股票期初为零、期末有余额的股票，买入卖出数量为报告期内累计买入卖出总量；本期剔除的股票为期初有余额、期末为零的股票或期初和期末都为零，但本报告期内有买卖的股票；买入卖出数量为报告期内累计买入卖出数量。显然，各基金的“新增与剔除股票”与持有人及市场想要的基金股票增减变动信息有很大区别。

胡立峰举出了非常方便的操作手法：如果一只基金期初持有A股票1 000万股，报告期期末余额1万股，但在这次中报中却不必披露累计买入卖出数量。因为这只股票不属于新增或者剔除的股票。“如果所有的基金都很‘聪明’，虽然大规模甚至完全出货，但只要期末象征性持有100股，就可以‘逃避’信息披露，尤其是关键性的重仓股可以‘逃避’披露。”

一个简单的例子可以说明这一点。据胡立峰介绍，基金裕阳就没有披露风华高科、乐凯胶片、清华同方、电广传媒、东方钽业、东大阿派在报告期内的累计成交量。因为这6只个股期初、期末均有余额，于是就可以不必披露了。而报告期间，风华高科有增发新股、乐凯胶片10转增5、清华同方10转增4、东大阿派10转增3，裕阳持股均有重大变动。这6只重仓股的市值高达12亿元之多，期间可能创造了巨大的滚动成交量。

按新《刑法》第一百八十一条规定：“编造并且传播影响证券、期货交易的虚假信息，扰乱证券、期货交易市场，造成严重后果的，处五年以下有期徒刑或者拘役，并处或者单处一万元以上十万元以下罚金。”

虽然上述种种信息误导行为没有直接构成犯法，但至少涉嫌“传播影响证券交易的虚假信息”。然而，证券市场中人在这方面很少感受到法制的威严，所以，政策总有对策，道高一尺，魔高一丈。

第三节 立体解释型财经报道

一、立体解释型财经报道的内涵

解释性报道又称解释性新闻、分析性报道，是运用背景材料来分析一个新闻事件发生的原因、意义、影响，或预示事件发展趋势的一种新闻报道。解释性报道侧重于说明新闻事实的来龙去脉，阐述事实发生的原因、结果以及相关事物之间的联系。[①] 因为此类报道将事件本身所联系的过去、现在、未来的诸多事实加以有机联结、融合，进而立体地展示事件的本质、意义和影响等，因此本书将其命名为立体解释型新闻报道。1947年，美国报刊自由委员会正式提出“社会责任论”。报刊自由委员会在其报告《一个自由而负责的报刊》中要求报刊要对全社会负责，对报刊提出五项具体的要求，其中第五条要求是：新闻要做出合乎情理的解释，即把每一项重大事件放在特定的社会背景、各种事物的联系中去分析其产生的原因、社会影响和后果。该内容可以对解释性报道的内涵作出学理的阐释。

二、立体解释型财经报道的发展历史

解释性报道真正产生于1929年美国的经济危机时期，它的出现与这场经济危机给美国民众带来的切身利益的巨大冲击和对未来的希望的破灭有着密切关系。享受惯了物质财富带来的快乐，突如其来的经济危机瞬间夺去了美国人的所有以及对未来的希望，美国民众在不知所措中急于寻找答案：为什么会这样以及未来会怎样。经济危机所带来的生存困境以及在困境中民众产生的普遍社会心理使得解释性报道有了产生的最好的沃土。

从写作技术变迁史的角度上讲，解释性报道是“第三次革命”，它是继新闻脱离文学而独立、倒金字塔结构的运用之后的“第三次革命”。[②] 因为解释性报道注重挖掘和运用背景材料，并且以解释新闻事实的原因、影响、发展趋向以及深层意义等内容作为主要目的和主要任务，所以它已经成为帮助受众认识和适应复杂世界的有力工具。这种重在提供“为什么”和“会怎样”的报道形式也得到了受众的追捧，据考察，在美国报界诸如《纽约时报》《华盛顿邮报》《洛杉矶时报》等知名的报纸中，解释性报道占了

---

①② 参见百度百科关于“解释性报道”的词条解释。

70%以上的版面空间。

因为解释性报道具有极强的阐释力，所以在 20 世纪 80 年代，中国新闻界把它引进来，现在解释性报道已经成为众多中国新闻记者在进行新闻报道时所使用的“武器”了。今天，中国经济领域中出现了诸多新问题，这些问题导致的社会紧张等现实情况使得解释性报道有了更广泛的受众支持，也带来了更好的发展机会。

三、如何采写立体解释型财经报道

如何进行解释性报道？要重视以下几个方面的问题：

1.重在“为什么”和“会怎样”是此类报道必须把握的关键

先看“为什么”，以下面一条报道为例。

参考报道：《中国成品油涨价的背后》①

随着油价本周在每桶 120 美元上方站稳脚跟，中国政府周四作出回应，今年第二次上调成品油价格。

不过，比提价更具重大意义的，是政府在调价幅度上的克制。面对通胀威胁，北京方面迄今一直把成品油价保持在远低于作为参照的国际原油篮子的水平。全国各地加油站的成品油价上调约 5%。

根据交银国际(Bocom International)石油分析师贺炜的计算，这意味着把一卡车蔬菜从中国南方运抵北京的成本增加了 326 元人民币(合 50 美元)；普通北京出租车司机每天需要多花 13 元人民币(合 2 美元)的油钱。自 2 月 20 日北京方面上一次提高成品油价以来，布伦特原油价格已上涨 18%。中国用于确定国内燃油价格的国际篮子上涨了大约 14%。的确，自 2009 年推出这一定价机制以来，中国成品油价的涨幅一直小于原油价格篮子，影响了炼油商的利润。

2008 年油价飙升期间，中石化(Sinopec)等炼油商得到了上百亿美元的补贴。

对负责设定成品油价的中国国家发改委(NDRC)来说，通胀是一个关键考虑因素。“国内通胀压力依然较大，”发改委日前在一份声明中表示，显示出其不愿上调价格。

① 何丽.中国成品油涨价的背后[EB/OL].(2011-04-08)[2017-12-03].http://www.ftchinese.com/story/00/037957? archive.

但是,发改委称,中东和北非局势,以及抑制石油需求过快增长的意图,引发了周四的提价。

本周北京方面发布的又一批数据,进一步说明了发改委面对的两难局面:3月下旬全国50个城市的平均食品价格比3月中旬略微上涨,比去年同期则高出11%。

虽然有些季节性蔬菜(如黄瓜)价格在3月底有所回落,但其他许多主要食品(如卷心菜和香蕉)变得更贵了。

北京东方艾格农业咨询公司(Beijing Orient Agribusiness)谷物分析师马文峰在一篇研究简报中写道:"食品价格的相对快速上涨,将增加城市居民所受的压力,尤其是中低收入家庭,他们的收入可能提高得更慢。"

但是,对于汽油提价是否会对需求产生很大影响,分析师们看法不一。"提价将轻微压低石油需求,"阿格斯(Argus)常驻北京的分析师麦文照(Nick Mai)表示,"发改委加快了调整成品油价格的速度。我认为中国的最高经济规划机构正为改变目前的定价机制铺平道路。"

不过,其他人提出,中国车主们对燃油价格不那么敏感。从北京街上的汽车数量来判断,车主们看上去还不准备刹车。

文本分析:中国成品油价格上涨已经成为民众诟病之事,通胀以及油价的持续攀升正严重地影响着百姓的生活质量以及对未来的信心。如何对在严重通胀的大背景下一次次上调的油价作出解释,是媒体必须面对的现实之惑,基于此,深入而全面地对油价上涨的原因加以阐释是记者做此条报道时应有的视角。

从文章中可以看出,记者列举的原因主要有以下两个方面:一是"油价本周在每桶120美元上方站稳脚跟","自2月20日北京方面上一次提高成品油价以来,布伦特原油价格已上涨18%";二是"发改委称,中东和北非局势,以及抑制石油需求过快增长的意图,引发了周四的提价"。

导致油价上调的直接原因解释清楚后,记者还对深层原因加以分析:一是"比提价更具重大意义的,是政府在调价幅度上的克制。面对通胀威胁,北京方面迄今一直把成品油价保持在远低于作为参照的国际原油篮子的水平";二是"自2009年推出这一定价机制以来,中国成品油价的涨幅一直小于原油价格篮子,影响了炼油商的利润";三是"发改委面对的两难局面"和"国内通胀压力依然较大"所产生的"不愿上调价格"以及"抑制石油需求过快增长"。

从上面的分析我们可以看出,"为什么"是解释性报道的核心,在解释"为什么"的过程中,记者应尽量找到产生目前现状的最根本的原因。

上面的对油价上调原因的分析(也就是新闻深层的背景性材料),就属于寻找最根本的原因,也即本质和要害所在。

再看下一个案例。2017 年 10 月召开的中共十九大上,汪洋当选为新一届中央政治局常委,这一契机,使得其近 30 年前书写的《醒来,铜陵!》[①]再一次广泛传开。

1991 年,时任安徽省铜陵市市长的汪洋,针对铜陵市经济发展停滞、经济改革往哪里去的困惑,写作了此文。作者透彻地多角度地分析了铜陵经济发展中所遇到的困难:高速度为什么没有带来高效益;高投入为什么没有带来高产出;产业结构仍不合理;产品的结构层次和质量档次仍然偏低;农业的保障体系相当脆弱,生产力水平亟待提高;各项事业的发展很不平衡……通过分析,作者提出了自己的疑惑:即在"六五"末期效益水平已经很低的基础上,经过 5 年的艰苦努力,铜陵市的主要经济指标不仅没有上升,反而惊人地下降了。接着,作者开始立体地探寻问题的"病根":思想还不够解放、观念未及时更新、精神还不够振奋、商品经济意识淡薄等,而且"这些'病源'互相渗透,彼此诱发,产生了阻碍我们前进的一个又一个'病兆'——以经济建设为中心的观念不强:有些部门和单位,以'自我'为中心,符合自身利益的事就办,不符合自身利益的事就推。以上形形色色的问题我们又没有及时正视它、解决它,才导致铜陵过去某些方面的落伍和现在某些事业发展上的裹足不前",这一分析如刮骨疗毒,直指病根。在分析原因的基础上,作者引用鲁迅先生的话"我常常解剖别人,然而更多的是无情地解剖我自己",由此明确提出每一个铜陵人"都不应讳疾忌医,而应当勇敢地拿起时代的解剖刀,割除自己灵魂深处的一切毒瘤和病根",具体的做法就是"解放思想,更新观念,思想要解放,开展'理思路、抓落实、奔小康'的大讨论"。

该文是在 20 世纪 90 年代初中国经济往何处去的大背景下书写的,其有见地的透彻的分析不仅引发了铜陵全市范围内的发展经济的大讨论,还在全国引起反响。因文本之优质和影响力,该文获当年中国新闻奖一等奖。

2.重视"会怎样",阐述一个变化可能带来的影响

如果说解释原因是在探寻事实过去的联系的话,那么分析一个变化可能带来的影响就是预见事实未来产生的效应了。2017 年 11 月 25 日"彭博 bloomberg"的公众号推出了题为《对于共享单车,中国政府有必要伸出援手》一文,文中提到的"中国政府有必要伸出援手"即是一种预见,也是一个及时的警示。大家都知道,对于未来谁又能有百分之百的把握呢?所以,相对于寻找事物形成现状的过去的诸多复杂的关系来说,

---

① 原载于 1991 年 11 月 14 日的《铜陵日报》,后被《经济日报》等多家大报转载。

分析“会怎样”是更难些的。它不仅需要记者具备科学的把握过去的能力,还需要其拥有建立在理论水准、眼光和胆识之上的预见力。

就第一个案例中油价上调所带来的影响而言,因为“对于汽油提价是否会对需求产生很大影响,分析师们看法不一”,所以记者谨慎地采集了两种相互冲突的观点:一是“‘提价将轻微压低石油需求,’阿格斯(Argus)常驻北京的分析师麦文照(Nick Mai)表示,‘发改委加快了调整成品油价格的速度。我认为中国的最高经济规划机构正为改变目前的定价机制铺平道路’”;一是“不过,其他人提出,中国车主们对燃油价格不那么敏感。从北京街上的汽车数量来判断,车主们看上去还不准备刹车”。

我们可以看出,记者并没有站出来随意发言,他站在中性的立场把人们对未来预期的不同看法呈现出来,即完成了解释“会怎样”的任务。分析记者此处的处理技巧,我们可以发现,在探索“会怎样”的时候,记者注重寻找不同的信源。这种做法的科学之处在于可以保证预见的相对客观、公正、理性,从而能够避免误导,有效地防止“一边倒”,因为不同信源立场不同、观点各异,其反映的声音也是不同的。

3.从现状来看,解释性报道存在着几种误区,需要引起足够的重视

一是解释缺少专业的深度,这会导致解释“板子打不到正处”;二是记者没有深入的采访并缺少相关的基本常识,这会导致解释的人云亦云;三是记者成了被绑架者,即充当可怕的利益集团的代言人,以记者的身份说出利益集团的话,这会导致解释公信力的缺失;四是源于刻板偏见(习俗或者社会心理)的影响而作出解释,此种情况下记者会随意站出来不负责任地说话,产生对受众的误导,这一做法违背了用事实说话的基本的新闻报道原则。

基于以上分析我们可以看出,在做解释性报道的采访写作之前,起码要做好以下准备:第一,全面掌握新闻事实的相关材料,如背景、数据、相关涉入人、业界学界的观点、了解事件本身的知情人;第二,具备与新闻事实本身相联系的专业知识,这一点对记者进行合理的解释分析至关重要。

练习题:

1.阐述信息速递型财经报道的采写要求。

2.仔细阅读《基金黑幕——关于基金行为的研究报告解析》,以此为案例来分析深入调查型财经报道的采写特征。

3.把握立体解释型财经报道的特色。在财经媒体上找几条立体解释型财经报道文本,探讨其是如何分析“为什么”和“会怎样”的。

第五章　财经报道的类别(二)

▶内容提要

为满足于媒体所具有的喉舌属性的需求，中国的新闻报道领域还有两种特殊的类别：图解政策型报道和主题报道型报道，这两种报道类别在今天的经济领域的报道中同样存在并被频繁使用。本章对这两种类别报道的内涵、现存的问题以及操作中应该注意的问题加以阐述。本章还对新闻评论微型化趋势的原因及表现加以介绍。

中国媒体所具有的喉舌属性，决定了新闻宣传和指导对于媒体报道的重要性，因此，时下，在财经媒体及财经报道中宣传和指导的使命也是必须要完成的，所以对于这一报道形式财经记者也需要了解，并尽可能地把握宣传和指导的写作要求和特点。在媒介宣传中，常用的报道形式就是图解政策型报道和主题报道型报道。图解政策型报道和主题报道型报道是我国新闻报道领域的特别形式，所以单独列为一章加以讲述。

第一节　图解政策型财经报道

一、图解政策型报道的内涵

图解政策型报道旨在配合重大方针政策的出台或者是对已经出台的重大政策进行深入的解读，以使民众知道、理解、接受，从而有利于政策的贯彻推行，这是媒体发挥指导性作用的一个重要体现。所以，对于财经媒体来说，对宏观经济政策进行图解式报道应该成为自身必须重视的报道环节。从解释的角度来讲，它与上一章的立体解释型财经报道是相同的，但是解释对象的特别性以及解读目的的差异又使图解政策型报道不同于立体解释型报道，所以本章单独列出加以讲解。

如何进行政策图解？一般来说，它包含两个方面的内容，一是记者从新闻信息的角度来把握相关部门出台的宏观经济政策，在注重分析经济政策中影响国民经济大局的新因素的同时，考虑最广大的新闻受众的信息需求，把政策中蕴含的宏观理论解释为公众能够轻松接受的经济学知识，从而为公众经济行为的选择提供帮助，也就是上情下达；二是力求搭建起政府与公众之间的桥梁，反映基层公众对相关经济政策的意见和要求，同时追踪政策的实施情况，让上层了解基层的声音和有关政策贯彻的情况，即下情上达。其实，上情下达也好，下情上达也好，都是媒体指导力量的集中体现。

二、图解政策型报道的刻板模式

尽管图解式报道的原理不难理解，但在现实的相关报道中，其报道产生的效果却常常不尽如人意，究其原因在于刻板的报道模式使得该类报道的可读性及启发性大打折扣。先看这两个标题“十七届五中全会公报在全国各地干部群众中产生热烈反响”“各地干部群众学习十七届五中全会精神”，在媒体有关十七届五中全会公报的图解报道中，类似以上两条口号式的标题、造势式的图解充斥于媒介空间。实际上，此类图解无任何实际意义，误把图解当成“政绩”比拼牌，达不到上情下达、下情上达的报道目的。

再以中央电视台和新华社的相关图解报道为例来分析：

参考报道1:《媒体解读“十二五”:“增长”向“发展”转变不简单》(节选)[①]

中央电视台:“十二五”规划建议最鲜明特征

中央电视台《焦点访谈》报道认为，“十二五”规划建议最鲜明的特征是制定“十二五”规划的主题和主线。主题是科学发展，主线是加快转变经济发展方式，这也是这次规划建议最突出的精神实质。

……

国务院发展研究中心副主任、研究员卢中原认为，从2003年以来，科学发展观不断深入人心。经过“十一五”规划的实践和进一步的认识，我们积累了一些比较成功的经验，也暴露出一些不足，使大家进一步反思。我们的“经济发展方式转变”还有很长的路要走，尤其是经过这次国际金融危机的冲击，进一步加强了我们要尽快“转变经济发展方式”的紧迫感。因此，十七届五中全会的建议鲜明地提出“十二五”规划纲要要以科学发展为主题，以加快转变经济发展方式为主线。应该说是切中要害，反映了国内外形势的变化。

……

---

① 姚晓晨.媒体解读“十二五”:“增长”向“发展”转变不简单[EB/OL].(2010-10-18)[2017-12-03].http://politics.people.com.cn/GB/1026/12985378.html.

新华社:从"增长"到"发展"不仅是字面改变

新华社题为《"十二五":冲破中国发展瓶颈的关键》的文章称,发展不同于增长,绝不能只看速度快慢、规模大小、一时得失。发展如果不科学,路就会越走越窄。我们所谋求的发展,必须是以人为本、全面协调可持续的发展。党的十七届五中全会提出,要以科学发展为主题,以加快转变经济发展方式为主线,把加快转变经济发展方式贯穿于经济社会发展全过程和各领域,提高发展的全面性、协调性、可持续性,坚持在发展中促转变、在转变中谋发展,实现经济社会又好又快发展,进一步指明了当前和今后一个时期我国经济社会发展的努力方向。

……

文本分析:以上两家媒体的解读,一家是从最鲜明特征来谈,一家是从冲破中国发展瓶颈的角度来谈。从文中的表达来看,两个鲜明的特征指的是主题和主线,主题是指科学发展,主线是指加快转变经济发展方式;而冲破发展瓶颈的关键在于科学发展,即以人为本、全面协调可持续的发展。通过分析我们可以看出,其实这两家媒体的图解报道采用的是同一解读角度,使得解读本身的信息含量减少,启示意义便大大缩水了。

在以下人民网的图解报道中,记者采访了财政部财政科学研究所副所长刘尚希研究员,具体内容如下:

参考报道2:《五中全会凸显三个关键词:民生、风险与改革》[①]

"'改善民生、风险决策与综合改革'是五中全会体现的三个关键词,"财政部财政科学研究所副所长刘尚希研究员接受人民网理论频道记者专访时说。

刘尚希说,十七届五中全会是在历史转折时期的一次重要会议。无论从全球来分析,还是从我国的情况来看,历史正处于一个分野的重要时期。以国际金融危机的爆发为标志,世界的发展将进入一个"战国时代",多元化、多极化、多样化以及矛盾的多边化日趋明显,全球公共风险不断扩大。

① 陈叶军.五中全会凸显三个关键词:民生、风险与改革[EB/OL].(2010-10-19)[2017-12-03].http://theory.people.com.cn/GB/12986661.html.

以国际金融危机对我国的冲击为标志,我国的经济社会政治发展也进入一个新的历史时期,政府与市场的关系、政府与社会的关系、政府与公民的关系都在发生深刻的变化,从以政府为中心逐渐地转向以市场、社会、公民为基础。这意味着我国无论是发展,还是改革,都需要摆脱路径依赖,实现发展方式的转换和改革方式的转型。

【关键词一】民生

刘尚希表示,正是在这样一个背景下,五中全会凸显出三个关键词:民生、风险与改革。民生是发展、改革的出发点和落脚点,是以人为本的具体体现。适应各族人民对过上更好生活的新期待,不断改善民生,使人民物质文化生活水平明显提高,是未来五年的最终目标。要实现这个目标,不是一件容易的事情,尤其是在13亿人口的发展中大国。

发展是硬道理,经济蛋糕不做大,就失去了改善民生的物质基础。同时,科学发展,更是硬道理。不转换发展方式,发展就不可持续,经济增长的质量就不可能提高。又好又快地发展,既要做大蛋糕,更要做好蛋糕,这样才能改善民生。

另外,保障和改善民生,需要通过收入分配的合理调整,提高居民收入占国民收入的比重、劳动报酬在初次分配中的比重,还离不开政府的公共服务,建立健全基本公共服务体系,促进基本公共服务的均等化,更是必不可少。

建立健全覆盖全民的社会保障体系,形成社会安全网,也是保障民生的重要制度基础。围绕民生这个目标,需要解决一系列达成这个目标的各种复杂矛盾和问题。可以说,在新的历史时期,这些矛盾和问题都是全新的,需要寻找新的方法来解决。

【关键词二】风险

在实现民生改善这个最终目标的过程中,不会一帆风顺,会面临着各种风险的挑战。刘尚希认为,风险意识、忧患意识、抵御风险意识的凸显,是这次五中全会的一个重要特点。尽管直接表述风险这个概念的地方不多,但风险意识强烈,充分认识到实现目标的艰难。

刘尚希说,把加快转换经济发展方式视为经济社会领域的一场深刻变革,这表明发展方式的转换不是一个技术性的问题,而是高难度的复杂问题。“五个坚持”的表述更是表明了转换发展方式不是短期可以完成的任务,否则,就无需“坚持”。对经济结构进行战略性调整、促进技术进步和创新、建设资源节约型和环境友好型社会、深化改革开放,等等,这些都需要不断“坚持”。

未来是不确定的，有许多无法预见的风险在等着我们，要靠我们的智慧和勇气去闯过一道道难关。树立牢固的风险意识，以风险理性去应对不确定的未来，我们才可能获得一个确定的结果，实现我们的目标。

【关键词三】改革

"改革是实现目标的根本途径，也是推动经济发展方式转换的根本动力。当下的改革不可以再'重复昨天的故事'，改革本身也面临着改革。"刘尚希绕口令式的话充满智慧和启迪。

刘尚希表示，在经济、社会、政治各个领域中各种矛盾和问题相互纠结在一起的时候，任何单项的改革都已经不能奏效。我国的改革已经进入一个全面综合改革的历史时期，经济改革的单兵突进已经失效。经济改革、社会改革和政治改革等各项改革协同推进，意味着原有的改革路径、改革方式、改革方法都已经不合时宜，如何推进新的改革，这同样需要创新。

面对新的改革环境和条件，以及新的改革对象，我们改革的理论准备是不足的，尤其是社会改革等方面的理论准备，相当欠缺。拿来主义肯定行不通，以国外的东西为样板，打着借鉴人类文明共同成果的旗号，照抄照搬，将会导致巨大的风险，带来改革灾难。

改革是实践性极强的人类活动，国外现成的理论和做法都不足以证明在中国的适应性。如何从中国的实际出发来实行全面综合的改革，将是一个艰难的探索过程，没有捷径可走。

文本分析：以上访谈式的图解从三个关键词的角度来展开，形式非常新颖，也有实质内容。但是由于其采访对象单一，使得信息解读的层面缺少了相应的思辨成分。众所周知，只有建立在思辨基础上的理性图解才更容易让受众认可。

三、如何进行图解政策型财经报道

如何突破图解式报道的刻板模式？在尊重受众阅读兴趣取向的前提下，排除应景及完成宣传任务的报道心理，摒弃唱高调的姿态，积极寻求报道的新思路、新方法，是必由之路。请阅读以下报道：

参考报道1:《吴敬琏:五中全会公报一语中的 成败在此一举政经解读》[①]

凤凰网财经讯 在今日上午财新峰会“经济新格局”论坛上,著名经济学家吴敬琏发表题为“什么是中国面临的经济新格局,我们应当如何去应对这种新格局?”的主题演讲。他在演讲中表示,十七届五中全会《公报》一语中的、切中时弊,指出了问题的焦点,提出了解决问题的办法。他说,成败在此一举,这一举不是一个动作,而是为了转变经济发展方式所进行的全面的改革,这是需要我们花很长一段时间作出艰苦的努力的。以下为演讲实录:

吴敬琏:在最近这段时候,似乎有一个普遍的共识,“十二五”标志着中国经济发展历史新的起点,但是大家对新格局又有不同的理解。比如,有人认为新格局就是中国从一个低中等收入国家进入了中等收入国家的行列,但是一个低水平的中等收入国家。在新的历史时期,中国将要快速地提升到中等水平的中等收入国家,甚至高等水平的中等收入国家,要进入到高收入国家的门槛了。

有人认为,新格局的特点就是中国将要在国际舞台上扮演一个重要的角色,甚至认为是起决定性作用的角色。还有一种说法是新格局的特点是中国的经济结构将要按照以人为本的方向进行快速的调整。还有一种观点认为新格局的特点是从非均衡发展向均衡发展转变。我个人比较认同第四种看法。不过对于什么叫平衡,什么叫非平衡,什么叫再平衡,它的内容是什么?其实持这种看法的人们是有不同的理解的,我个人的说法是这样的,新格局的特点是过去全球两类失衡的经济之间的脆弱平衡已经不能持续了。新的时期的新格局的特点,就是要向一个再平衡的方向走去,世界经济和各国经济能不能在今后稳定地发展,就取决于再平衡进程的状况。

为了说明我这个提法,需要对平衡、均衡、非平衡、失衡和再平衡作出更加具体的界定。在我看来,在前一个阶段,全球经济的基本特点,就是两类失衡的经济,这两类失衡的经济是互补的,就像人照镜子一样,正好方向相反,但是因为相反两者之间可以达到某种均衡,而这种均衡是非常脆弱的。

这两类经济,一类是像中国这样的经济,它的内部的失衡的主要表现就是高储蓄率、低消费率。中国现在的储蓄率达到了50%,甚至更高。这是中国历史上前所未有的,好像世界各国也是没有这样高的储蓄率的。另外一类经济,它的内部

---

① 吴敬琏:五中全会公报一语中的 成败在此一举[EB/OL].(2010-11-06)[2017-12-03].http://finance.ifeng.com/news/special/zhongguoce/20101106/2837111.shtml.

失衡的表现是低储蓄率、高消费率,像美国,美国到了危机爆发以前,储蓄率已经降到零,甚至是负数。

从2005年、2006年开始,中国的经济学家对失衡的状况,包括中国的失衡的状况、美国的失衡的状况做过很广泛的、深入的讨论。这两种失衡的经济就本身来说,是无法持续的。因为它有正的大缺口,或者有负的大缺口。但是这两种经济之间通过贸易的往来,通过资本的流动,却达到了全球经济的一种平衡,而这种平衡是非常脆弱的。是怎么达到的呢?主要通过外汇收支,通过经常账户的赤字和结余,通过资本账户的流出和流入,达到了全球经济的平衡。

但是这种平衡是非常脆弱的,中国的许多经济和社会问题是由此产生的。比如内需不足,最终需求不足;比如劳动者的收入水平、生活水平提高过慢,收入差距拉大;比如各国之间贸易摩擦的加剧,中国的宏观经济政策变得非常被动。因为我们为了保持这么一种平衡,我们的货币政策就变成被动大量地增发货币,就造成了流动性泛滥,造成了资产泡沫的膨胀,造成了通货膨胀威胁的加大。

大家知道,这一次全球的金融危机也是由此产生的。所以,要真正实现经济复苏,走出这次全球的金融危机,那么就要解决一个再平衡的问题。各个国家要实现自己内部经济的再平衡,进而达到全球经济的再平衡。从去年下半年以来,全球经济,包括中国经济出现了某些复苏的迹象,但是这种经济复苏主要是政府的刺激政策促成的。政府的刺激政策是一种凯恩斯主义的短期政策,这个短期政策能够稳住经济,使得经济不至于急速地下滑,但是不能解决根本性的问题。仅仅依靠这样的短期政策,不可能真正地走出危机。

像美国,美国的储蓄率就是解决它的内部经济失衡,储蓄率有所上升,有轻微的上升,但是主要还是靠的所谓量化宽松的货币政策。最近美国又开始了第二次的数量宽松的宏观经济政策,来保证经济继续向好。

我们去年经济的增长率达到了9.1%,但是主要的推动能够保持一个高增长率的因素,是非常宽松,可以说是极度宽松的宏观经济政策。我们看看结构,进出口是继续下降的,消费没有明显的提高,主要是靠海量的投资。海量的投资虽然能够使得我们在去年实现了9.1%的增长,但是正像温家宝总理在天津的达沃斯会议上讲的,它的负面效应也不可低估。所以,温家宝总理在达沃斯会议上讲到,我们今后要把我们的主要注意力从短期的经济增长转向解决长期增长中所需要解决的问题。我理解,这所谓解决长期增长中需要解决的问题,首先就是要解决我们内部失衡的问题,要解决这个问题,我们就需要分析造成内部失衡的原因是什么。

我们针对造成这种失衡的主要的原因来采取措施。我刚才已经提到了，2005年、2006年以来，中国经济学界对于内部失衡的原因做过很多很深入的讨论，当时大家都认识到造成中国过高的储蓄率、过低的消费率最深层的原因在于增长模式或者说经济发展方式存在问题。所谓经济增长模式，核心问题是什么呢？就是自然资源、资本、劳动和人力资本(专业人员的劳动或者叫作知识和技能)这四种要素各自在增长中的贡献有多大，结构是怎么样的。

我们从第一个五年计划，从1953年以来，一直采取了一种依靠投资支持增长的经济增长方式或者说是经济发展方式，这种增长方式造成的结果是收入分配中资本所有者的收入份额不断提高。当城市化进程加速以后，有一个新的生产要素在经济增长中扮演了重要的角色，这就是自然资源，特别是土地资源。所以所谓旧的增长方式或者旧的经济发展方式最重要的特点就是经济增长，经济发展主要是依靠自然资源和投资的增加。因为这样，所以在收入的结构上就出现了资本和自然资源所有者的收入份额不断提高，而劳动和专业劳动(人力资本)所有者的收入份额不断降低。

我们都知道，收入水平越高的人收入份额越高，资本收入、自然资源所有者的收入，主要是政府的收入和最富裕的人群的收入份额不断提高。政府和富裕人群的储蓄倾向是高的，而消费倾向是低的。劳动者和专业劳动者的收入份额降低，专业劳动者和普通劳动者的消费倾向是高的，储蓄倾向是比较低的，这样就造成了整个经济的内部失衡，储蓄的份额变得越来越高。储蓄的份额变得越来越高，我刚才已经说过，已经达到了50%的高比重，那么，一个出路就是投资，投资率我们也非常高，现在接近于50%，在46%—47%的样子，这也是一个非常高的比例。

但是不仅如此，还存在着需求短缺、内需短缺的现象，就要找另外一个出口，就是进出口，或者说“出超”，用“出超”来弥补国内需求的不足，这样就造成了困扰我们多年来一系列的经济和社会问题，甚至政治问题。如果说不能改变这样一种经济增长的方式，不能改变这种经济发展的方式，我们要保持一定的经济增长率，要从危机中走出来唯一的办法就是增加投资，特别是政府的投资。这样就会造成一种恶性循环。从去年到今年来看，内部失衡、增长方式的转变没有取得什么重大的成果。相反，还有一些恶化的趋势。这个问题不能不引起我们的重视，我们必须要采取措施扭转这种状况。怎么才能扭转呢？根本的途径就是要转变经济增长的模式，或者说转变经济发展的方式。提高劳动，特别是人力资本(专业人员)的劳动，提高他们对于经济增长的贡献率，随之而来，才会提高劳动者和专业人员的收入在GDP当中的比重,才能提高他们的消费在GDP中的比重,才能从根本上扭转内部失衡的状况。

但是,问题来了,转变经济发展方式的要求已经提出了至少28年,我们在80年代初期就提出了这样一个口号,要把我们的经济发展转到以消费提高为基础的轨道上去。在制定20世纪最后20年计划的时候,也提出了这样的目标,这个目标的全文是这样的:“在经济效益不断提高的基础上,到本世纪末(2000年)国民生产总值翻两番。”到了2000年,翻两番的目标超额实现了,但是前提没有实现。所以,在第九个五年计划中提出来转变经济增长方式的目标,过了十年以后,到第十一个五年规划又提出要以转变经济增长方式作为红线。为什么没有能够顺利地实现我们在80年代初期就提出的目标呢?

在制定第十一个五年规划的时候,我们曾经做过深入的讨论。当时明确了一点,没有实现这个转变的根本原因在于存在体制性障碍。当时列举了若干个体制性障碍,这个体制性障碍归根到底就是一条,即政府仍然保持着像在计划经济条件下那样过大地配置资源的权力。另一方面,1992年党的第十四次代表大会说要使市场在资源配置中起基础性作用,这个目标没有实现,在执行“十一五”的过程中,我们又做了总结,为什么“十一五”期间经济增长的模式有所改善,但是还是不尽如人意。为什么?是因为有利于创新、有利于创业的经济环境、法制环境没有能够建立起来。所以,我们“十一五”以前的经验和执行“十一五”的经验都告诉我们,要真正实现经济发展方式的转变,最根本的就是解决体制问题。怎么才能解决体制问题呢?其实很清楚,就是要推进改革,唯一的办法就是要推进经济体制和社会政治体制的改革。

最近闭幕的中共十七届五中全会作出了很正确的决定,十七届五中全会《公报》是一语中的、切中时弊的,指出了问题的焦点,提出了解决问题的办法。我想这两段话值得我们仔细琢磨。“制定‘十二五’规划,必须以科学发展为主题,以加快转变经济发展方式为主线”。“改革是加快转变经济发展方式的强大动力,必须以更大决心和勇气全面推进各领域改革,大力推进经济体制改革,积极稳妥推进政治体制改革,加快推进文化体制、社会体制改革,使上层建筑更加适应经济基础发展变化,为科学发展提供有力保障。”我想,成败在此一举。这一举不是一个动作,而是为了转变经济发展方式所进行的全面的改革,这是需要我们花很长一段时间做出艰苦的努力的。

文本分析:在对十七届五中全会公报的解读中,以上这条以专家为主体的媒体图解报道相对而言更好读、更有启发、更有思辨意义,具备了学理的通俗表达并实现了历史感和现实意义的有机融合。

我们可以看出,要想做出一条好的图解政策型报道,起码应该遵守以下规则:

第一,讲求图解的时效性,把握好恰当的时机。

第二,遇到专业性强而记者本身又不能准确而合理地把握的问题,在选择采访对象时要选择具有一定的财经知识的人甚至是某个方面的专家或学者。但要特别注意防止对专家过分依赖,以免造成专家长期占据版面和时段的局面。同时,一个问题尽量多请教几个专家,防止信息和观点的过度同一化。

第三,在访谈专家问题的设置上,要注重专业性及思辨性,立意要高。如果允许,可以请专家对某个经济现象或事件未来的趋势作出预测。

再看下面一条报道:

参考报道 2:《一个假离婚家庭的遭遇 "京十五条"的悲情故事》①

2 月 16 日北京颁布了"史上最严厉的限购令",非京籍家庭,只有无房且能提供 5 年以上纳税或社保凭证才有资格购房。这对于小赵和小于夫妇来说,无异于当头一棒。通过多方努力的买房愿望,至此成为泡影。

2 月 17 日,本网记者在网上知道了小赵夫妇买房的经历,并联系上了小赵夫妇的一位朋友,这个朋友向本网讲述了他们的故事。

小赵夫妇都是外地人,今年 30 岁左右,此前在外地工作,后来二人都来到北京工作,在通州接近燕郊的地方买了一套小房子。尽管此地离他们的工作单位较远,交通很不方便,但二人还是一直在此居住。

2010 年,小于怀孕了,想到孩子出生以后,通州的房子太小、上班距离太远不方便,于是二人希望能在城里再买一套房,一来上班近,二来方便照顾孩子。小于从事出版传媒类的工作,小赵也是单位的技术骨干,两人的收入都还不错。

四处看房之后,2010 年年底,小赵夫妇终于看中了一套位于南二环、南三环附近的二手房,面积在 100 平方米左右。但当时北京的限购已经开始,为了避免政策的限制,小赵夫妇决定办理假离婚,将通州的那套房子记在女方名下,再以男方的名义购买南三环的这套二手房。

---

① 胡芳洁.一个假离婚家庭的遭遇 "京十五条"的悲情故事[EB/OL].(2011-02-18)[2017-12-03].http://www.eeo.com.cn/industry/real_estate/2011/02/18/193613.shtml.

北京2010年下半年时的限购政策为，非京籍人士提供一年以上纳税或社保证明，可以新购一套房，第三套房停止贷款，其实小赵夫妇当时具备购买该套房的条件，只是根据当时的政策，第二套执行首付50%，利率为基准利率的1.1倍。

由此推测，小赵夫妇办理假离婚购房的原因，可能是为了离婚后，其中一人能够以购买首套房的方式，去购买这套二手房，如果能依此执行，首付和利率的压力都要低很多。

总之，为了购房，小赵夫妇办了离婚手续，但是眼看年底将近，代理该房屋的中介经纪人又告诉小赵夫妇，这套房可能办不了贷款。于是，这套房的交易，直到年底也没有成功实行。

转眼春节已过，2月16日，北京出台了新的限购令，对外地户籍家庭的限购政策更为严厉，不仅有一套房的不让再买房，就算没房的，也要提供五年以上的纳税或社保证明，才能买房。纳税期限一夜之间从一年上升至五年，小赵夫妇在北京工作都不满五年，他们一下子失去了再买房的资格。此前看房、办离婚，都是白折腾了。

眼看着孩子马上就要出生，房子也没法买了，小赵夫妇只能赶紧准备迎接新生命的到来，还得忙着去复婚。

在一轮一轮难以预期的楼市调控下，像小赵夫妇这样的刚性需求，一步步被逼到了角落。

文本分析：以上这条有关北京房产新政图解的报道实际上已经打破了图解报道的刻板模式，在可读、可信及传播的有效度等方面得到了大大的提升。期待它能够成为图解政策报道的常规新模式。

这篇报道提供了一个更加人性、更加可读、更加切合实际的图解视角，而这种另类图解的方式，带给我们的是图解的清新之风以及对相关政策的深入思考。如此的图解方式能够使图解政策式报道下情上达的任务高质量完成。

第二节 主题报道型财经报道

一、主题报道的内涵

何谓主题报道?指新闻媒体围绕党和政府的中心工作、重要决策、重大活动以及相关社会热点,而专门组织的具有一定规模的重点报道。它不同于常态的报道,主题报道的首要职责在于当好意见领袖、引导社会舆论。这就要求主题报道必须围绕一个鲜明的主题立意,用多角度、从多层次的方式来展开事物的方方面面,并反映事物矛盾的起因及结果。主题报道的选题原则和标准为:思想突出、新闻性强、反映社会和时代的亮点,能激起读者的兴奋度和关注度。同时,主题报道还必定是政府重视,群众关心,对现实生活有强烈的指导作用,有较强的贴近性和可读性的新闻报道。

二、主题报道存在的问题

主题报道本身的宣传使命再加上多年来此类报道所形成的采写特点,使得今天人们谈起主题报道时,就常常会这样表达对此类报道的印象:枯燥乏味、单调抽象,充满了八股习气和空洞之语,还摆出高高在上的文风。从报道的效果来说,记者非常辛苦费劲地去工作,却往往可能是吃力不讨好,爱看、爱读、爱听主题报道的受众数量极少。业界流传的一句话形象地表达了主题报道和从事主题报道的记者在现实中经常面临的窘境:"谁报谁看,报谁谁看。"

从报道的初衷来说,主题报道是希望引起更多的受众去关注报道的内容,从而发挥其引导舆论的作用,但是在现实中主题报道的现状使我们必须思考如何使它摆脱"四季歌"和"家庭作业"的困境。对于主题报道来说,它所面临的报道困境是如何被接受的问题,因为此类报道的题材基本上是不可能有太多主动选择的余地的,所以,探讨形式和表达的技艺,是主题报道采写的核心。下面,以电视媒体的主题报道为例,来探索主题报道形象化表达的路径。对于其他类型的财经媒体来说,以下内容同样具有重要的参考价值。

三、主题报道型财经报道的形象化表达之策

主题报道是当下主流媒体经常采用的一种报道成就、宣传典型、传播理念的新闻

报道方式。熟练掌握并成功运用这种报道方式,对提升媒体和记者参与重大活动、纪念日等战役性报道的整体新闻宣传水平具有重要意义。在报道实践中,做好主题报道除了在策划和选题上下功夫外,在具体的报道方式上如何实现主题的形象化表达也至关重要。

电视主题报道重在宣传党的路线、方针、政策、思想理论的出台和落实,而党和政府所取得的阶段性的成就、经验等也是其经常报道的内容。从性质上讲,电视主题报道属于综合性报道的范畴。与动态新闻的一事一报相比,主题报道无论是在新闻性、时效性和吸引力等方面都先天不足。而其综合性的特点,又使其极易陷入堆砌材料和简单说教的怪圈。所谓形象化表达,是指以具体、生动、可感的事实,鲜活而又富有表现力的方式来表达抽象的主题。要实现形象化表达,可从以下几个方面着力。

1.主题事件化,事件故事化

主题报道作为电视节目的一种重要形态,其应用的范围主要在于主旋律的宣传。毫无疑问,主题报道的主题一般来说是比较鲜明的。但观众在收看节目的时候并不满足于你告诉他是什么样的结果和现象,他还想知道怎么样、为什么,这就需要我们将内容置于典型的事件、典型的人物、典型的现场中来报道,增加报道的形象化,方便观众收看理解。

主题报道的主题事件化,事件故事化,说起来容易,但做起来相当难,需要记者精心策划,用心采访,细心拍摄。如报道"国家鼓励各地积极探索土地承包经营权的流转,有力推进了农业生产规模化发展"这样一条主题新闻,简单的报道方式是用一组土地流转总量上升和规模化种植、养殖发展状况的数据,贴上农业生产画面,虽然这样也能达到传达信息的目的,但是显然内容是比较枯燥的。如果将这一主题事件化,通过展示一个有过程、有人物故事的动态事件,立刻就会产生不一样的传播效果。

2010 年 12 月 11 日和 12 日,河南卫视《河南新闻联播》的"关注土地流转"记者调查,就是以记者调查的方式,将河南土地流转发展状况和初步进展用形象化展示的方式进行报道。在题为《看好前景 土地流转加速》的上集报道中,记者首先以见闻的方式,报道了河南省固始县黎集乡卧龙村正在签订流转协议这一事件,通过事件现场画面以及对当事人的采访画面,将村里土地流转、农民和土地承包大户积极参与流转的迫切心情活灵活现地展示在观众面前(见图 5-1)。然后,记者又将调查点转向豫北另一农业大县博爱,引导观众通过副县长的口述,了解那里的变化;最后,再补充上 2005 年到 2010 年五年间河南土地流转的增长数据。通过这样的处理,本来很抽象的主题得到了立体化的呈现。

图5-1　2010年12月11日《河南新闻联播》节目《关注土地流转(上):看好前景 土地流转加速》报道视频截图

该节目的下集则主要采取故事化表达手法,用两个故事(博爱县种粮大户孙永利承包土地,科学布局种植结构,实现收入增长,新加入土地流转的固始县宏达种植合作社精心制定发展规划)向观众形象地展示:土地流转已经且必将持续促进农业生产规模化管理水平的提高。以上形象化表达的结果是:有效避免了内容表达上的平铺直叙,收到了曲径通幽、引人入胜的效果。

在我国经济进入"新常态"后,国家作出推进"供给侧结构性改革"的重大决策部署,来加速经济结构调整的步伐。为反映国家出台的加大创新力度的政策举措给供给侧改革带来的新变化,2016年7月30日中央电视台《新闻联播》推出了主题报道《【供给侧改革半年观察】创新:让中国供给更优质》,该报道列举的数据展示了国家在促进创新方面的政策和我国产业结构发生的新变化。

7月初,国家统计局宣布,改革我国GDP核算方法,把研发投入纳入其中,改革的背后,是中国创新投入的不断加大。

作为衡量一个国家创新活跃程度的重要指标,研究与试验发展经费投入在2014年占GDP的比重,达到了2%,2015年更是超过了2%。……

最新数据显示,今年上半年,六大高耗能行业生产增长比2015年和2014年分别回落了0.1和1.3个百分点,而与此形成鲜明对比的是,包括高端装备制造业、新能源产业等在内的战略性新兴产业增加值同比增长11%,高于全部规模以上工业5个百分点。

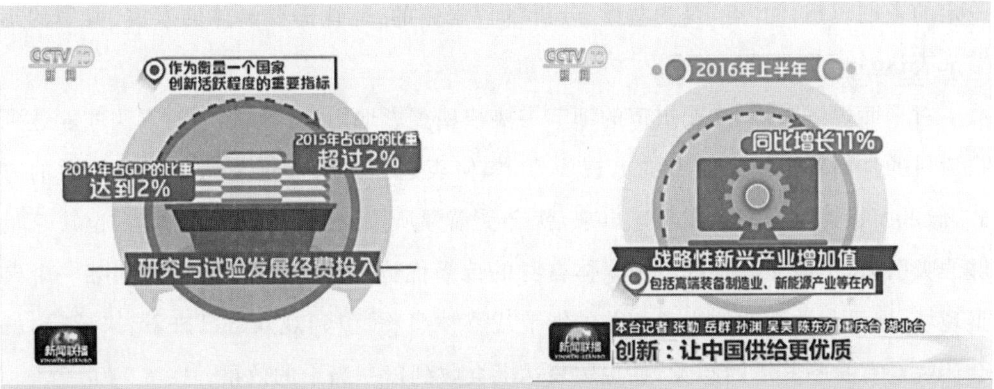

图 5-2　2016 年 7 月 30 日《新闻联播》的《【供给侧改革半年观察】创新：让中国供给更优质》报道视频截图 1(来源：央视网)

该报道还讲述了中国在氢燃料电池领域的最新突破和研发出 98 英寸的 8K 超高清屏幕满足优质需求、占领高端市场的故事。武汉一个年轻团队开发出的氢燃料电池使无人机的续航能力大大延长，占领了市场的技术高地；京东方研发的超高清屏幕国际领先，受到市场欢迎(见图 5-3)。

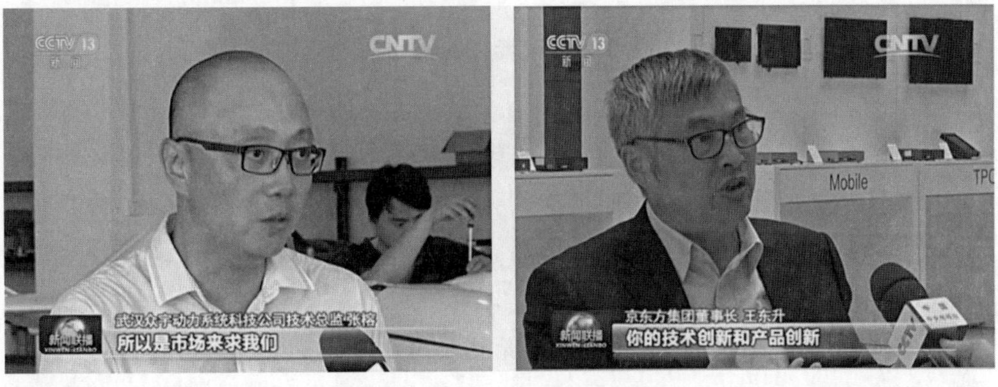

图 5-3　2016 年 7 月 30 日《新闻联播》的《【供给侧改革半年观察】创新：让中国供给更优质》报道视频截图 2(来源：央视网)

这篇报道点面结合，数据信息与鲜活个案相互映衬，特别是节目中两个故事的叙述，不仅拓展了反映问题的深度，更使得所报道的新闻事实立体可感。报道的主题表达实现了形象化，增强了节目的吸引力，给观众留下了深刻印象。

2.展现细节，以一当十

在主题报道中，“点”“面”结合是常用的手法。“面”是对总体情况的概述，体现了一定的主题思想；而“点”是为解读、分析“面”服务的，往往需要具体的事实、典型的细节来表达。

对平面媒体来说，主题报道的细节需要浓墨重彩地用举例或描写的方法才能达到报道目的。而对于视听兼备的电视而言，如何表达？如果仅仅采用画面配解说的方式，像平面媒体一样把事实叙述出来，就会受篇幅所限，往往难以表达清楚，也缺乏足够的吸引力，不能充分发挥电视媒体自身的传播优势。此时，如果记者来到某一个典型现场，展示与要表达的观点相关的细节或具体事物，引领观众自己来看、来感受，就会让观众有身临其境的感觉，在主题表达上会收到以一当十的效果。

2009年4月30日中央电视台《新闻联播》播出了《粮食增产千亿路——河南：增产300亿斤的科技支撑》节目。在讲到河南通过育种技术促进粮食增产时，节目中有一段解说是这样的：

解说：河南在粮食增产的基础环节——种子这一项上也走在了全国前列。目前，全省小麦良种覆盖率高达99%。在信阳息县，新品种矮抗58的种植面积三年增长了300%。

那么，这究竟是一个什么品种呢？记者在麦田中向观众进行了展示。

记者：“现在您看到的这个小麦就是矮抗58，它跟旁边的这个普通小麦相比，显得明显要低，专家介绍说，这样的小麦有利于抗倒伏，我们再来比较一下，矮抗58小麦的麦秆比普通小麦的麦秆也要强壮得多，这是增产的重要基础。”

(同期声)河南省息县农业局局长卢保荣：“这个小麦在我们这个地方，(普通小麦)亩产一亩地(比矮抗58)相差120斤左右。”

不足20秒的内容，就把矮抗58这个小麦新品种种植面积增长快的原因以及河南育种工作对粮食增产的科技支撑作用进行了形象化表达，让人过目难忘。

再如2010年12月24日，河南卫视《河南新闻联播》播出节目《河南煤化集团：营业收入突破1 350亿 有望进入世界企业500强》。为让节目中报道的中原大化公司良好的生产经营形势具体化，记者在节目一开始指着企业的生产经营形势图，向观众重点展示了“今年以来，中原大化的尿素、甲醇等主要产品日产量不断创出新高”这一细节，大大增强了节目事实的可信度，起到事半功倍的效果，观众也喜闻乐见(见图5-4)。

图 5-4　2010 年 12 月 24 日《河南新闻联播》节目《河南煤化集团：营业收入突破1 350亿 有望进入世界企业 500 强》报道视频截图

3.扬长避短，视听元素运用最大化

与平面媒体相比，电视之所以拥有更广泛的受众，原因在于在其诸多传播优点中，视觉和听觉两个技术元素给观众带来了独特的享受。相对于动态、简短、新闻性较强的短消息，在节目的吸引力上，主题报道可谓“先天不足”。而要增加吸引力，实现内容报道的形象化，主题报道就要更加注重扬长避短，在节目采访制作中实现视听元素运用的最大化。

来看 2007 年 5 月 2 日中央电视台《新闻联播》的一条主题报道《河南王公庄村：画虎画出小康路》。下面是节目中的一段内容：

> 解说：惊喜之余，很多人开始画老虎。没想到的是，往后的日子却画虎容易卖虎难，几十块钱一张画的价钱竟然好几年都没起色。
>
> 王公庄村村民王建民：“(那时)找不到卖画的地，找不到市场在哪里。”

节目中,村民王建民的话音刚落,一串动人的手机铃声响起。画面马上由王建民接受采访转到了另一村民王建金接听手机上。

王公庄村村民王建金:"对不起,是不是该关机呀。喂,说吧,一张收他一千块钱就行了。"

解说:转机出现在这个叫王建金的年轻人身上。由于出门卖画太累,谁都不愿去,无奈之下,大家决定推选一个人专门出去卖画。就这样,王建金成为村里第一个腰上挂着两个手机的专业经纪人。

王公庄村村民王建金:"你看现在全国各地跑吧,以前我们都出去跑,跑市场的时候,车票比这更多。"

在王建金跟记者说话的期间,联系买画的手机铃声又响了起来。

记者:"现在生意挺忙的?"

王公庄村村民王建金:"不是忙,一直就这样,又收货又发货。"

解说:辛苦了两年,王公庄村的老虎走进了北京,走进了广州,甚至走进了日本和韩国,这时老虎画价格自然也就不可同日而语了。

王公庄村村民王建民:"现在一个月销售两三千幅。"

节目在短短的半分钟内两次运用了手机响铃的现场声音,加上记者与采访对象的谈话,很自然地就表达了王公庄村村民通过画虎,推选经纪人卖画,实现了增收,过上了小康日子,让人过目难忘。

除了切实选择最具针对性、典型性、非此不可的画面和音响,特技的运用在主题报道中也相当重要。俗话说,一图胜千言。形象感强的特技图表,不仅有助于观众对事实的理解,也能增强内容表现的艺术性和吸引力,让人产生不得不看的效果。

再来看2009年4月30日中央电视台《新闻联播》的《粮食增产千亿路——河南:增产300亿斤的科技支撑》这则报道。关于河南粮食增产技术推广模式,节目的解说是这样的:"这是一张粮食增产的'同心圆',最里边的圆是粮食高产攻关田,然后往外逐渐扩展放大为核心试验区、技术示范区和技术推广辐射区。围绕着这个'同心圆',河南建立了完善的农技推广体系,把技术服务覆盖到全省农民。"记者制作了一幅"同心圆"特技图,配合解说同步播出。技术推广模式究竟是什么样,观众一看图就了然于心,同时由于图的出现也激发了观众新的收视兴奋。否则的话,就是用上再多的一般性生产画面，恐怕也难以表达得如此清楚。

这两年为了增强电视主题报道的感染力和吸引力，航拍、Gopro、穿越、虚拟植入、实时景观等以前只会在电影电视剧中使用的技术，也被不断引进电视新闻制作中，并渐渐成为“新常态”。

2016年河南电视台推出了系列经济报道《年中经济问走势》，在节目表达方式的创新上就大胆引入了记者出镜的“穿越”技术。如在第二期《发力供给侧 结构再调整》中，记者有一段出镜词：

“如今越来越高效快捷的地铁已经成为人们出行的首选，它不仅是解决城市交通拥堵的重要方案，也成为衡量城市现代化的标志之一。现在全国27个城市开通了地铁，像郑州地铁5号线这样正在施工的地铁线路更是高达70多条，世界上近一半的地铁掘进机都在中国城市地下。不过可能你想不到的是在2008年之前，我国地铁施工中最重要的大型盾构机还是全部依赖进口。如今在位于郑州经开区的中铁装备集团，这里研发的盾构机国内市场份额已经超过了50%。不仅如此它开始走出国门，运用到以色列、新加坡的地铁施工当中。而就在几天前世界首台马蹄形盾构又在这里下线。如今从研发制造到施工，河南已经成为盾构这一制造业发展的风向标。”

按传统的手法,记者只能在一个场景来完成这段出镜词,而且为避免场景的单调,还不能说得这么长。但在本期节目中,通过巧妙运用一镜到底手法和三维地理数据可视化技术,记者在高科技特效的帮助下,瞬间实现了报道现场之间的无缝“穿越”,即记者从地铁站走到地铁施工工地,又来到中铁装备集团盾构生产车间,出镜词一气呵成,空间转换有序衔接、悄然而不留痕迹,内容展现节奏明快,实现了从静态到动态,从一维到多维的转换,现场感极强。观众在观看节目时,在记者引导下从一个点看到另一个点,不仅丝毫不感到枯燥,反而因亮点不断,兴趣大增。

虚拟植入技术是利用虚拟跟踪技术和图形处理技术,在演播室将事先用计算机制作的虚拟三维场景与摄像机现场拍摄的活动图像进行数字化的实时合成,呈现出无缝衔接的完美画面,用于诠释说明新闻内容或报道主题。这种技术将地图、数据、物体模型呈现在观众面前,更直观、更逼真地模拟事件发生时的场景,一方面可以增加看点,另一方面可展现更多的资讯信息,大大丰富了主题报道的表现手法,增强了新闻传播的感染力。

图 5-5　2016 年 3 月 5 日《浙江新闻联播》的《E 眼看两会》视频截图(来源:新蓝网)

图 5-5 为 2016 年 3 月 5 日《浙江新闻联播》的(E 眼看两会)专栏节目的部分截图,图中主持人旁边的动画采用的就是虚拟植入技术。这些动画模型随着主持人对相关内容的报道而出现,与主持人提到的话题相得益彰,实现了抽象内容的形象化,大大丰富和创新了“两会”的报道形式。

4.勇于求新,议论方式视觉化

报道主题宏大、内容复杂、思想性强等特性,以及所担负的舆论引导功能,决定着主题报道在内容和主题的表达上不可避免地有时会采用夹叙夹议的手法,通过适当的议论、点评来画龙点睛、深化主题、简述观点。但新闻报道的客观性要求报道时不宜过多地渗入主观的东西,所以在议论的时候还要掌握好度。此外,对于电视主题报道来讲,议论的理性不是画面展示的长项。所以在这类节目中直接表达议论的内容,经常会出现声画“两张皮”的现象。这就要求在议论方式上需要积极创新,增强议论性内容的可视化、感染力,让议论与事实的叙述有机融为一体。为此,很多媒体都进行了有益的探索。

民营经济是我国经济发展的重要力量,促进民间投资更是经济进入新常态后,稳增长保态势、促就业惠民生的重要抓手。2016 年,针对一些民营企业家中出现的观望心态和投资动力不足的现象,河南电视台在《河南新闻联播》推出了“民间投资新观察”系列报道。这组报道,在表达方法上采用了一个特别突出的手法,就是在每期节目的结尾处都创新性地引入了短评,邀请著名时事评论员杨禹对节目涉及的民间投资问题进行点评。短评与前面的报道主体内容形成了一个有机整体,既起到了对主题的深化作用,又给人留下了深刻印象,实现了抽象内容的具体化、形象化。

图 5-6　2016 年 10 月 10 日《河南新闻联播》“民间投资新观察”第一期:《新常态前敢“出手”》视频截图(来源:央视网)

例如,2016 年 10 月 10 日“民间投资新观察”的第一期《新常态前敢“出手”》重点是讲述国内民间投资总体向上的态势和河南一些民营企业的成功投资实践。在节目即将结束时,记者以对话方式向著名时事评论员杨禹提问:“都说经济新常态下,信心比黄金更重要。您觉得信心从哪里来?”杨禹从以下方面进行了点评:

信心从哪里来？从几个重要的“没有变”里来。今天虽然我们大家共同面对着经济下行和转型的压力，但是整体经济向好的基本面并没有改变，继续快速前进的支撑条件没有变……有了这样的基本判断，更多地要靠大家的艰苦实践去巩固这个信心。今天我们都在讲供给侧结构性改革……我们要去满足优质的……相对更中高端的需求。在今天的经济舞台上面，民间投资、民营企业家们其实有着天然的优势……如果我们构建一个良好的投资环境……提供到位的服务，鼓励他们在这个舞台上发挥他们的优势，去找到那些有效的供给能力，去找到那些需要满足的优质需求，那我们河南经济的整体质量成色，就会随着这样的供给侧改革的推进有所提升。我们所说的中国经济、河南经济的那份信心，我想就巩固了。

这段点评采用的是评论员本人出镜录像的方式，而不是用录音或文字字幕板来进行呈现。这样就使得原本有些深奥的评论，实现了真实、亲切、可感、权威的表达，达到了深化主题、提升节目水准、增强艺术感染力的多重效果。

在电视财经新闻主题报道中，将议论性内容进行形象化呈现的方式很多，比如在节目中采用专家同期声或让专家以出镜方式直接串场点评、以“记者手记”方式展示等。究竟用哪种方式比较合适，需要根据节目表达效果进行选择，更需要在实践中积极创新、大胆突破。

5.巧用修辞，提升语言感染力

主题报道是中国电视新闻的一大特色，是实现正确舆论导向的重要途径。报道主题是否能实现形象化表达直接决定着舆论引导作用能否较好地发挥。而要较好地实现主题报道形象化表达，对语言的使用要下一番功夫。新闻用事实说话，而事实不是抽象的，它由时间、地点、人物、事件经过、事件原因、结果等因素构成，这就决定了新闻语言的使用必须具备以下特征：第一是客观、具体；第二是准确，新闻是反映客观事实的，不能含糊其词，不能模棱两可，不能夸大也不能缩小；第三是简练，新闻要求迅速及时，这就决定了新闻语言要简明扼要、开门见山、直截了当；第四是通俗。

以上是对新闻报道语言的基本要求。如果要求再高一点，那还要考虑“言之无文，行而不远”的问题，要讲究文采，这是新闻语言艺术性方面的要求。电视主题报道在解说词的写作上，同样需要讲究文采，这也是从语言元素这个角度来强化主题报道形象化表达的路径。主题报道多用于宣传路线、方针、政策、思想理论或一个区域、单位的经验、做法、成就，本来很多说法就很抽象、晦涩难懂，再加上难免要用一些人们早已司空见惯的镜头，如果在节目中对别人的说法再照抄照搬，就会成为文字总结的翻版，出现声画“两张皮”的现象，最终做出的节目让观众望而生畏，调台了事。因此，和一般性的电视新闻节目相比，采访制作主题报道节目，就需要记者在标题和主体内容的表述上更加注重语言凝练、结构清晰，巧妙运用修辞手法，用形象化、富有动感和美感的语言来归纳或阐述事实，提高语言表达的艺术性。

2007 年 8 月 12 日中央电视台《新闻联播》播出的新闻《科技套餐环环相扣，民营经济连创新高》，标题就借用了餐饮用语，将河南支持民营经济发展的多种科技举措，概括为“科技套餐”，十分形象。其中有一段解说：“空气绝缘净距离大于 360 度是这种产品进入国家电网的‘硬指标’，而森源集团只用 8 个月的时间就‘啃’下了这块硬骨头。”这里运用了比喻的手法，用“‘啃’下了这块硬骨头”来比喻企业攻关取得成功的不易。这就比用“空气绝缘净距离大于 360 度是这种产品进入国家电网的‘硬指标’，而森源集团只有 8 个月的时间就攻克了这个硬指标”来表述更加形象，更有韵味。

现代社会，主流意识形态已不仅仅靠组织和行政力量来推行，而更多地通过新闻媒体来传播，新闻媒体已成为影响国家生活、社会舆论和群众情绪的重要因素。而电视传播中，主题报道对主流意识形态的形成、推动作用尤为重要。眼下随着移动互联网技术的快速发展，媒介生态已发生重大变化，新媒体影响力日益扩大，信息的碎片化、病毒式传播，大量纷繁的不确定信息在社会上泛滥成灾，给人们全面、客观、准确地认识新闻事实带来了挑战。主题报道在新闻媒体的设置议程、增强舆论引导能力方面具有不可替代的作用，越来越多地受到各级党委政府和传统主流媒体的重视。提升主题报道的水平，既是媒体提高舆论引导水平的需要，更是记者丰富报道手法、打牢业务根底的需要。相信只要肯用心、能吃苦、善挖掘、巧突破，把握好主题报道的几个重要关系，就能做到与众不同、引人入胜，采制出独具特色的主题报道。

主题报道是中国媒体生态语境下的特殊的报道形式，今后还会长期发挥其特有的舆论引导的作用，所以对于从事财经报道的记者来说，积极探索如何更好地实现主题报道的传播效果，是相当必要的一件事情。

四、新闻评论微型化趋势

(一)财经新闻评论发展概览及特性

财经新闻评论有广义和狭义之分。狭义的财经新闻评论专指新闻媒体上对财政金融领域的实践、数据、现象、政策以及观点的评论。广义的财经新闻评论是在大财经视野下的财经新闻评论，是指对一切与经济有关的政治、军事、文化乃至体育、科技领域发生的新事件、新现象和活动动态的评论。

在我国,财经新闻评论的产生是伴随着近代报刊和新闻评论的产生而出现的。中国财经新闻起步于1872年《申报》的创办。

晚清时期,王韬、梁启超的财经新闻评论在当时产生了较大的影响:王韬在《循环日报》上发表的《兴利》《建铁路》《设电线》等报刊政论阐述了"重商"思想,批判了统治者传统的重农抑商政策;梁启超在《新民丛报》上陆续发表了《中国改革财政私案》《外资输入问题》《中国货币问题》等,对中国经济提出了自己的看法,文章涉及赋税、外债、银行等许多具体的经济问题。

民国时期,胡适主编的《独立评论》成为经济新闻评论的重要阵地:这份刊物发表了知名经济学家何廉、张培刚、董时进等人的评论,同时也刊发了一些名不见经传的作者对中国经济问题的见解。

中华人民共和国成立后的三十年(1949年—1978年),中国经济基本上走着计划经济的老路子,因此,财经新闻评论的主要内容是对宏观经济现象进行分析。但由于当时媒体的基本职责是承担宣传任务、服务政治,经济新闻评论也基本为政治所左右,体现出强烈的为主流意识形态服务的特点。但也有一些作者不随波逐流,提出了自己的见解。邓拓就是其中的代表之一,他撰写的评论往往从现实问题出发,尊重经济规律,针砭时弊,批判经济领域的主观主义,例如,他在《北京晚报》"燕山夜话"专栏发表的《爱护劳动力的学说》针对当时的社会现实,强调爱护劳动力是发展生产力、使国家富强的重大措施之一。

改革开放后,党和国家的工作重点转移到经济建设上来,中国经济持续、高速发展,目前已成为全球第二大经济体。在这一背景下,财经传媒迅速发展,财经新闻评论进入最快的发展时期,与财经新闻报道共同构成财经媒体内容之不可缺失的两翼。这一时期,财经新闻评论体现出三大特点:一是专业性逐步增强,20世纪90年代,专业的财经媒体出现,职业的财经评论员成为财经新闻写作的主体,财经新闻评论更专业、更权威、更独立;二是传播媒介日益丰富,除了传统的报纸刊登财经评论,广播电视、网络媒体以及自媒体也日益重视财经新闻评论,这就使得财经新闻评论的表现形式日益多元化,既有社论、评论员文章,又有对话式评论、短评或微评;三是创作主体日益多元,有供职于媒体或与媒体关系密切的专业的财经媒体人(如叶檀、马红漫、徐瑾等),有任职于高校、政府研究机构、财经部门或大型投资公司的专家学者(如郎咸平、樊纲、李稻葵等),被称为"任大炮"的华远地产股份有限公司董事长任志强也借助微博等平台,发出惊人的"实在"的评论,当然,还有普通公众也参与其中,这在很大程度上推进了财经新闻评论风格的多元化。

尽管财经新闻评论在传播媒体、创作者、写作形式、写作风格等方面已经呈现出多元化格局,但鉴于财经新闻评论本身要实现其在经济领域的认识功能、监督功能、引导功能和预测与参谋功能,在写作过程中就必须符合以下原则:

其一,立场的正确性原则。这是财经新闻评论必须遵循的第一原则。评论是观点的系统性表达,因而评论一定是有立场和倾向性的。立场的正确性决定观点的正确性及其可能带来的社会影响。在财经新闻评论写作的过程中,只有独立于相关利益集团或个人,站在公共利益的立场分析问题,才有可能得出正确的结论,提出科学的观点。维护公共利益是财经媒体的天职,因而维护公共利益、服务公共利益是每一家财经媒体、每一个财经新闻评论者都必须遵循的原则。在财经新闻采写中,可以有报道框架的差异,可以有不同的视角,可以有不同的切入点,但都必须建立在正确的立场,也就是服务于公共利益的立场之上。

其二,传播的时效性原则。财经新闻评论具有监督功能、引导功能,并具有一定的预测性,会对经济生活和经济主体的经济实践产生较大的影响,这就对其时效性提出了较高的要求。财经新闻评论的时效性主要有两个方面的含义:第一是新闻事实与新闻写作之间的时间距离尽可能短。也就是说,当新闻事实发生之后,写作者要在尽可能短的时间之内进行评论写作,只要条件允许,要尽可能搜集最新最近的、足够准确的新闻事实,并及时对之进行评论。第二是新闻评论写作与传播之间的距离最短。也就是说,作者写出来的评论能在最快的时间里传播出去。随着网络媒体、自媒体、社交媒体的普及,当前的新闻评论写作和传播之间已经是“零距离”,基本可以实现同步传播了。在这一媒介生态之下,公众对财经新闻评论的时效性期待也越来越强。因此,从本质上讲,先进、便捷的传播技术对新闻评论写作的时效性提出了更高的要求。

其三,分析的专业性原则。财经新闻评论的专业性主要体现为三个方面:第一是对新闻事实的准确把握,包括对数据的引用、分析要准确权威,对政策的援引、说明要准确到位,对财经专业术语的运用要恰当无误。第二是分析和评论要能透过现象看本质,透视经济规律,这就需要评论者能跳出孤立的经济事件,对一系列事件和数据进行综合分析,表达出有深度的见解。第三是分析和评论应具有一定的预测性和前瞻性。对经济发展趋势作出有前瞻性的预测,是财经新闻评论的重要功能之一。因此,财经新闻评论者在写作过程中不仅应分析“是什么”“为什么”,还要告诉受众,“将来可能会怎样”,这样才能更好地体现财经新闻评论的专业性与服务性。

其四,通俗性原则。财经新闻评论的价值不仅体现在其专业深度上,也体现在其可读性上。随着全民投资趋势的出现,财经新闻评论只有增加可读性,才能让受众产生亲切感和认同感,收到好的传播效果。这里说的可读性,主要是指在表现形式、方法以及语言文字的处理上下功夫，使受众易于接受。它主要体现在语言的通俗易懂、句式的变化多样、笔法的形象生动、论述的情景交融、例证的生活化和平民化等方面。这样才有利于将抽象的理论形象化、深奥的道理通俗化，充分发挥财经新闻评论的服务性和实用性。如著名经济评论人司马一民所说："经济评论要使专业化与通俗化相结合、指导性与可读性相结合、理性的光辉与实践的魅力相结合，其所讲的道理要有相当的深度，总要说一些别人没有想到、没有说过的话；而用来表述这些道理的文字要尽可能直白，能够明白如话则更好……"①

近年来，随着社会环境、媒介生态以及公众心理的变化，财经新闻评论的写作出现了一种新的特征，即微型化。

新闻评论微型化的发展态势在中国新闻评论发展史上具有重要意义，标志着从过去由精英主导评论话语的时代进入众评众议的时代。大家都知道，1875年创刊的《循环日报》为新闻评论在中国的出现提供了平台，在这家报纸上，其创办者王韬实验了一种新的文体：报刊政论，以此来倡导自己主张的改良维新思想。这种报刊政论便是中国评论文体的源流和最初形态。之后的一百多年间，评论文体又经历了时务文体的情感奔放、革命派评论的理性萌生、五四时期的杂感喷涌等形态的变迁，其间，评论的形式也随着时间的流逝在不断演化。近年来，新闻评论微型化的发展态势正是评论形式在不断演化的发展进程中的一种表现。

(二)新闻评论微型化的原因

分析新闻评论微型化出现的原因，可以从改革开放以来中国社会发生的巨大变迁所带来的公众的社会心理及媒介环境的变化等多方面来加以理解。改革开放以来，伴随着经济发展的巨大变化，民众的生活方式也随之改变，快节奏的生活使得时间成为更为稀缺的个人资源，所以阅读长篇幅的新闻评论对受众来说是极其奢侈的一件事，此种情况下，篇幅短小、形式可人、通俗易懂的微型化新闻评论就应运而生了。

1.社会公众心理的变化

众所周知，日趋激烈的社会竞争和快节奏的生活方式已经使浮躁的心态像传染病一样在公众中蔓延开来。心态浮躁的公众对媒介内容的需求向着更浅白、通俗、形象的方向发展，而评论的微型化正是这种公众接受心理变化的反映。

2.媒介环境的变化

媒介环境在改革开放后也发生了巨大变化，媒介技术条件的变化是媒介环境变化

---

① 杜忠锋.经济评论的专业深度与通俗表达[J].今传媒，2006(7).

中最让人有直接感触的部分。互联网的出现和普及已经从根本上改变了公众接触媒体的方式,体现在接触媒介的便利性上,也体现在公众角色的变化上。网络使公众从过去被动的媒介内容的接受者,变为可以随时随地传播内容的主动传播者。在互联网上,每一位公众都会平等地享受到一个可以畅所欲言的平台,他们可以发表个人对某一事件的看法。从表面上看,观点自由交流的平台似乎已经实现,这为评论主体从精英向大众的变化提供了前提。

新闻评论微型化的趋势之所以兴盛,还在于媒介之间的竞争日益激烈。过去,媒介可以凭借独家和首发的优势赢得竞争。但网络化的时代,这一竞争之道业已式微,因为任何一家媒体对新闻源的接触几乎都是同时的,对一些新闻来说,普通的民众通过自己掌握的媒体终端就可以随时发布新闻。面对如此的形势,发表新颖意见的信息也成了一个剑走偏锋的竞争之道了。任何一家媒体,如果能在第一时间传播出“第一声”的意见信息,可能会很快受到追捧。而如何能发出“第一声”的意见信息——轻快短小的微型评论便是其中的一个选择。

3.评论主体的多元化

评论主体从精英向大众的变化使得评论主体多元化,而评论主体的多元化又为评论的形式、内容及观点提取的变化创造了条件。在中国经济实力增长的同时,民众的文化水平也得到快速提高,加之中国社会正处于转型期,种种问题不断出现,民众要求自由表达的欲望更加强烈了。民众的利益主体是多元的,所以他们从自身利益的角度表达出的声音也是多元的。与精英式的评论表达相比,受个体专业素养、知识涵养及其他条件的限制,大众式的评论文章往往是观点新颖但缺乏深入的逻辑论证和学理分析的,所以此种情况下,微型化是一种必然的选择。

4.大众化评论平台的出现

在媒介技术的演进过程中,日益精良的传播技术为受众提供了方便、快捷且自由发表观点的平台,如 BBS、博客、微博、微信等。网络发表言论方便快捷,及时迅速,言论大多以短小精悍的形式出现,简练明白,一语中的。所以,微型化的新闻评论是更贴近民众的评论,无论是否是专业评论员,只要你有想法,都可以通过网络发表言论。每当有重要新闻发布,网民或通过跟帖议论,或在 BBS 上侃侃而谈,或通过博客、微博、微信各抒己见。

综上所述,媒介所处的经济、社会生活、受众以及技术等环境的变化是导致新闻评论微型化发展的根本原因。时代的变迁决定了新闻评论当前的发展取向:短小精悍、开门见山、言之有物、点到为止、直截了当、尖锐泼辣,争取达到痛快淋漓的传播效果。

新闻评论在较长时间里都是以大型长篇文章为主。回顾中国新闻评论史,20世纪五六十年代的新闻评论以编辑部评论居多,尤以社论为主,内容重要,每篇评论大都2 500字左右,多时则洋洋数千言。究其原因,这与当时新闻界不切实际地学习苏联《真理报》评论的做法不无关系。20世纪80年代后,随着改革开放带来的观念的变迁以及新闻媒体业务改革之风的兴起,新闻评论开始呈现出小型化、微型化的发展态势,这主要表现在新闻评论的篇幅向短、小方向发展,"巨型"基本隐身。相关调查显示,20世纪70年代末,《人民日报》篇幅在2 500字以上的评论文章约占80%,其中3 000字以上的占45%,接近一半;到了20世纪80年代中后期,《人民日报》上超过千字的新闻评论占30%;2000年至2001年的时间里,《人民日报》的千字新闻评论已经降至11%了。[①] 从《人民日报》评论篇幅长短的明显变化,我们可以看出改革开放后新闻评论微型化的发展趋势。而在20世纪90年代后期兴起的时评热从篇幅上看,实际上是一股短评热,因为这一时段兴起的时评的字数基本在450字到1 000字左右,甚至是更少的字数。

进入21世纪,新闻评论微型化趋势更加明显。BBS、博客、微博、微信等平台上的新闻评论往往以字少及语出惊人为胜出的诀窍,常常只是几百字、几十字,甚至三言两语。可以这样说,微型化已经成为新闻评论的新形式,新闻评论正在朝着更加轻快、短小的方向发展。

(三)新闻评论微型化的表现形态

从目前表现出的形态来看,微型化的新闻评论主要有以下几种。

1.小言论

专栏小言论出现于20世纪80年代,其特点是事理融合、有的放矢、要言不烦、篇幅简短、言之有物。这种小言论简短而新鲜,常常被人称为"豆腐块"言论。在版面的处理上,"一般都发表在要闻版的小言论专栏上(广播、电视的新闻节目中也设有类似专栏)"[②]。20世纪80年代,这类短小精悍的小言论深受读者的喜爱,被当作是新闻评论蓬勃兴起中的一朵奇葩。其实,专栏小言论正是这一时期新闻微型化趋势萌芽的最初表现。"小言论又称为袖珍评论、微型评论,因其篇幅短小、取材广泛,有的放矢、事理融合、以小见大,更是受到前所未有的重视,备受读者的青睐。1980年1月2日《人民日报》开办'今日谈'小言论专栏后,全国各地新闻媒介纷纷仿效,出现了名目繁多的小言论专栏,长的五六百字,短的两三百字,具有'四两拨千斤'的神奇魔力。除新闻性

①② 汤莉萍.新世纪报刊新闻评论的特点和趋势[J].新闻界,2005(1).

小言论外,思想性或经济类的专栏小言论也日渐兴旺,如点评、随感、漫笔、琐谈、杂谈、絮谈等小言论走俏各报报端,使受众赏心悦目。"[1]

20 世纪 80 年代出现的小言论终于改变了以往少则千言、多则数千言的中型或大型新闻评论充斥版面的局面。

2.漫画式评论

用一幅或者一组漫画的形式来表达是新闻评论增强视觉效果、更好地吸引受众的一种有效方式,也是现时代新闻评论微型化的一个表现形式。它的优点在于将形象思维与逻辑思维相结合,或针砭时弊,或暗示,或影射,进而达到既引人深思又幽默诙谐的效果(如图 5-7 所示)。

图 5-7 《日食》[2]

在《日食》这幅作品中,作者非常巧妙地将 2009 年 7 月 22 日的日全食天文奇观与 2009 年的全球经济衰退危机相结合,形象而生动地借用日食"遮挡"的含义,表明全球经济被衰退所笼罩,复苏仍需时日。[3]

与文字表达的新闻评论一样,新闻漫画也可以传递对新闻事件的看法和态度。但是,这一形式比文字更加形象、直观和可视,不失为一种吸引受众的好的评论方式。对新近发生的事件采取漫画式评论,与新闻报道、新闻评论文章一样,需要紧跟时事的发

① 汤莉萍.新世纪报刊新闻评论的特点和趋势[J].新闻界,2005(1).

② 载于《南方周末》,2009 年 7 月 30 日。原引自卡格尔漫画网,作者:Deng Coy Miel。

③ 董骁.新闻漫画的评论价值——以 2009 年《南方周末》"点画魁"栏目为例[EB/OL].(2010-12-28)[2017-12-03].http://media.people.com.cn/GB/22114/44110/189065/13604105.html.

展状况,及时根据新近发生的事实寻找合适的选题。

3.网络评论

与传统的媒体平台相比,网络天生的即时、互动、匿名以及受众广泛与信息海量等特性,为新闻评论微型化提供了更便于施展自身优势的载体。所以,在各家新闻网站上,都会有类似于观点频道的展示。从各家新闻评论的内容来看,篇幅精简、一事一议、简洁明快、更新迅速、观点多元是网络评论的显著特点。

除了由网站提供的专职评论员的评论外,群众性的评论也随处可见。这类在网络空间里出现的群众性评论,也往往以微型见长,很少看见长篇大论式的评论,只言片语、三言两语等是其显著特点。这类微型评论大多都尖锐泼辣、简明扼要、直指问题要害。之所以如此,跟网络技术所支撑起来的群众性议论平台如 BBS 论坛、博客、微博、微信等关系密切。以 BBS 论坛为例,这是大众借助于网络平台发表自己的意见与观点的地方。某观点如果确实具有较好的影响力,则会通过其他网民的不断转帖和网站编辑们的策划安排而产生相当程度的放大效应,有时会直接影响一些公共事件的舆论导向。

与 BBS 论坛相仿,博客也是网友自由发表意见的空间,博客的评论也具有 BBS 论坛的特点。近年来,微博出现并凭借传播迅速、互动性强、影响力大的优势而迅速走红。微博所具有的草根性、简洁性(限于 140 字)使得它成为公众最爱发表观点的平台,这也引发了群众性观点的爆炸式增长,任何一个个体,只要有话说、有时间说而又想说,都可以在这个网络平台上陈其所言。在网络空间里,精英式的话语与群众性的呼声相互应和,新闻评论的微型化在这应和声中彻底释放着特有的魅力。

4.传统的“巨型”和“大型”评论的缩短

“今天,社论走上‘短而精’的道路。以《南方都市报》为例,每篇社论的字数基本在 1 500 字左右,几乎没有超过 2 000 字的。2004 年 4 月,其社论共发表 30 篇,都不超过 1 600 字。评论员文章也有篇幅变短的趋势,如《北京青年报》的‘今日社评’的评论员文章每篇都在 1 500 字以内。”①

微型化是新闻评论发展的趋势,从目前的情况来看,网络上微型评论存在的两大问题需要引起警觉:一是评论质量良莠不齐,这是由评论主体的多元化及其文化水平的参差不齐所引起的;二是评论的理性思维不足,这与网络中群众性评论主体的个体责任意识或者大局意识的缺失有关。与其他新生事物一样,网络微型评论也是把“双

---

① 汤莉萍.新世纪报刊新闻评论的特点和趋势[J].新闻界,2005(1).

刃剑”,带来利的同时也有弊端。如何使网络微型评论对社会的良性发展起到推进作用,是目前一个不得不引人关注的现实问题。

练习题:

1.分析图解政策型报道中存在的刻板模式并给出解决对策。

2.阐述主题报道型财经新闻的内涵,指出其存在的问题。分析主题报道能够达到生动、好看、易接受效果的路径。

3.阐述新闻评论微型化趋势的原因,并结合实践分析财经新闻评论微型化的现实表现。

第六章　财经报道的类别(三)

▶内容提要:

财经新闻人物报道是财经报道中的一个重要类别。60 多年来,中国财经新闻人物的报道走过了具有明显特征的四个阶段。财经新闻人物报道需要注意三个方面的问题。

第一节　我国财经新闻人物报道的发展历史

不论是东方媒体还是西方媒体,也不管是提倡何种新闻学理念的媒体或者从事哪个领域报道的媒体,都不会忽视人物报道。之所以如此,不仅因为人是经济生活、文化生活以及各种社会关系的主体,还在于人物本身能够很好地体现一个时代发展的脉动。当然,有血有肉的人物本身也决然不会缺少有情感、增强报道可读性的故事。财经报道也不例外,关注财经新闻人物、记述人物命运的起伏跌宕,从而通过"一滴水"来折射一个时代,这是每家财经媒体都不会忘掉的好题材。所以,本节要对财经人物报道发展的历史、现状以及写作方法加以详细介绍。

一、中华人民共和国成立以来财经新闻人物报道发展历程

下面以历史的眼光来回望一下中华人民共和国成立以来财经新闻人物报道的发展历程。

(一)第一阶段:中华人民共和国成立之初到 1978 年

这近 30 年间,人民政权刚刚建立,百业待兴,社会经济面临严峻形势,尤其是经济发展处于较低的水平。注重新闻人物的政治色彩,是这一时期财经新闻人物报道的显著特点。

以此时段媒体对王进喜的报道来加以分析。“铁人”王进喜作为我国第一代石油工人，为祖国石油事业呕心沥血、无私奉献，他的精神深深影响了这个时代的中国人。所以，人们这样称扬：“王进喜是大庆人的杰出代表，中国石油工人的光辉典范，中国工人阶级的先锋战士，中国共产党人的优秀楷模，中华民族的英雄。他为祖国石油工业的发展和社会主义建设立下了不朽的功勋，在创造了巨大物质财富的同时，还给我们留下了宝贵的精神财富——铁人精神。”①

全文如下：

参考报道：《中国工人阶级的先锋战士——铁人王进喜》(节选)②

……

从玉门开往大庆的列车，穿过一座座新兴的工业城市，在伟大祖国的原野上奔驰。王进喜禁不住心潮起伏。一九五九年在北京出席全国群英会期间见到的一切，重新浮现在他的脑海里。那是他第一次到北京，看到大街上的公共汽车，车顶上背着个大气包，他曾奇怪地问别人：“背那家伙干啥？”人们告诉他：“因为没有汽油，烧的煤气。”听了这话，他没有再问下去。心想：“我们这么大的国家没有汽油怎么行呢？我是一个石油工人，眼看让国家作这么大的难，还有脸问？”他越想心里越沉重，到人民大会堂开会，心情也一直不能平静。休息时间，他一个人悄悄地躲在一边，闷着头抽烟……

每当想起这些，他感到那煤气包像千斤重担压在自己的身上，压在中国石油工人的身上。他曾多次向战友们说：“一个人没有血液，心脏就停止跳动。工业没有石油，天上飞的，地上跑的，海上行的，都要瘫痪。没有石油，国家有压力，我们要自觉地替国家承担这个压力，这是我们工人阶级的责任。”

王进喜和他的战友们，就是带着这种要为国家承担压力的高度责任感，来到了大庆。当他看到天南海北前来参加会战的几万名战友，看到铁路沿线摆了几十里长的堆积如山的设备器材，看到就要开发的一望无边的大油田的时候，浑身充满了力量。他满怀激情地站在大荒原上，随手扒开积雪，从地上抓起一把土来，嘿！这是什么样的土啊？黑乎乎的！这时，他仿佛已经看到了覆盖在这黑土下大片大片的油层。他撩开身上的老羊皮袄，大声地对战友说：“看，这儿就是大油田，

---

① 铁人王进喜——中国石油事业的先驱[EB/OL].(2017-06-21)[2017-12-05].http://www.sohu.com/a/150874025_488177.

② 大庆革委会报道组，新华社记者.中国工人阶级的先锋战士——铁人王进喜[N].人民日报，1972-01-27.

这回咱们可掉进大油海里了！同志们，摆开战场，甩开钻机干吧！这一下子可要把石油落后帽子扔到太平洋去了！”

当时，那股高兴劲，使这个性格刚强的老工人，再也抑制不住自己激动的心情。在旧社会，他六岁拿起讨饭棍，拉着被地主逼瞎了双眼的父亲四处讨饭的时候，他没有流过眼泪；他八九岁给地主放牛羊，成年披着件破羊皮，光着下身，赤着脚在大山里跑，动不动挨地主棍棒的时候，也没有流过眼泪；刚十五岁，他被拉进玉门油矿当苦力工，满身被封建把头、矿警和美国“技师”，用鞭子、青铜棍抽打得一道道血印子的时候，他压抑住满腔怒火，从来没有流过眼泪。而今，在毛主席的号召下，眼看全国石油战线千军万马会师大庆，一场开创中国石油工业广阔前景的大会战，就要在这里打响了，多年的愿望就要实现了，这个从来没有流过眼泪的老工人，高兴得热泪直流。他恨不得一拳头砸开地层，让乌黑发亮的原油哗哗地喷射出来……

三月的大庆，朔风呼号，滴水成冰。会战上得很猛。一下子几万人从全国四面八方汇集到大荒原上，立即面临着许多难以想象的困难：没有公路，车辆不足，吃和住都成了大问题。

为了战胜困难，夺取胜利，油田党委号召参加会战的职工学习毛主席的《实践论》和《矛盾论》，用毛泽东思想指挥战斗。在油田党委的领导下，广大石油战士每天晚上，在篝火旁，在牛棚、马厩里，认真地学习，热烈地讨论。王进喜带领一二〇五队，一连好几个晚上，围着篝火一边学习，一边讨论什么是当前的主要矛盾？怎样对待困难？大家越学心里越热火。工人们异口同声地说：拿下大油田，哪能没有困难？但是，这困难，那矛盾，国家缺油才是最大的困难，最主要的矛盾。这个矛盾不解决，帝国主义、现代修正主义就会利用这个缺口来卡我们，封锁我们。我们决不能在困难面前低头，有天大的困难，也要高速度、高水平地拿下大油田。

群众那股天不怕、地不怕的劲头，给了王进喜极大的鼓舞。他向战友们说：“我们工人阶级，就要有这样的雄心。现在我们流点汗，吃点苦，为的是快快把我们国家建设得更强大，只要国家有了油，再苦再累也高兴。”

王进喜和英雄的大庆工人们，就是这样在困难的时候，困难的地方，困难的条件下，开始了史无前例的夺油大战。

那时候，钻机还没有运到，他们天天派人到车站去等。王进喜更是坐不住，睡不稳，到处调查访问，了解地层的情况。不几天，钻机到了，但是吊车、拖拉机不够用，六十多吨重的钻机躺在火车上卸不下来。大家都很着急，王进喜说：“没有吊车，咱们有人在。毛主席不是说人是最可宝贵的吗？只要有人在，咱们就能想办法把钻机卸下来。”

全队的小伙子们被队长那浑身的劲头和激动的神色所鼓舞，“上呀！”一声呐喊，便行动起来。大家一鼓作气，从清晨干到太阳偏西，硬是用绳子拉，撬杠撬，木块垫，把钻机从火车上卸了下来，运到井场，又花了三天三夜时间，把四十米高的井架矗立在大荒原上。

眼看就要打井了，可是，水管线没有安好，开钻没有水怎么行？大伙说：“咱们用盆盆端！”有人不同意，说：“你们见过哪个国家端水打井的？”王进喜理直气壮地说：“就是我们的国家！”

他带领工人们同井场附近的贫下中农一起，终于奇迹般地用人力端来几十吨水，提前开了钻。

一九六〇年四月十四日，当一轮红日从东方升起，巍然的井架披上金色霞光的时候，井场上一片繁忙，王进喜大步跨上钻台，握住冰冷的刹把，纵情地大喊一声：“开钻了！”这声音威武雄壮，气吞山河！正像王进喜在一首诗中所写的那样：“石油工人一声吼，地球也要抖三抖！”此情此景，使他感到自己不只是在向地球开钻，而是手执武器在向帝修反、向整个旧世界宣战！

经过五个紧张的日日夜夜，这大庆会战的第一口井终于喷出了乌黑发亮的原油。王进喜和工人们围在井场的周围，眼看着那高高喷起的油柱兴奋得忘掉了一切，一个劲地高呼：“毛主席万岁！”“毛主席万万岁！”

这千年封闭的大油田啊，终于乖乖地打开了大门。

这是用世界上从来没有见过的方法打出来的油井。这口井，打出了东方无产阶级的志气，显示了毛泽东思想的巨大威力；它向全世界宣告，用毛泽东思想武装起来的中国工人阶级，什么人间奇迹都可以创造出来！

但战斗的进程并不是一帆风顺的。就在第一口井打好以后，一件意外的事发生了。

五月一日，天刚蒙蒙亮，王进喜在井场上指挥工人放井架“搬家”，忽然一根几百斤重的钻杆滚下来砸伤了他的腿。王进喜痛得昏了过去。等他醒过来一看，井架还没有放下，几个工人在围着抢救他。王进喜急了，对大家说：“我又不是泥捏的，哪能碰一下就散了？”说完，猛地站起来，举起双手，继续指挥放井架，鲜血从他的裤腿和鞋袜里浸了出来。……领导和工人们坚持把他送进医院。可是在这热火朝天的会战中，他怎能安心住下来呢？一天深夜，王进喜深一脚、浅一脚地从医院回到钻井队，只见他手里拿着拐棍，腿上的绷带沾满了泥。大家赶快帮助他收拾床铺，让他休息。可是，还没等安排好，王进喜已经拄着拐棍上井去了。打第二口井的时候，王进喜的腿伤还没有好，成天拄着双拐在井场上来回指挥。一天，轰隆一声，钻机上几十斤重的方瓦忽然飞了出来：井喷的迹象出现了。

井喷，就是埋藏在地层深处的水、原油和天然气，突然夹带着泥沙，在地层的高压下迸发出来，如不赶快压住，不仅会井毁人亡，连那高大的井架也要被吞没到地层里去。在这十分危急的时刻，王进喜忘记自己的腿痛，立刻奔上前去。压井喷需要用重晶石粉调泥浆，井场上没有，他当机立断决定用水泥代替。一袋袋水泥倒进泥浆池，没有搅拌机，水泥都沉在池底。这时，王进喜奋不顾身，把双拐一甩，说了声："跳！"就纵身跳进了泥浆池，用自己的身体来搅拌泥浆。几个年轻小伙子也跟着跳了进去。他们整整奋战了三个小时，险恶的井喷终于被压下去了，油井和钻机保住了，王进喜的手上身上却被碱性很强的泥浆烧起了大泡，同志们把他扶出来时，腿疼得使他扑倒在钻杆上，豆大的汗珠不停地从脸上滚下来。

王进喜哪里是在打井？他简直是在用自己的鲜血和生命换来一口口的油井！在那战斗最紧张的日子里，他成日成夜地奋战在井场上，饿了，啃几口冻窝窝头；困了，倒在排好的钻杆上，盖件老羊皮袄，头枕钻头休息一会儿；天下雨了，头顶雨衣不离开井场。他把艰苦当光荣，把艰苦当幸福，为着一个宏伟的目标，把自己的一切置之度外。他曾经写过这样一首诗来抒发自己的革命豪情："北风当电扇，大雪是炒面，天南海北来会战，誓夺头号大油田。干！干！干！"

有一回，他帮助一个井队制服井喷，在井场上两天两夜没有合眼，回到大队时，浑身上下都沾满泥浆，两只鞋用绳子绑着，已经分不清鞋和脚了。吃饭的时候，吃着吃着，碗掉在地上，人却靠在墙边睡着了。工人们见他一天天消瘦，眼眶越来越深陷下去，都关切地要他注意休息，他却说："宁可少活二十年，拼命也要拿下大油田！"

井场附近的老乡们，日日夜夜把这一切都看在眼里，他们深深地被王进喜这种革命加拼命的精神感动了，他们向工人们夸赞说："你们的王队长可真是个铁人啊！"

从此，"铁人"这个光荣的名字很快便传开了。"向铁人学习！""发扬铁人精神！"响遍了整个大庆油田。

在开发大庆油田的日子里，王进喜把自己的全部精力和心血都倾注在打井上。为了早日拿下大油田，摘掉我国石油工业落后的帽子，他不仅使自己所在的井队上得猛，打得快，而且主动帮助别的井队打得快，打得好。别的井队缺少零部件，只要他们有，就马上派人送去；打井遇到困难，他总是亲自带人去支援。他说："我们一个井队打得再快，也拿不下个大油田，我们要让所有的队都打上去，超过我们，那才叫人高兴哩！"

为了早日拿下大油田，他争分夺秒地奋战在井场上，不允许任何环节有片刻的耽误、丝毫的差错。有一回，他的井队打完井，射孔层位老确定不下来，不能"搬家"，他就径直地跑到地质指挥所去质问。人家劝他不要急，说顶多耽误一会儿打井。他听了这话，当场反驳说："为什么要耽误一会儿打井？时间是党的，是国家的，谁也没有权力白白浪费！"

他这种严格的精神，不仅对别人，更用来要求自己。一次，他的井队工作出了差错，领导在大会上批评他们。那天，王进喜去晚了一会儿，刚走到会场门口，有个工人对他说："慢点进去，领导上正批评我们哩！"王进喜爽朗地说："看你这个同志说的，披红戴花的时候，让我抢着往头里去，受批评了，就叫我躲起来当狗熊，我才不当这个狗熊呢！"说完，他就一直走到前面坐下来。事后，他对那个工人说："领导批评我们，是对我们关心，是为了把革命工作搞好，我们有错误就改，这才叫对革命负责啊！"

为了早日拿下大油田，他对待工作始终精益求精，一丝不苟。他经常对人说："干工作光有一股子干劲，猛打猛冲是不行的，张飞还粗中有细嘛！打井一定要注意质量。要对油田负责一辈子，就要对质量负责一辈子。"他每打完一口井，都要发动大家认真地总结经验。一次，他们队打的一口井，质量稍差些，王进喜干脆让大家推倒重来，并且在以后年年都带领工人去看，要大家记住这个教训。就是检查合格的井，他每隔一段时间也要回去看看，征求采油工人的意见。后来，油田上推广了他们这个"回访"经验，成为一项固定的制度。

一九六三年，油田指挥部号召打直井，要求井斜由原来的五度缩小到三度。这在当时是很高的质量标准。领导同志问王进喜："你准备怎样干？"王进喜说："依靠党，依靠群众，按毛主席的教导去实践。"

回到队上，他和老工人、技术人员一起来学习《实践论》。他说："我们要打直井，首先脑瓜子里要有个直井，就是要有高度的政治责任心，照毛主席的《实践论》去办。"他同战友们一边调查研究地层情况，一边改革钻头钻具，边干边总结经验，经过实践、认识、再实践、再认识，终于用四十年代的老钻机打出了当时全油田第一口斜度只有二度多的直井，以后又降低到只有半度多，为全油田创造了打直井的宝贵经验。

王铁人和英雄的大庆工人们,就是这样,在极端困难的条件下,靠战无不胜的毛泽东思想,夺得了石油会战的光辉胜利。在一九六〇年六月一日,大庆运出了第一批原油;在一年零三个月里,基本上摸清了油田面积和储量;会战第三年,便高速度、高水平地拿下了大油田,为发展祖国石油事业立下了丰功伟绩。

一九六三年的一天,一个鼓舞人心的消息传来:我国石油基本自给了,用"洋油"的时代一去不复返了!铁人听到这个消息,高兴极了,他扬眉吐气,到处同人谈论这件大喜事,同大家分享胜利的喜悦。

"封锁吧,封锁十年八年,中国的一切问题都解决了。"我国石油工人用他们的实际行动证实了毛主席的这一英明论断,给了帝修反一记响亮的耳光!

一九六四年,毛主席向全国发出"工业学大庆"的伟大号召。这一年,王进喜代表大庆工人光荣地出席了第三次全国人民代表大会,见到了日夜思念的伟大领袖毛主席。当时,他是多么高兴啊,他感到浑身充满了力量,怎么也控制不住自己的滚滚热泪,一遍又一遍地高呼:"毛主席万岁!""毛主席万万岁!"

站在伟大领袖毛主席面前,作为一个普通石油工人的王进喜,怎么能不心情激动呢?是毛主席使他从奴隶变成了国家的主人;是毛主席教会他懂得了革命的道理;是毛主席把多打井、多出油,建设伟大社会主义祖国的任务放在了他的肩上。这使他感到光荣,也感到责任的重大。他觉得应当做的事情还很多,过去做的比起毛主席的期望还差得很远很远。

他经常向别人说:"我是个普通工人,没啥本事,就是为国家打了几口井。一切成绩和荣誉,都是党和人民的,我自己的小本本上只能记差距。"

……

文本分析:阅读完以上报道,读者会经历一次崇高的精神洗礼:一位"一不怕苦二不怕死的'铁人'"赫然立于眼前,他的形象不仅激发起国人内心奔涌的爱国情怀,也激发出国人团结奋进摘掉祖国母亲"贫油落后"帽子的勇气。"铁人"以及"铁人精神"所包含的"既要与自然界作斗争,又要与自我作斗争"的内容成为一个时代的象征。"学习铁人的崇高精神和优秀品质,对照铁人找差距,发挥先进性,与时俱进,奋发有为,积极进取,作出自己应有的贡献"成为这一时期国人的价值追求。

从以上对文本的分析我们可以看出,"铁人"的塑造以及"铁人精神"的具体化传达是这篇报道文本产生的特有魅力。在那样一个特殊的年代里,该报道的价值不可小视:这里的王进喜已经不只是一个人物,他成了那个时代一个不朽的偶像。王进喜的形象传达出一种奉献、为公、拼命、忘我的精神,也传达出一种国家的意志:再苦再难,也要奋勇向前。通过王进喜,我们可以看到这一时期中国民众的共同追求,也可以投射出这一时代中国经济社会发展的脚步。

以今天的眼光来审视这一报道,可以找到一些值得我们反思的地方:其报道话语中缺失了对于自然的敬畏;"高大全"完美无缺的英雄取向、"三不要"(不要命、不要家、不要钱)的人物形象距离真实的生活有些遥远,这使得人物本身原有的人性色彩没有得到足够体现。

不管今天以怎样的眼光来看待以上报道,我们都不能拿今天的报道规范来要求已经尘封的历史。况且,王进喜作为一个特殊的形象对那个时代中国民众所产生的引领精神和感化作用,又有谁能去代替呢?而如果没有媒体在那个时期对王进喜形象的如此塑造,又如何能对民众产生那么强大的感化作用呢?

(二)第二阶段:十一届三中全会到十四大(1978—1992 年)

十一届三中全会的召开,是中国历史发展具有深远意义的转折。这次会议决定把党和国家的把工作重点转移到社会主义现代化建设上来;在思想上要完成拨乱反正的任务,恢复党内民主集中制;在国家的发展战略上,做出了实行改革开放的重大决策。

得益于经济体制改革,20 世纪 80 年代中国经济发展稳步增长:土地承包责任制大大提高了生产效率,激发了农民的生产积极性;而以城市为重点的经济体制改革也大大提高了工业生产的能力。1992 年邓小平发表的"南方谈话"以及十四大的召开,为中国市场经济持续深入发展奠定了基础。

在这十几年中,国家工作重心向经济建设的转移为财经新闻报道提供了极大的市场需求,而突破多年计划体制后释放出谋生潜能的国人们也以前所未有的勇气游向市场的大海,在那里一展才华。同时,突然间敞开的经济市场在带给国人实际经济利益的同时,也带来了重大的观念冲击。细心的人发现了这样的现状:人与人之间的关系日渐复杂,人们过去遵守的规范和信奉的价值观在现实中开始消散。在此种背景下,财经新闻人物报道的旧有模式渐渐改变,试图通过人物的报道来传达国家意志的做法也有所淡化,人物慢慢淡去英雄色彩,开始向人性回归。这一时期的财经人物报道有以下几方面特点:

1.开始摆脱旧模式的束缚,在社会经济生活的敏感处选择新闻人物

1986 年,《经济日报》刊载了长篇通讯《关广梅现象》,这篇通讯告诉人们:本溪出了个关广梅。在当时,关广梅是一个很有争议性的名字。1984 年,辽宁本溪蔬菜公司女员

工关广梅在本溪市成功夺标承包消防副食商店，于当年就完成了18万的利润目标，当上了消防副食商店经理。1984年—1986年又承包了消防商店、东明商场、光明副食商店，1987年组建东明商业集团，这些举措使关广梅成为本溪市第一个租赁经营者，她在本溪市租赁的8家商店，在两年间为国家创利100多万元，职工的收入也成倍增长。

就在关广梅的商场和个人利益不断提高、自己当选中共十三大代表时，有人开始提出质疑："关广梅是在搞资产阶级自由化，走的不是社会主义道路。"正是在这样的背景下，《关广梅现象》这篇长篇通讯在《经济日报》横空出世，展现了关广梅在改革中面临的阻力和困惑。这篇文章引起了轰动，关广梅成了中国经济改革过程中新旧观念冲突的一个象征，也成了当时中国一位知名度很高的经济新闻人物。

2.人物报道开始体现出贴近实际、多元视角的特点

财经新闻人物报道和其他新闻报道一样，应该实事求是，用事实说话。但是在中华人民共和国成立后的很长一段时间里，财经新闻报道中的人物形象都是"高、大、全"的，报纸报道人物的目的是为了树立先进榜样，以此号召广大人民学习。而在十一届三中全会后，僵化死板的旧有模式终于被丰满鲜活的形式所取代。比如关广梅，她是受争议的，有人甚至称她是"资产阶级自由化"的代表，还有人说她"剥削"，更有人说她"垄断"，但是这些恰恰反映出人物的生活实际，这一真实的形象已经不具有典型的宣传意义了，它只是一种客观的存在，是人们对经济生活中某些观念产生迷茫的体现。

类似于关广梅这种真实而富有争议的新闻人物，给媒体带来了一股清新之风。媒体终于打破了一元化的思维，开始从多元的视角来呈现社会的真实。这对于报道者来说，何尝不是一种解放呢？因为不管是报道关广梅，还是再现"承包国有企业第一人"马胜利①，抑或是表现"傻子瓜子"的创始人年广久②，报道者们不再需要为某种特定的

① 1984年，在市领导的鼓励下，马胜利承包了石家庄造纸厂。对此，有人说他要"抢班夺权"，有人则拍手称快。1985年7月26日，新华社刊发了长篇通讯《时刻想着国家和人民利益的好厂长马胜利》。"马胜利走马上任以后，做了很多新鲜的东西，现在饭店厨师戴的那种白色的帽子，那是马胜利发明的；妇女用的卫生巾，以前辞典上没有这个词，也是马胜利搞起来的。高梦龄对马胜利的评价就是：'他是一个很有商业头脑并不断创新的人。'马胜利很快成为炙手可热的新闻人物。"

② 年广久创办"傻子瓜子"，三进三出监狱。1983年年底，有人把年广久雇工的问题反映到上面，于是，"年广久是资本家复辟，是剥削"的说法开始传播起来，安徽省委派专人到芜湖调查年广久，并写了一个报告上报中央，惊动了邓小平。1984年10月22日，邓小平指出："我的意思是放两年再看，让'傻子瓜子'经营一段，怕什么？伤害了社会主义了吗？"后来年广久又在全国开始搞有奖销售，又被告入法院，时至邓小平视察南方时，邓小平又一次保护了他，"农村改革初期，安徽出了个'傻子瓜子'问题，当时许多人不舒服，说他赚了100万元，主张动他，我说不能动，一动人们就说政策变了，得不偿失"。邓小平的南方谈话又一次提到了"傻子瓜子"，让年广久起死回生。1992年，年广久因经济问题不成立而获释。邓小平的南方谈话告诉了当时的人们，市场经济和社会主义并不是不相融的，社会主义也可以搞市场经济。从"邓小平视察南方"到中国加入世界贸易组织这一时期，中国的改革开放逐渐开始在市场经济的轨道下进一步地向更深层次发展，曾经饱受质疑的股份制改革在北京、天津、沿海地区开始成为热点，一批富有活力的股份制企业应运而生。

目的去造声势、刻意拔高，其实只要遵守新闻规律，何愁报道没有人看呢？

(三)第三阶段：十四大至中国加入世界贸易组织

市场经济深入发展成为这一时期中国经济发展的主旋律。市场经济的深入发展改变了中国人传统的价值观，成功至上、利益至上、金钱至上等观念风靡全国，此种背景下，财经新闻人物报道中的英雄情结再次显现，不过这种英雄已经褪尽政治元素，而着上了市场的因子。与中华人民共和国成立之初的人物报道相比，这一阶段有关财经领域人物的报道的特点是：数量多，具有史诗色彩，写作中的表现方式较为人性化。

1.以明星企业家为报道对象的报道热出现

随着市场经济的深入发展，一批优秀企业家涌现出来，成为人们关注的焦点，他们因为腰缠万贯而受到众人的艳羡，当然也得到媒体的垂青。这一时期的史玉柱、柳传志等人，一时间成为家喻户晓、人人仰慕的偶像。以史玉柱为例，2000 年 1 月被《财富》杂志评选为“亚洲最佳商业人士”，2000 年 6 月被《商业周刊》评选为“亚洲之星”。2001 年 1 月在国内被 100 名权威经济学家、财经记者评选为“CCTV 年度经济风云人物”，并成为《北京青年报》第一、第二届“财富年度人物”及中国企业联合会“2000 年最优秀企业家”。

2.报道视角从树立道德模范向揭示人物微观感受改变

这一时期的报道更加关注财经新闻人物的奋斗经历，讲述他们奋斗的故事，总结他们成功的经验。树典型、立模范的报道方式在这个时期的财经新闻人物报道中已经很难找到印记。创业成功带来的传奇人生，成为这一时期财经人物报道的主题，这也煽动了渴望财富人生的蠢蠢欲动的人们内心的狂热。人们通过媒介镜像中的这些财经英雄来体验成功带来的喜悦、拥有财富的快感、奋斗中对困难的顽强斗争，通过这些财经英雄公众似乎找到了精神的皈依、追求的所在、幸福的本质。

以此阶段媒体对柳传志的一条相关访谈为例：

参考报道：《柳传志：稳健的快鱼战略家——目标的偏执狂 处事的中庸者》[①]

柳传志，作为中国 IT 业界的传奇人物，成功地打造了中国业界航母联想集团。在事业如日中天的时候，他却急流勇退，退居二线；并成功地传接了自己的接

① 王欣.柳传志：稳健的快鱼战略家——目标的偏执狂 处事的中庸者[N].中国信息报，2001-01-23(8).

力棒,联想两位少帅杨元庆和郭为接过了联想的旗帜。老帅柳传志为联想的继位者制定了下一个宏伟的目标,进入世界500强。如此雄心、屡屡给人以惊异的柳传志到底是个什么样的人?让我们走进中央电视台的《对话》节目,去感知一个真切的柳传志。

(画面)杨元庆和郭为作为新经济的代表人物出现在中央电视台的某个颁奖典礼领奖台上,柳传志在台下为两位少帅鼓掌。对话由此开始(柳传志的回答以下简称"答")。

问:您在为杨元庆和郭为鼓掌的时候,是否有惆怅的感觉?

答:我应该觉得特别高兴才对。现在联想做的事还只是小角色。也许十年五年之后,杨元庆和郭为会爬上更高的山峰,你想我是该惆怅还是高兴?

问:对于一个企业家来说,您最希望得到什么奖?

答:人才培养奖。

问:从商的好像关注更多的是利润、金钱?

答:利润好像鸡下的蛋,我更喜欢下金蛋的母鸡。

问:看来下金蛋的母鸡就是您要用的员工,要用的人了?

答:对。

问:例如有人要将中国的企业组建成一支梦之队,您觉得董事长的位置是不是您的最佳选择?

答:所有的位置要我选的话,我就挑董事长。它可以把握更大的方向,也合乎我的经验,董事长赚钱也多。

问:那您现在做总裁薪水多少?

答:西方人说,女人的年龄和男人兜里的钱是不能随便透露的。

问:联想九个字的短语最多,"定战略、建班子、带队伍",您觉得哪个最重要?

答:建班子最重要。

问:说到定战略,联想集团向互联网转型,应该说是一次战略上的调整。您有没有想过万一不成功,会不会落一个晚节不保的名声?

答:我们首先要保住的是手中的饭碗,就是说要在现有业务上稳扎稳打,或做得更好,现在可以看到,我们在铺摊子的时候,碗里的饭已由吃菜变成吃肉了。

(画面)段永基:柳传志是个很稳健的人,这是他的优点也是他的缺点。我更欣赏"有70%的把握马上干,远胜于有80%的把握等等看"。

问:您是否同意段先生的观点?

答：对老段(永基)说的不太同意。快与慢是辩证的。有人说的动作很快，我比你提前一年去想有什么不好，我每周都会抽半天时间去想、去思考自己所做的事。这种看起来四平八稳，但是总比手忙脚乱要好得多。

问：互联网时代似乎只有快才能抢占先机？

答：你说小鸟与青蛙数数谁快？小鸟数数“一二三四五六七八九十”，青蛙一张嘴“俩伍”，俩伍就是一十，还是青蛙快。

问：您能总是做到说“俩伍”吗？

答：拐大弯、做计划，把事情做清楚，想不清楚的事情，脚踏两只船，试着往前看。

问：中关村流行一句话：只有失败者，没有迟到者。您是怎样把这个路子看准的？

答：要看企业的大小。您开一个大到麦当劳的饭店，就要研究世界餐饮业的发展，三个人开饭馆就不要研究餐饮业的发展方向。三个人就要研究周围街道的环境。具体的企业要有具体的方法，没有固定的模式。

问：国内有没有您比较欣赏的企业家？

答：当然有，像海尔的张瑞敏，比如他讲的“东方亮了再亮西方”开展多元化经济的时候，一定要把某件事吃透了再做别的事情。

问：许多媒体提到联想的时候，都会用“斯巴达克方队”来取代，这是为什么？

答：我主要佩服的是他们退的时候阵脚不乱，进攻的时候一步一步非常坚实，说打到哪就打到哪。

问：听说联想开会迟到是要被罚站的？

答：我也被罚过三次。其实我们规定是不请假迟到了就要惩罚，我被罚都是因为无法请假，比如有一次是被关在电梯里了，罚站是件尴尬的事，往往是正在开会的时候停下来，大家注视着你静站一分钟，有点像默哀。有一次计算所的我的一位老领导当众被罚，他站了一身汗，我坐着出了一身汗。我对他说：“今天我到你们家去给你站一分钟，但你非得在这站一分钟。”

问：你们这种做法有点半军事化的做法？

答：企业就是要有点像军队。军队更需要敲着战鼓前进。打仗完后你可以在底下打扑克牌。在形成一个阵容的时候，必须要有一个向上的精神。

问：这么严肃的机制是否会束缚人的创造性？

答:共有的机制必须有。但是比方说开发人员,你们可以封闭式在3个月内到一个别墅里去开发,这期间你光脚穿拖鞋,没关系。这是开发产品的氛围需要。但完后,整个公司开大会的时候,你还穿拖鞋去那肯定不行。

问:听说柳总很喜欢足球运动?你最喜欢的球队和球员是谁?

答:足球好看在于两点:技术与战术。战术配合更重要,更好看。以前曾喜欢巴西和英国队,但英国队总不赢;巴西队太强调个人技术,有时候会忘了目的(进球),进球的过程太花哨。也许我更喜欢的是足球的一种气势,那种一浪一浪往上冲的精神与场面。杨晨给我一种希望,一样的拼劲,一样可以做出国外球员的高难度动作!

问:您怎么看待诸如杨晨这帮球员出国踢球?

答:这是好事,台湾的高科技企业发展很好,其中一个原因就在于七八十年代一大批人去美国念书,到硅谷工作,4年后对台湾科技的推动起了很大作用。撒出去一批人到国外踢球,将会有很好的结果。

问:柳总这么热爱足球,能否组建一支"联想队"?

答:以前有过这种念头,现在没了。主要是国内足球环境不太好,很多事情不是联想能解决得了的。

问:组建女子足球队如何?

答:联想赞助了女足1 000万元,不过好像还是男人踢足球的魅力更大一些。

问:谈到钱,您对钱的兴趣如何?

答:要看不同的历史时期。1983年以前,月工资78元,往前几年更惨,买一条棉毛裤要提前2个月预算。在这种情况下对钱的兴趣很大。现在兴趣不是很大了。钱已成为一种对事业的推动了。

问:你让杨元庆和郭为各领风骚,是不是认为用老子的这种中庸的处世哲学,相对成功的概率会大些?

答:中国企业主要看在什么样的历史条件下生存。一个企业要办大,不是改造环境,而是要适应环境,中庸可能是一种比较好的存活方式。

问:你做企业的中庸之道和你喜欢某些事物的偏执狂,是否相矛盾?

答:偏执狂是目标执着,中庸是一种手段,一种方法。为了达到目标你必须采取一些看起来中庸的方法。

(四)第四个阶段:加入世界贸易组织后的前十年

进入21世纪后的十几年,这是社会主义市场经济体制不断完善、经济建设发展突飞猛进的一个阶段,此间,中国在改革开放的道路上坚持不懈探索,国民经济保持高速发展的态势,国家在全球中的经济地位迅速提升。中国加入世界贸易组织为中国经济发展带来了契机,中国经济日渐与全球经济融为一体,机会与风险并存成为经济发展的常态。对于公众来说,经济的发展带来了生活水平的进一步提高,市场经济的深入发展使得公众经济参与的意识增强。这一时期的财经新闻人物报道呈现出以下特点:

1.人物形象全方位、多视角、立体化,信息量丰富

21世纪是一个信息时代,互联网的出现以及全球化的到来彻底改变了人们接收信息的途径,也开阔了人们的视野,人们可以通过互联网即时获取经济信息,web2.0时代的到来,使得每一位互联网用户既是信息接收者,又是信息生产者、传播者。网络时代,公众人物的一举一动都被曝光在镁光灯下,他们的任何行动都会受到人们的关注,经济人物更是由于其特殊的地位被赋予更多的关注,他们的言行举止成为普通百姓的谈资。人物形象全方位、多视角、立体化以及信息量丰富成为这个阶段的一个明显特征。

2.成功人物英雄色彩的气息仍然存在

展现经济人物的奋斗经历,记录他们奋斗的故事,总结其成功的经验,以其奋斗史张扬一种市场英雄的精神,这一点在这个阶段一如既往地存在。

3.报道对象呈现平民化、多元化的新特点

全球化带来了人们生活方式、社会观念的多元化,而平民时代的崛起也为财经新闻人物报道的新特点奠定了社会基础。在报道对象的选择上,媒体在过去还有着浓厚的大人物、成功人物、有影响力人物的情结,到这一阶段后,财经新闻人物报道的对象呈现出多元化、平民化的特点。

下面是一篇有关奋斗失败的小人物的报道:

参考报道:《阿文的等待》[①]

为了卖掉自己的肾,阿文已经在焦灼中等待了半年的时间。

来钱快!

---

① 宋馥李.阿文的等待[N].经济观察报,2011-4-4.

“是赌博毁了我。”阿文说。

他今年24岁,江西上饶人,很早就来到浙江金华打工。凭着先前几年的辛苦打拼,自己所有积蓄,再加上父母的支援,阿文开了一家服装店。经营走上正轨后,每年收入有三四十万。

之前,阿文还找了一个浙江本地的女朋友,这同样是外地打工仔的成就之一。阿文马上到了谈婚论嫁的时候了,他还想着在金华买一处大房子,把父母接来一起住。

但自从迷上赌博机之后,他的生活轨迹开始逆转。不到一年的时间,他将积蓄统统输掉,还欠下十几万赌债,服装店也因无心经营而关了门。之后,他还偷了女友为其父亲治病攒的钱,想着翻本儿,最终全部输掉。

当阿文幡然悔悟的时候,一切都晚了。

女友离他而去。现在,他不敢在一个地方住到一个周以上,四处躲避追索赌债的人,也躲避昔日朋友鄙夷的目光。一个人独来独往,除了吃饭睡觉,就是上网,等待需要他的肾的人。

“只有卖肾来钱才快。只要有一笔钱,生意还能做起来,还掉赌债,重新活回去。”

阿文上网搜索卖肾的信息。他发现,这样的供求信息原来很多,他毫不费力就找到了留在网上的中介联系信息,这些信息大部分是QQ号码和邮箱地址。

就这样,阿文和器官买卖中介建立了联系,联系的主要媒介是QQ,偶尔他也能接到中介的电话。一般这时候,中介是要告诉他,在某个城市找到了一个和他配型比较成功的受体,让他马上去这个城市。

强大的中介

在阿文的介绍下,记者以寻求肾脏的患者亲属的身份,加入了这样一个交换器官供求信息的QQ群。在这个群里,大多数是要出卖肾脏的人,其次是来自不同地方的中介。人们将自己的年龄、血型、HLA位点(白细胞抗原)点数一一公布出来,与中介所掌握的肾源需求信息进行比对。

那些要卖肾的大多数是年轻人,因为中介们直截了当地标示了对肾源的要求:18—25岁之间的年轻男子的器官。

小冰的遭遇让人唏嘘。他的母亲身患重病卧床多年,为此,他一直在饭店打工,为母亲赚钱看病。去年,小冰手里有了些积蓄,便投资开了一个小餐馆,但结果,餐馆的经营不赚反赔,入不敷出,欠下了很多外债。困厄之下,小冰想到了卖肾。

王可则把自己卖肾的原因归结为交友不慎。因为朋友的极力邀请,他从遥远的黑龙江一路赶到广西,一头扎进了传销的网络。经过洗脑,王可也陷入了癫狂的状态,他将亲戚和朋友拉下了水。当传销被取缔,他如梦初醒时,已身无分文,王可没有脸面去求助别人,想到了卖肾。

通过中介的安排,小冰曾到过山东德州,专门等待配型。在城郊结合部的一处农家院落,住了10多个像他一样等着卖肾的供体,他们吃住的费用由中介负责,代价是——身份证被统一上缴,行动受到了限制。在中介的安排下依次体检,一旦配型成功,就实施移植手术。

"我们都过着人不人、鬼不鬼的日子。"小冰说。供体们既希望自己早日能找到配型适合的受体,但又对自己的命运感到迷茫无助。

供体们卖一个肾脏所获得的报酬,一般不会高于5万。但对于受体而言,获得一个肾脏并成功实施手术,最终的价格一般在30万元以上,中间的价差,分散在供体中介、受体中介以及这条隐秘链条中的其他环节,也包括医护人员手中。当然,供体们免费吃住的花销、各项检查的费用,也算是硬性的成本。

还有着生意人精明和警惕的阿文,拒绝掉了十几次去外地做移植手术的机会。"我觉得不安全,离得太远,方言都不通,怎么保证不被人家骗。"阿文说。这也是他等待了半年多一直没有找到合适受体的原因。

阿文经常和中介通话,但不信任他们,骂他们是骗子。但王可认为,中介的作用是不可替代的,"中介赚了钱,但也救了别人的命"。

事实上,也正是躲在背后的中介,在调配众多的供体们,在全国范围内流动。一位中介不断催促记者提供患者亲属的配型信息,他许诺,他们拥有一个庞大的信息系统,能够快速找到适合的肾源,保证在一个月内实施手术。

尸肾

等待配型的那段日子,小冰常常焦躁不安,心律失常,因此,体检总是出现异常,导致自己无法完成这个流程。中介也不愿意长时间提供免费的吃住,就极力劝说小冰采用供"尸肾"的办法。

"做尸肾就省去配型了,我们器官被直接切除,就好像当作死人的器官。"小冰说。

对应于尸肾,还有尸肝。选择这样的移植,受体一方会降低大约一半的费用,同时也意味着移植后的效果大打折扣,移植器官受到排斥的概率大大增加。中介告诉我,有很多受体,一方面等不及配型,一方面拿不出高额的费用,会选择这样的移植。

当然，对于供体，价格也降下来了，卖一个“尸肾”所得到的价格，一般是两万元出头。唯一的好处是，供体们省去了漫长而煎熬的等待，这对于那些急于拿到钱的供体们，具有强大的诱惑力。

这是一个奇特的供求关系，由于配型的不确定性，不论是小冰、王可，还是阿文，都感觉到，需要肾和想卖肾的人，其实都很多，但配型带来了很大的不确定性，为器官中介的活跃提供了空间。

小冰说，在他等待的时候，就有两个供体选择了做“尸肾”。小冰有些犹豫不决：“我不甘心两万块就卖掉自己一个肾。”

后来，小冰的事情忽然有了转机，他的餐馆有人愿意盘下来继续经营，燃眉之急有所缓减。他最终放弃卖肾，结束了这样一次奇特的“旅程”。

阿文和王可还在等待。急于改变现状的阿文，始终处在焦躁不安中。他很感谢记者的采访，说已经很久没有人和他说这么长时间的话。

当被问及“为什么一定要卖肾，为什么不能做一份工作，等状况慢慢好起来”时，阿文说：“我等不了！我欠人家十几万，找份工每个月就只拿到一两千块，我怎么能翻身。翻不了身，我怎么对得起家里人，我的女朋友不会原谅我。”

随后，阿文叹气道：“哎，我的处境你不会懂的。”

3月31日的晚上，阿文说，他最终决定，接受中介的建议，赶赴广西的一个地方，去做“尸肾”。(文中阿文、小冰、王可均为化名)

文本分析：媒体选择阿文等作为人物报道的主角，其意义在于：新闻人物报道的模式现在正悄然变化。《阿文的等待》这篇人物报道中的“阿文”类的奋斗失败的“小人物”产生于现实社会，今天他们的命运也跃然于媒体之上。对阿文及阿文们的命运加以媒体再现，其意义迥然不同于传统的张扬一种具有示范价值的形象或者精神，而在于通过再现来揭示、启示和警示一些社会存在。①

如果说《阿文的等待》再现了特定背景下的一个底层普通劳动者的经济命运的挣扎，《她们为何抑郁？》②则是对中国城镇化发展进程中“三农”问题中的重要群体“留守妇女”这个群像的再现、审视、思考和警示。

---

① 赵智敏.媒体再现“小人物”的传播价值分析[J].新闻爱好者，2011(18).

② 载于《财新周刊》2017年第27期，作者：黄姝伦，汪苏，张进。

(五)第五个阶段:2011 年以来的自媒体时代

如本书中“自媒体时代到来后财经媒体的新气象”部分内容所述,2011 年以来,技术层面的变动,使得财经媒体的格局以及内容供给发生了巨大的变化。中国的财经媒体从 1979 年《人民日报》创办《市场报》开始,一直关注在经济巨变背景下人的命运的变迁。从 1979 年 2 月推出的第一个“万元户”开始,各路财经新闻人物层出,“傻子瓜子”的年广久、股市圈钱行家杨百万、让人浮想联翩的柳传志、互联网大潮中异军突起的马云,等等,包括他们内在的经济运势吸引了各路媒体的关注,也牵动着受众对金钱的渴望或者好奇。

自 2011 年以后,整个社会的浮躁之风和对物质财富的单一追逐所带来的社会问题尽显,人心不古,污水横流,这不能不引起国家管理部门的重视。同时,财富流转的周期律也渐渐露出真面目,财进财出、人来人往,那些当年不论手段如何只管叱咤商海捞钱的经济“英雄”们,早已物是人非。时至今日,近 40 年的对财富物质层面的疯狂追求的结果呈现在世人面前。社会对财富流转内在的道德要求开始提高,财富来源、流转的遵法守法,财富散布的道德呈现,财富内涵中精神向度的显现,都正在成为财经人物报道的新视角。2017 年 9 月 17 日,博鳌儒商榜评估体系发布会在上海浦东举行,会上选出了“致敬儒商・首届博鳌儒商榜・典范人物”候选人名单,稻盛和夫、谢国民、李嘉诚、柳传志、张瑞敏、马云、王健林、陈锋、郭台铭、刘长乐 10 人入围。发布会由中国孔子基金会指导,博鳌儒商论坛、中国孔子基金会企业儒学研究委员会、中欧国际工商学院校友国学会联合举办,旨在贯彻落实中央指示,引领儒商风范,涵养企业精神。中国国际经济交流中心副理事长、原商务部副部长魏建国在发布会上致辞,他以 60 多年的国际贸易经验总结了文化对企业在“一带一路”战略中的重要地位。他认为,“讲诚信、讲高质量的全程服务、讲共享关系应是儒商的核心理念”。从此活动的引领意义我们可以看出,对于财经新闻人物内在的道德品质要求正在彰显。对于道德的要求,格力集团副董事长兼总裁董明珠道出真意,她说,“对于人才,道德是第一位的。人才要忠于自己的岗位,如果没有道德,他就不是人才。尽管你懂技术,我认为,你依然不是人才”①。

梳理和解读完近 70 多年来中国财经新闻人物报道的变化后,我们可以看出,财经新闻人物报道的价值取向、报道模式、报道风格等都在发生持续的变化,而这种变化的

---

① 董明珠:没有人才,一切归零;没有道德,人才归零[EB/OL].(2017-12-16)[2017-12-18].http://www.sohu.com/a/210904848_99938409.

源泉来自于社会经济生活的变化以及由此带来的新闻报道理念的变化。这一变化的轨迹告诉我们,财经人物报道定会被打上时代的烙印,这些报道在媒体中的再现,从侧面反映了中国经济的发展。

第二节 财经新闻人物报道的操作原则

那么,今天我们该如何报道财经新闻人物?

一、从人物选择的角度来说,多元化应成为准则

有媒体人认为,新闻人物“成为头版人物的原因,很大程度上是因为他们所面临的挑战将影响很多人的生活。他们面对挑战时显示出超凡的智慧、敏锐的洞察和坚定的信念,他们始终坚持对自己的高标准和高要求,他们通过不懈的创新和超越做到‘唯有最好’,他们的精神超越了新闻事件的本身,从而有着更广泛的启示意义”①,这当然是一种无疑义的选择取向。但是,“在对新闻人物进行选择的时候,是否应该思考突破陈年的矩范,而遴选出具有‘再现’的社会价值的人物来加以报道,而不管这个人物本身的地位是多么不值得一提、本身的命运跌宕是多么可以让人小视。只要其本身具有‘风向标’的意义,选择他(或他们)或者她(或她们)即是媒体的良心和责任所在。所以,在今天这样一个过度推崇成功学和急于求取叱咤风云效应的时代,真的要感恩阿文和阿文等,要感恩报道阿文和阿文等的媒体,是他们和它们为我们打开了通往另一层真实世界的窗户。毕竟,成功的人不能代表全部的人,他们的概率可能不到整体人群的千分之一,这不到千分之一的人群想在媒体上发出自己的声音肯定是要依赖于媒体的关注的,而对于新闻工作者来说,‘媒体对难以发出声音的人群负有特殊的责任’”②。

所以,为了真实地再现当前的社会存在,在财经新闻人物的选择上也需要“小人物化”,甚至要选择奋斗失败的小人物作为报道对象。

二、展现新闻人物自身人性的复杂和人物的整体真实

要对人物进行完整的把握,从而体现人物自身的矛盾,从矛盾中展现人物的复杂,

① 新闻人物的意义[N].经济观察报,2011-1-28.
② 赵智敏.媒体再现“小人物”的传播价值分析[J].新闻爱好者,2011(18).

还要展现出人物整体的真实,避免出现人物形象前后矛盾的尴尬。

有关张曙光的报道就是前后报道相互矛盾的一个例子。在出事的前几天,媒体还将其塑造为"高铁第一人",没几天在众多媒体版面上则报道出了"铁道部运输局局长、副总工程师张曙光已被停职审查"的丑闻。这种前后矛盾的媒介形象着实让人不可思议,其结果是使得媒体陷入尴尬,如此,媒体本身的公信力荡然无存。

三、通过写实及细节的选择体现新闻人物的精神风貌

从表现的角度来说,要注重写实,通过细节体现财经新闻人物特定的精神风貌,从而起到启示和警示社会其他人的作用。

请阅读以下报道,体会以上三方面的写作要求:

参考报道:《高调陈光标》[①]

对质疑他的"暴力慈善"做出回应时,陈光标说:"当前,中国慈善事业的发展,必须要用'大暴力'的方式去推动。中国需要我的'暴力慈善'。"

陈光标最近有点烦。首先是一组在日本救灾时,他在日本福岛灾区看望伤员的照片。这组登在他微博上、被其称为手机拍摄的照片,惹来众多网友质疑,说照片明明是出自佳能高档相机而非手机,并且将他的救灾照片嘲讽为搞摄影展。

然后是一组他在云南盈江地震灾区的照片。其中一张,陈光标站在盈江地震灾区受灾群众中间,左手拿着一摞人民币,右手摆出一副"V"字手势。另一张照片中,陈光标笑容灿烂地被灾区民众簇拥着,每个人手中握着高举过头的百元大钞。

这组照片一经披露,几乎招致网民更为排山倒海般的批评:作秀,演戏,不恤震区民众尊严……有"中国首善"之称的江苏企业家陈光标,在3月份被卷进了舆论的漩涡。

在"盈江照片事件"两天后,面对铺天盖地而来的质疑,陈光标说:"我有一些委屈。"

争议"暴力慈善"

进入2011年以来,陈光标面临的"作秀"指责开始多起来。

---

① 刘明霞.高调陈光标[J].财经国家周刊,2011(7).

首先是年初的“钱墙秀”。1月24日,在南京黄埔防灾减灾培训中心门前,10万元捆为一块“钱砖”后码成墙,一共150块砖,陈光标站在1 500万元“钱墙”前宣布,将联合全国90多名爱心企业家,向新疆、云南以及江苏苏北等地区捐出1.27亿元的款物。

照片一出网上便开始热议。批评声不绝于耳,大都认为他过于“作秀”。其实这已经不是陈光标第一次制造“钱墙”了,2010年同样也是年前的慈善活动,陈光标码的那座“钱墙”更为雄伟,330块砖,3 300万元人民币。

然而,在讨论声还没平息之时,陈光标又来到台湾,把对他的行善争议延至台湾岛。

1月27日,陈光标“台湾行善感恩之旅”抵达台湾。此行他携带1.1亿元人民币,在台北、新竹、南投、花莲一路向低收入户、独居老人、单亲家庭者当面发钱,每户原则1万元。

对此,台湾社会迅速分化为两大舆论阵营。一方面对他的行为大为赞赏,并认为会让台湾企业家有所警醒;另一方面却认为他“侮辱台湾人”,桃园县、新北市作为接洽县市,明确拒绝他的发钱行为。

针对台湾对陈光标的质疑部分,大陆也有网友批评,这是陈光标宣传诉求和个人形象的双输。

希望工程发起人、南都公益基金会理事长徐永光更是将陈光标式的慈善方式直呼为“暴力慈善”,认为这是以牺牲受赠人的尊严来获得自己的满足,是一种暴力的慈善行为。

一直以来以“高调做慈善”为行为准则的“中国首善”陈光标,开始接受社会舆论对他翻天覆地的争议,甚至是非议。

与中国古训“行善不为人知”的教导相反,陈光标的行善规则就是要让人知道。他做善事总要喊上媒体和当地政府,拍照、录像、捐赠证书一个不能少。据陈光标介绍,他从事慈善事业以来,已获得了2 300多本荣誉证书,3 000多条锦旗,10 000多条哈达。

面对社会舆论对他高调行善的口诛笔伐,全国政协常委、济南大学原副校长、山东师范大学心理学博士生导师张承芬认为,陈光标面临舆论困境,是因为他高调的个性冲犯了中国的中庸之道。甚至在今年“两会”期间,陈光标骑着自行车来开会、现场派环保袋等行为都招致一片骂声。可见社会舆论对高调的人是多么不屑。

“我高调行善不为自己,是为推进中国慈善事业进程。”陈光标在所有的公开场合,都是这样解释自己的高调之举。

北京师范大学壹基金公益研究院王振耀院长认为,陈光标高调慈善加速了中国慈善事业进程,至少提前了10年。

同时,官方也对他进行了肯定。两会期间,民政部部长李立国对陈光标高调行善行为给予了肯定:“行善的方式既有共同点,又有个性化,无论是高调行善,还是低调行善,都对慈善事业的发展有利。我认为他(陈光标)的慈善行为是好的,是具有倡导性和带动作用的。”

3月20日,陈光标在北京师范大学壹基金公益研究院“首期中国基金会领导人高级研修班”上,对质疑他的“暴力慈善”做出回应时说:“当前,中国慈善事业的发展,必须要用‘大暴力’的方式去推动。中国需要我的‘暴力慈善’。”

“裸捐”首善

陈光标总是喜欢给身边人讲述一个“小红花”的童年故事:他10岁的时候,利用暑假卖水挣的钱,帮助邻居家的孩子交了学费,得到学校奖励的“小红花”。后来很多同学为了跟他争夺“小红花”,都开始主动做好事。“这个故事告诉我,做好事要去传播。”陈光标说。

这成为陈光标后来高调行善的最初根源。

与陈光标为邻居的孩子挣的学费1.8元这个数字相匹配的,是那个时代下,陈光标极度贫穷的经历。他的发家史也充满传奇色彩。一直到2000年创办江苏黄埔投资集团、2003年创办江苏黄埔再生资源利用有限公司,陈光标才真正被列入富人行列。

公开的数据显示,陈光标的江苏黄埔再生资源利用有限公司,目前有员工4 600余人,大型机械设备近500台(套),是全国最大的专业拆除公司,致力于大型厂房拆除与爆破、再生利用和废品回收利用等朝阳光彩产业。从他选择的行业,也可以看出他的价值取向。

《2010胡润百富榜》显示,陈光标以个人财富35亿元人民币排在第406位。也有数据说,陈光标预计总资产不超过50亿元人民币,这个数字甚至连南京的首富都算不上。

但是与此相对的是“2008中国慈善排行榜”中陈光标以1.81亿的年度捐款额位居全国第一,夺得“中国首善”称号。这个“排行榜”由民政部下属机构主办,带有一定官方色彩。2010中国慈善排行榜,陈光标再次成为“中国首善”。

截至 2011 年 3 月,陈光标共向社会捐款 14.17 亿,帮助的贫困人口突破了 70 万。“我经常在梦中笑醒。”陈光标在接受采访时说。

在陈光标印有“江苏黄埔再生资源利用有限公司董事长”的名片背面,印着“以人为本,祖国至上,富而有德,德富财茂,帮助别人,快乐自己”24 个大字。最后 8 个字,同时也被他用红线缝在他的西装内侧。

但是他的行善经历,却从他成立黄埔之前就开始了。早在 1996 年创业的第一年,陈光标就拿出利润的七分之一资助一个白血病患者。

第二年又拿出利润的半数为偏远山村修建“阳光站”,无私帮助处于困境的老人及失学儿童。黄埔公司成立后,更是每年拿出公司一半以上的利润,用于慈善事业。2006 年,陈光标成为中国最年轻的十大慈善家之一。

然而让陈光标的名字家喻户晓的,是 2008 年汶川的地震救灾行善。在地震发生仅两个小时后,他便带着 20 万元现金、200 万元支票、120 名人手和 60 台工程机械的救灾队从江苏、安徽赶赴灾区,千里救灾,救回 131 个生命,其中他亲自抱、背、抬出 200 多人,救活 14 人,向地震灾区捐赠款物过亿元。他被称为“汶川地震民间救灾第一人”。

这为他赢得了人生声誉的高峰。

2010 年 9 月底,在巴菲特与比尔·盖茨来北京与 50 位中国富豪共度“慈善晚宴”之前,陈光标发表了致比尔·盖茨和巴菲特的一封信。在信中他郑重宣布:在离开这个世界的时候,他将不是捐出一半财富,而是“裸捐”——向慈善机构捐出自己的全部财产。

在裸捐声明发布以后,有超过一百位国内企业家通过来信、来电、传真的方式向陈光标表示,响应其“裸捐”的号召。

“财富如水。如果你有一杯水,你可以独自享用;如果你有一桶水,可以存放家中;但如果你有一条河,就要学会与他人分享。”这是陈光标最著名的语录之一。

四、通过个人命运展现特定时代的冲突和宏观经济运动背景

任何经济主体的经济活动,都离不开广阔的时代背景,在特定时代特定冲突下展开的人物的跌宕命运最能打动读者的心,也能产生巨大的共鸣。人物内在的以及人物与外在的冲突越激烈,越能反映时代背景,也越能吸引人,以下文为例:

参考报道:《一位传奇炒房客的死亡》[1]

[摘要]铜锣湾避风塘,私人游艇上毒气弥漫,神童辉恍惚中看了一眼香港,高楼下是一片白骨。

一

他的名字隐藏在不知名网站的资讯角落,归类是明星艳闻。

名字旁边,漂浮着《传奇》屠龙宝刀和视频聊天室广告。

误入者匆忙关闭页面,少有人会注意"罗兆辉",更少人知,这曾是香港最闪耀的名字。

1978年,年仅14岁的罗兆辉,孤身来到位于尖沙咀的重庆大厦,登上香港最混乱的舞台。

他刚从圣若瑟英文中学退学不久,理由是同学诬告他偷恤衫,老师偏袒,他一怒辍学。

彼时的重庆大厦,还未因王家卫的电影而声名大噪。来自100多个国家的数千租客,杂居在阴暗的楼宇中,蒸腾着最真实的香港味道。

西装革履的掮客唾沫横飞,发鬓凌乱的妓女倚门浅笑。入夜,古惑仔持枪乘梯,枪管幽蓝反光,告诉你什么叫"龙蛇混杂、九反之地"。

罗兆辉蜷缩在这片黑暗森林中某一张床铺上,脑海中只有明日的生计。

他当过保安,搞过推销,做过杂工,"只要有钱开饭,什么都能干"。14岁时,他已能操着蹩脚英语,拦住老外,帮大厦里的妓女拉客。

他在江湖最浑浊处挣扎求生,与三教九流周旋自如。

一次,他为一名地产经纪订西装,见西装笔挺,心生艳羡,继而开始关注地产行业。

1985年,21岁的罗兆辉成为地产经纪。

当年,香港楼市一片红火,市民通宵排队购房。罗兆辉发现,这职业简直为他量身订制,他的过人口才让他如鱼得水。

他离开尖沙咀,前往中环,在中环国际大厦的满通地产上班。

满通专门收旧楼资源,需要搞定啰唆的住户。出身重庆大厦的罗兆辉最会哄人,把居民哄得高兴,房自然就卖了。

---

① 张小野. 一位传奇炒房客的死亡[EB/OL]. (2017-03-22)[2017-12-03]. http://chuansong. me/n/1693110452510.

仅一年时间,罗兆辉便升至经理之位,公司派他专攻豪宅贵客。命运用神笔,在墙上画了一道门。

他的人生就此转变,开始出入富豪的社交圈。此时,他认识了生命中最重要的贵人,香港教父级大亨刘銮雄。

1985年,人称大刘的刘銮雄已经是实业上市公司老总,身家数亿港元,江湖人称"股市狙击手"。

两人如何相识已不可考。坊间流传的说法称,罗兆辉很聪明,托人打听到刘銮雄喜欢古董,于是倾尽积蓄二十多万港元买古董,送大刘做生日礼物。

当年,港人月收入不过两三千港元,对罗兆辉而言,这是他人生中第一次重要的赌局。

他赢了。传闻中,大刘对送古董的地产经纪感到好奇,"下次吃饭叫他一起吧"。

此后,他又通过刘銮雄认识郑裕彤、杨受成等顶级富豪,人脉越来越广。

1988年,罗兆辉自立门户,成立黄爵集团,专门替相熟的老板打点炒楼业务。黄者极尊,爵者极贵,充满对未来的野心。

他成为当时香港最成功的炒房客。1988年,他与人合伙买了十个商铺,然后分拆出售,赚了第一桶金,700万港元。

此后,他以短线炒房的方式搏杀江湖,财富如滚雪球般增加。

1991年,重庆大厦遭遇火灾,业主郑裕彤有心出售。郑裕彤与刘銮雄是老友,在刘銮雄的牵线下,罗兆辉决定操盘此事。

最后,在刘銮雄的支持下,罗兆辉以一亿四千万港元买入重庆大厦商场,用最极端的方式,衣锦还乡。

他一笔抹掉重庆大厦过往,将其改名意法日广场,并投入2 000万港元重新装修。

一年后,罗兆辉将其卖给力宝和明珠兴业,净赚5.4亿港元。

这一年,亿万身家的他才27岁。他成为全香港的宠儿,并得外号"神童辉"。

二

27岁,春风得意马蹄疾,整个港九都是他的赌场,一座座楼宇就是他手中的筹码。

1994年,罗兆辉收购了香港著名中药材集团"东方红",一跃成为上市公司老板。

1994年至1996年是香港房价腾飞的节点，也是罗兆辉炒楼炒股的巅峰。

仅1996年当年，他在刘銮雄、郑裕彤等大亨的支持下，接连参与多宗大型交易，总额超33亿港元。他的身家也一度高达20亿港元。

他开始仿效大佬们的生活。

刘銮雄喜欢收藏，曾花4 000万港元拍下20个车牌。罗兆辉也效仿花400万港元买下“七十一”号车牌。

刘銮雄纵意花丛，罗兆辉也不甘落后，常约大牌港星饮酒取乐。

他曾斥资一千五百万港元，买下浅水湾道豪宅，部分产权赠予出演《百变星君》的新加坡女星孙佳君。

为捧大哥场，罗兆辉曾一掷千万港元，请大刘好友李嘉欣拍广告。

他在镜头前满是得意：“现在电影市道这么差，明星都没工开，请得起女星拍广告，只有我同谢瑞鳞！”

大亨们爱玩的名汽游艇豪宅，罗兆辉也统统都有。最风光时，他拥有劳斯莱斯、总统、法拉利等品牌的十多部名车。

他花费400万美金，订制了一条20多米长的豪华游艇，停泊在铜锣避风塘中。

他给游艇取名Miracle，译为奇迹。他坚信，他会一直是奇迹的主角。

1997年，香港楼市陷入疯狂，香港人相信“内地一定会接盘”，不吃饭不买衣服都要供楼，有的楼盘甚至十度转手。

罗兆辉决定购入地产公司国际德祥，希望借壳上市，荣升地产超级大佬。

此时，因炒房规模过大，罗兆辉公司的物业负担已超20亿港元，而为买国际德祥，罗兆辉孤注一掷，将东方红公司股票押在银行套现。同时，他还将国际德祥拆分，转售给其他买家，众筹资金。

岂料交易过程中香港楼市大跌三成，其他买家纷纷退订，他需要自己补十多亿港元完成交易。

一向笃信“不追高，谁追谁死”的刘銮雄，劝他放弃。他第一次和大佬呛声：“你是不是不想看到我发达？”

他意气风发，觉得开疆拓土已指日可待。

那年夏日，他与富豪名流结伴出海，刘銮雄、杨受成分立两侧，周星驰随船出行。《苹果周刊》刊载合影，称之为盛世繁华。

然而，在他目光未及之处，大风暴已酝酿成形，呼啸扑向香港。

三

1997 年 10 月,席卷亚洲的金融风暴,让香港楼市股市双双下跌。

几乎一夜间,罗兆辉财富蒸发 6 亿港元,他坚持买下的国际德祥,更让他财政左支右绌。

1997 年年底,罗兆辉难于支撑,将国际德祥和东方红“一铺清袋”,贱卖于“壳王”陈国强。

追债官司接踵而来,大至追讨物业交易尾数,小至装修房子的百万港元灯饰工程费。

罗兆辉一夜变为负资产者,欠债 3 亿港元,终告破产。

他开始沉默寡言,一度曾在他的奇迹游艇上闭关 6 个月,日夜在小黑板上推演快速翻盘的想法,“想练成盖世武功,增加三十年功力”。

然而一切终归是徒劳。千禧年冬至夜,香港最冷的夜晚,罗兆辉在游艇上烧炭自杀,陷入昏迷。所幸经医院抢救,他奇迹复苏。

数据统计,1997 年至 2003 年,香港楼市最低潮时,大概产生了 106 000 名“负资产”人员。1998 年,第一例烧炭自杀的案例出现,此后,效仿者越来越多。

复苏之后的罗兆辉陷入狂颠,时常语出惊人。他比陈冠希更早成为艳照门的主角,并癫狂自曝名流性事,让一众富豪明星避之不及。

他的颌下,生了一个鸡蛋大的毒疮。当年谀辞如潮的杂志,嘲笑他长的是“世纪毒疮”。

他曾远避巴黎,酗酒寻欢,并拳打记者。刘銮雄不放心,派红颜知己记者甘比前往探望。

罗兆辉罕见地吐露心声,“我孤独这些年,所有愿意同我讲话的人,我都会讲所有东西给他们听,当他们是朋友,但怎知他们原来个个都当我傻,挑衅我发癫”。

返港之后,他更成为媒体笔下的丑角。媒体对他最详尽的报道,读来满是凄凉。

他一人行走在佐敦柯士甸道上,身形肥胖,挺着大肚腩,挽着环保袋,目光呆滞,神情怪异,行人惊散回避。

他最终搭乘地铁,前往杏花邨站。地铁上,他咬指发呆,身边大妈满脸厌恶。

江湖已无神童辉。

偶尔,他也有清醒时刻,一次面对媒体时,他用英文说:“生命重质不重量,有钱不代表你比较快乐,只是比较幸运。”

此后。罗兆辉避走澳门又因藏毒被捕,最后落脚东莞。

他选择的酒店名为好运,他最爱说的词叫"东山再起",他寄望于在内地重写他的地产神话。

2011 年冬日,罗兆辉似乎迎来转运。传闻中,他早年得意时,结交一位富豪朋友,并赠送一幅字画,那年冬天,富豪将字画归还,字画最终卖出 700 万港元。

他将之视为东山再起的启动资金。1 月 24 日,东莞常平一律师楼内,他在办理一笔房产物业转让时,心脏病突发,猝死。

警方的现场照片显示,一双黑色皮凉鞋里,塞着一双暗色的袜子,这是他最后的身外物。

从常平一路向南,跨越山岭与江湖,在九龙尖沙咀的重庆大厦前,新的一批年轻人正讨论楼市。

他们踌躇意满,觉得世界尽在掌握之中。

文本分析:2017 年春天,变幻莫测的中国内地房地产市场呈现出上涨的趋势,炒房投机者们蠢蠢欲动。2015 年至 2016 年房价的飞涨,已经让广大购房者不堪重负,也引发人们对相关治理部门的不满。本文的发表,无异于给那些试图炒房暴富者泼了一盆冰水,冷却下他们投机的热情。文章记录的是香港楼市一个炒房暴发户的跌宕命运,罗兆辉结局之悲惨对于当时正处于亢奋状态的内地楼市的投资者有着巨大的警示意义,正因为此文非常契机,所以文章流出后被多家网络平台转载,还引发了很多读者的评论。

练习题:

1.结合教材中提供的财经新闻人物报道的案例,体会每一阶段财经新闻新闻人物报道的特色。阐述中华人民共和国成立以来财经新闻人物报道的发展历程。

2.结合实践,阐述财经新闻人物报道中应该遵守的操作原则。

3.比较分析《高调陈光标》(本章中的案例)《再看陈光标》[①]的写作特色。

---

① 周淇隽.再看陈光标[N].财新周刊,2016-09-26.

第七章　华尔街日报体和对财经报道质量的总体分析

当前,采用华尔街日报体是财经报道克服自身报道呆板而生硬的一种重要方法。从五个方面进行华体思维的学习,对于科学地把握这一报道方法相当重要。

对中国目前财经报道的现状,我们要有个清醒的认识,对其采写过程中存在的诸多现实问题要加以规避。

第一节　华尔街日报体——财经报道的一种常用手法

财经报道的一种常见手法——华尔街日报体是一种提高财经报道可读性的有效手段。

一、何谓华尔街日报体

1889 年 7 月 8 日,美国道・琼斯公司出版了《华尔街日报》(以下简称“华报”),经过一个多世纪的岁月洗礼和激烈竞争,该报已经成为美国乃至全球第一大商业日报。100 多年来,为了在竞争中取胜,华报进行过多次重大改革。就新闻写作来说,时至今日,该报已经把商业新闻的写作发挥到极致:把复杂的商业活动写得通俗易懂,把枯燥无味的商业运作写得生动活泼,形成了极富个性的写作体例——华体。

华报探索出的报道商业新闻的成功写作模式,引起美国同行的争相模仿,近年来也传入我国,并被我国的新闻界所推崇和效仿。华体是指《华尔街日报》惯用的一种新闻写作方法,其行文特点是:从某个具体的事例(或人物、场景、细节)写起,经过过渡段落,进入新闻主体部分,叙写完毕以后又回到开头的事例(或人物、场景、细节),有时也用总结、悬念等方式结尾。华体新闻一般由四部分组成:第一,人性化的开头,即与新闻主题有关的人物故事；第二，过渡，即从人物与新闻主题的交叉点切入，将真正的新闻推到读者眼前；第三，展开，即集中而有层次地阐述新闻主题；第四，回归人物，即重新将人物引入新闻，交代此人与新闻主题的深层关系。请看以下这篇来自《华尔街日报》的经典报道。

参考报道：《提高猪的生活质量》

（开头）当乌尔里奇·克鲁特美尔（Ulrich Krutemeier）的1 500头猪吃完晚餐后，他就爬进猪栏，与他饲养的猪挤在一块儿。

但很明显，这里的气氛很不友好。只要克鲁特美尔沾满泥浆的靴子挨到地面，他的猪就会紧张地往后退。当几只略显好奇的猪靠近了一点时，他关切地摸了摸一头猪的嘴。那头猪本能地张嘴就咬。

克鲁特美尔猛地把干瘦的手臂抽了回来，痛得喊出声来。猪群又急忙散开，他咕哝着说："只有对猪一点儿都不了解的人才会想出这个馊主意。"

（过渡）他所说的那些对猪不了解的人是指北莱因－威斯特伐利亚州（North Rhine-Westphalia）的政府官员。这个地区是德国人口最集中的州，也是出产猪最多的地方。政府官员们想让那些对肉类持谨慎态度的消费者重拾信心，因为去年爆发的疯牛病和其他食品丑闻已令消费者恐慌不已。官员们说，作为应对措施的一部分，肉类必须经过更严格的检测和卫生防疫；而同样重要的是，农场主在喂养牲畜的过程中要与它们有更多的直接接触。

（新闻主体）该州农业部唯恐本地农场主有什么不明白的地方，在最近颁布的一项法令中，为北莱因－威斯特伐利亚州的600万头猪明确规定了新的、改善了的权利。每头猪应当有1平方米空间的猪圈，有打盹儿用的稻草或软橡胶垫。当玩耍时间到了，猪必须有钢链或可咀嚼的玩具。这部法令写道："猪还可以通过玩球来活动它们的身体。"每头猪至少应当有8小时日照时间。在冬天较暗、白天较短的日子中，农场主必须用灯光来补足日照时间。

但真正使农场主心怀不满的是，该法令宣布农场主或帮工必须每天至少花20秒钟观察一头猪，并用文字记录下他们对猪的关爱，以表明他与猪待在一起的时间足以达到规定的标准。如果没有达标，农场主就得不到扩展养猪规模或开始饲养猪的业务的许可证。许多农场主像克鲁特美尔一样，嘲笑该法令，或者说是亲近猪的法规。

迄今为止,该法令尚未让农场主和他们的猪更亲近。48岁的艾格伯特·斯托尔克(Egbert Storck)在赫尔福德(Herford)郊区的山上饲养了1 300头猪,他对此非常困惑。“我究竟该怎么做?去喜爱这些家伙?”他斜靠在他的一个猪圈围栏外,狠狠地盯着一头猪,打发着这20秒钟的时间。那头猪似乎感觉到了他正狠狠地盯着自己,把头掉转过来藏在另一头猪的肚皮下。斯托尔克扬起手说:“瞧,它们也不喜欢这样。”

并不是北莱因-威斯特伐利亚州的农场主们不喜欢他们的猪。这里是全德国2 600万头猪中约1/4的家乡。它们是威斯特伐利亚火腿和超过300种香肠之源。大多数农场是家族小生意,一些可以回溯到12世纪。37岁的克鲁特美尔提起他的猪时说:“我可是同这些家伙一起长大的。”作为他父亲最小的一个儿子,克鲁特美尔遵照当地的传统,继承了父亲的农场。

克鲁特美尔和其他当地的农场主为了保住自己的生计,已经根据德国的农业创新计划来饲养他们的猪了,如提供高级的中央暖气系统、兽医用药品,甚至还有玩具。克鲁特美尔在多年试验用旧轮胎后开始用小足球,但后来发现他的猪宁愿啃钢链和木块玩。他说:“如果我的猪不健康,我也会生病的。”

但农场主担心的是,新法令可能会把他们逐出这一行业。例如,一个有1 500头猪的农场主将需要8小时或雇一个全职帮工,以每天在每头牲畜上花20秒钟。农场主估计该法令将会使他们在每头猪身上多花12欧元(合10美元),这几乎与他们目前的利润一样多。

许多人担心这会使他们比南欧和东欧的同行处于更不利的境地,因为那里的猪饲养业采用了较低的标准,价格也更便宜。赫尔福德的警察部门去年的一份记录令这种威胁变得真切:去年,在一辆倾覆在去附近香肠厂的路上的卡车里,人们发现了许多从西班牙运来的猪肉。此事后来揭露出当地的一件丑闻。

当地的一位农场主威尔海姆·布鲁格美尔(Wilhelm Brueggermeier)说:“如果我们被要求给每头猪一个躺椅,只要欧盟每个国家都有同样的要求,我们就没有问题。”

对农场主来说,把这个威胁变成现实的是两位女士:本州农业部部长巴贝尔·霍恩(Baerbel Hoehn),是她起草了这个法令;她的同事、绿党(Green Party)成员雷纳特·肯纳斯特(Renate Kuenast),现任德国农业部部长,掌管全国的消费者保护、食品和农业事务。

在一年前德国第一次发现有疯牛病后，肯纳斯特被提名担任这个职位，由于她指出农业的产业化发展是（导致疯牛病的）一个大问题，这已触怒了农场主。她建议今后十年把有机农业占德国农业的比重，从2.5%增加到20%。但即使是肯纳斯特的花边新闻，如“收养”一头名叫伯塔（Berta）的母猪及其16头小猪，也已令农场主们咬牙切齿。

农场主安内利斯·斯图尔特-斯蒂芬斯（Anneliese Schulte－Steffens）谈及了一部1995年的电影，该片描述了一只有幸逃脱被屠宰命运的会说话的猪。斯蒂芬斯说：“她想让消费者在想到猪时就想到‘宝贝’。我们靠养猪来谋生，而不是宠爱它们，让它们睡在我们的床上。”

北莱因－威斯特伐利亚州农业部官员指出，这部法令只是暂时的，可能明年会通过一部全国性的有关养猪业的法令。但他们希望这部法令会成为全国性立法的原型。农业部发言人里奥·波茨坦（Leo Bosten）说：“人们日益想了解他们吃的肉是从哪里来的。我们需要确保牲畜和消费者都得到保护。”

消费者是否会更喜欢这种饲养条件的猪（肉），现在说还为时尚早。但在附近一家州立农业培训和检验中心Haus Duesse，农业专家正在检查猪的反应，得到的结果可谓喜忧参半。

猪本质上是夜间活动的动物，不介意昏暗的光线。该中心一位农业工程师汉斯-乔希姆·卢克尔（Hans－Joachim Luecker）把光线调亮，以模仿本州规定的不同级别的光线，一些猪开始眯起眼，紧张地咬起别的猪。在一个猪圈里，一些猪躺在它们柔软的橡胶睡垫上，一个挨着一个整齐地躺着打盹。然而，在另一个猪圈里，那些猪宁可伸展身体躺在有孔的混凝土地板上，相反，却将乱七八糟的睡垫留在了窝中。

（结尾）“我们可以制定世界上所有的法规。但猪会选择它们自己喜欢的生活方式。”

以上新闻是完整的华报式结构。华报式结构多用于长篇报道，但也有的华体新闻在新闻主题阐述充分后，不再回到开头起桥梁作用的人物身上，这种形式多用于短篇报道中（以上范文便属此类）。众所周知，不管是新闻采访还是写作，都是由行为主体的意识活动决定的，即不管是找什么样的采访对象，向其获取什么样的资料，以及对采访所得到的材料和新闻作品的结构进行何种方式的选择和安排，实质上都是由记者的意识所调控的。因此，与其说华报体是种独到的写作技法，倒不如说它有一套特有的采写的意识方式。

二、采写华尔街日报体新闻应具备的五种意识①

如何更好地把握华体,康德的一句话可以给我们启发:我不是教哲学的,而是教人们哲学地思考的。如果能够用华体的意识进行思考,也许会比单纯地模仿其采写方法和模式要好得多。下面便是从此角度出发,并以上文为范例,探寻采写华体新闻的意识活动的规律。

1.人本意识

人是社会活动的主体,也是社会关系的总和,是一切"事"与"理"的承载者。人的所思所想所为、所喜所忧、命运变迁最容易引起他人的共鸣,启发思考。关注人自身的人本化的价值取向是在市场竞争环境下媒体制胜的杀手锏。在运用华体报道新闻时,人本化的表现途径是通过人性的描写、人物命运的讲述,让受众在故事中去体味人生,从而实现主题的传达。

在采访新闻的时候,华体的视角并不是着重于高高在上的特殊人——官员,而是再寻常不过的平民。不仅如此,行文时还往往以普通人的视角切入主题,把新闻事实本身已经或可能影响到的普通人引入新闻中,通过讲述此人或此人生活发生的变化,使读者的关注点落在与其一样的普通人身上,不知不觉融入新闻主题。在这篇仅有2 500多字的报道中,出现了四个具有代表性的普通农场主:克鲁特美尔、斯托尔克、布鲁格美尔、斯蒂芬斯,还出现了农场主们的群体像和集体行为。这种写法使原本定位于社会中上层人士,主要以晦涩、枯燥的金融新闻为主体的华报,有了更多的普通读者。

华体新闻不仅以人本化意识统领着新闻采访和写作的全过程,还影响着新闻作品的结构:以读者更易于接受的方式架构全文,或轻松愉快,或动人心魄,或诙谐幽默。上文就是以人们最能迅速接受且兴趣倍增的故事作由头,然后层层深入地揭开真相,扣人心弦地推动新闻事件的进展。

2.系统意识

华体的一个重要特色是,以为读者讲述一个生动的小故事(或场景、细节)为由头,来开始新闻报道写作的过程。这种情况下,记者很容易陷入"只见树木,不见森林"的误区:或采访中忘掉主题,或写作中以小故事来喧宾夺主,从而偏离了对主体新闻的采撷和挖掘。为避免这种情况的出现,就需要在采写的过程中"始终保持系统意识,就是

① 本部分内容参见笔者发表于《新闻爱好者》2006年第1期的《采写〈华尔街日报〉体新闻应具备的五种意识》。

把采访中的具体事物当作一个系统来看待，并把它放在一个更大的系统中，放在与其他系统的联系中来考察”。

当然，系统意识不仅表现在采访中对重要事实的采集，以及对步步展开的新闻事实的叙述上，还表现在新闻作品中段与段之间科学的逻辑关系上，以及新闻事件和背景材料的巧妙组合上。仔细阅读以上范文后我们可以发现，记者在小故事的讲述及相关人物行动和语言的选择上，都紧紧黏附新闻主题，并且全文严格在步步深入的程序中展开：政府颁布猪的法令、所引发的农场主的不满、不满的原因、可能出现的后果。此外，记者还特别注意从相关的历史发展中寻找适合深化主题的背景资料，并精简地把它置于合理的地方。这在第八段“并不是北莱因－威斯特伐利亚州的农场主们不喜欢他们的猪。这里是个德国2 600万头猪中约 1/4 的家乡。它们是威斯特伐利亚火腿和超过 300 种香肠之源。大多数农场是家族小生意，一些可以回溯到 12 世纪。37 岁的克鲁特美尔提起他的猪时说：‘我可是同这些家伙一起长大的。’作为他父亲最小的一个儿子，克鲁特美尔遵照当地的传统，继承了父亲的农场”中就有充分的体现。

3.客观意识

华报对报道的第一个要求是：“我们的事实是被精确和公正地表现的。”精确主要指相关的数字，公正就是尽量多地反映不同方面的观点，让读者去判断。其实，这个处于第一要位的要求就是客观意识，此种意识是保证新闻质量的一个决定性要素。

在范文中，记者的采写态度有着特别明显的体现，文中展现了各方人士对政府所颁布的法令的反应，有政府官员的反应，有农场主的反应，有农业工程师的反应，当然还有消费者的反应。在展示人们对此法令意见的反应中，我们可以看到记者自己并没有站出来指东道西。此外，为达到客观与中立的效果，记者还使用了与主题相关的大量统计数字和直接引语，这一手段也是强化客观性的重要方式。

4.故事意识

在华体新闻中记者总是置身于新闻事实之中，能够抓住事实中那些变动的因素，如动态的、发展的、变化的、矛盾的、富有戏剧化的因素，提炼和加工出具体的情境，制造悬念，以讲故事的口吻加以叙述，从而引发读者的阅读期待。

在全文的开头，记者绘声绘色地描述了一个养猪人的故事：爬进猪栏里与猪挤在一起，还关切地摸了摸一头猪的嘴，并被猪不领情地咬了一口，之后发起牢骚。这样一个富有戏剧性的情节，就为全文设置了一个绝好的悬念，从而激起读者的阅读兴趣：克鲁特美尔为啥会有如此反常的举动？在讲述故事的时候，记者使用的语言是相当通俗的精练的口语，并且还不断地制造出一波三折的效果，这也算是华体能够出奇制胜的绝招吧。当然,讲故事的前提是有故事可讲,这就需要在采访中时时保持故事意识,进而去发现和挖掘出精妙绝伦的内容。

5.感觉意识

华体中,报道者常常可以把视点聚焦到能凭直觉感受到的个别的、具体的、典型的事物上。主要原因在于记者在写作时注重给读者造成听觉、视觉、触觉、嗅觉的印象,并借此使读者产生生理的、心理的、文化的、个人的、社会的等多层面的感觉冲击,从而吸引人阅读,并能给人留下永久难忘的印象。

拿视觉印象来说,华体新闻的写作者总会在新闻中制造出可视化场景,并竭力渲染它,形成一定的视觉印象,给读者造成强烈的视觉冲击,从而拉近与读者的距离,使其与新闻产生共鸣。比如范文的第七段,在继全文开头的精彩镜头之后,又给读者勾画了一个让人经久不忘的情景:迄今为止,该法令尚未让农场主和他们的猪更亲近。48岁的艾格伯特·斯托尔克(Egbert Storck)在赫尔福德(Herford)郊区的山上饲养了1 300头猪,他对此非常困惑:"我究竟该怎么做? 去喜爱这些家伙?"他斜靠在他的一个猪圈围栏外,狠狠地盯着一头猪,打发着这20秒钟的时间。那头猪似乎感觉到了他正狠狠地盯着自己,把头掉转过来藏在另头猪的肚皮下。斯托尔克扬起手说:"瞧,它们也不喜欢这样。"从整个过程的描绘中我们可以看出,记者用了大量贴切而生动的动词,为读者呈现这精彩的视觉印象。

第二节 对财经报道质量的总体分析

——基于一次加息报道案例的解读

由于特殊的媒体生存环境,与发达国家相比,我国的经济报道长期处于相对落后的状态,诸如经济信息传播的不平等、经济报道理念的落后、经济报道方式的陈旧,等等。改革开放以来,随着经济发展成为社会发展的重心,科学、规范地传播经济新闻成为社会各界对媒体的期待。近30年来,我国的经济报道在不断摸索中寻找突破和创新之路,从业者的报道理念和报道方式有了深刻的变化。

2007年8月21日晚6点,央行宣布第四次加息。这一重大经济政策的颁布具有突发性。突发性主要表现在加息的时间远远超出了此前社会各界的预测,也不同于以往央行加息时间的一贯做法,即不是在周末发布,而是选择在周二晚间六点钟发布。这一发布时间的变化所带来的媒体震荡是前所未有的,分析媒体在加息政策颁布之后一两天之内的相关报道，正是考察我国经济报道从业者报道水平的最好时机。本节的解读将对内地主流媒体关于央行第四次加息的报道加以分析，以指出本次报道的进步和不足，并试图展现经济报道正在发生的变化。

为了对此次加息后内地主流媒体的相关报道做科学分析，在报道资料的收集上笔者使用了百度和Google两种搜索方式，报道文本来源的选择依据是在社会上有较高知名度、较大影响力的媒体，文本的体裁种类主要有新闻报道和新闻评论。

一、具有进步意义的变化

基于以上分析的前提，在对大量相关报道进行文本分析的基础上，我们可以看出，主流媒体对央行第四次加息的报道呈现出以下值得肯定的特点：

1.媒体"抢新闻"意识增强，信息传播速度加快

信息具有共享性，其能否被透明地披露，决定了其是否能在公众中公开、平等地传播，也决定了媒体能否在第一时间将其迅速地向社会传播，从而使信息成为公众共享的资源。公众通过了解最新财经新闻如市场情报、数据、资讯财经热点话题等，来决定自己的经济行为。作为一项重要的政策，央行加息政令何时发布的掌控权把握在政府手中。作为一项涉及公众的公共经济政策，政府发布时当然要做到公开透明。

媒体以传播公众欲知而未知的信息为己任，即及时地将信息传递给受众，并尽可能地对相关信息进行深入解读，甚至就此做出预测性报道。这也是媒体获取公众信任并借此提高媒体公信力和知名度的重要途径。

与前几次加息相比，央行第四次加息具有突然性，导致媒体措手不及。当然不可否认的是，这也正是考验媒体应对突发事件报道水平的关键时刻。从媒体的反应来看，在央行8月21日晚6点宣布加息后，网络媒体因其天生的技术优势，几乎与央行同步发出报道。而广播电视类的媒体则大都在当天晚间的重要新闻节目中播出此信息。印刷媒体因出版周期的限制，则只能在次日发布信息。虽然有天生的弱势，但是印刷媒体则在版面的冲击力、信息的深度解读等方面做足了功夫。与此同时，为在时间上赢得优势，印刷媒体在其相应的网络媒体上第一时间将加息的新闻发出。

我们可以看出，时至今日，对于经济报道来说，媒体对重要经济信息的报道速度已经大大提升，而大大提升的传播速度则使得信息的透明度也大大提高。速度是体现媒体竞争能力强弱的重要参照，就这一点，第四次加息的相关报道证明了媒体已经有了明显的"抢新闻"的意识。

2.受众对于经济报道通俗化和实用性的需求得到尊重

长期以来,经济报道的可读性一直让人头痛,堆砌数据、滥用术语、图解政策、长于说教等问题使得报道本身缺少亲和力。从媒体对央行第四次加息的报道中我们可以看出,受众对于经济报道通俗化的需求开始得到尊重,这主要体现为本次报道方式的丰富。媒体在报道本次加息时,不仅大量使用快速便捷的消息,还使用了重磅的新闻述评及深度报道来解析新闻背后的意义,同时,给受众以未来启示的预测性报道也时有出现。此外,为增强新闻报道的可读性,媒体还把绘制图表、新闻链接等作为常规的武器来使用。

实用性也是媒体报道央行第四次加息的一个重要特征。加息之后,老百姓的生活会受何种影响?在理财上如何趋利避害?存贷款业务应如何打理?以上类似的与百姓生活息息相关的具有实用性的内容成为本次加息报道中媒体内容选择的重要方面,诸如"央行年内第四次加息 理财方式须回避风险"这样的实用性信息解读常常见诸本次加息报道。媒体对此类内容的选择正符合寻常百姓的迫切需求,解除了燃眉之急,体现了经济报道的实用性。

3.深度解读渐成趋势,多元化解读初露端倪

信息具有扩缩性,不同的人因其自身具有的解读信息的能力不同,对同一信息的理解也会不同,当然其中也不可避免地有错误的解读。因此,对重要经济信息进行解读是受众对媒体的期待,当然这并不是指简单的图解政策式的信息解读。本次媒体对第四次加息的深度解读多聚焦于为什么加息、加息的影响和加息后该如何办等方面。

当深度解读渐成趋势时,为避免解读一边倒的多元化解读也初露端倪。为受众提供不同的人对于同一条信息的不同观点,使受众能在多样化的观点甚至是互相矛盾的观点中得到理性思考的熏陶,这是媒体应有的重要职责。在媒体对本次加息的报道中,多元化解读初露端倪。就媒体关于加息效果的报道来说,有的媒体认为,"不宜对加息的效果期待过大"①,而有的媒体则认为,"此次加息作用'不可小视'"②。由于历史的原因,我国媒体在报道同样的新闻时往往倾向于"一边倒",时至今日,这一现象仍然存在。因此,尽管如上述那样的多元化信息解读并没有成为媒体的主流和媒体从业者自觉的职业追求,但是它已经表明中国媒体有这样的能力,并且能够做出这样的尝试。

---

① 央行年内第四次加息合情合理又耐人寻味[N].新京报,2007-08-23.

② 央行今年第四次加息 给涨价刹车给股市降温[N].河南商报,2007-08-22.

4.预测性报道受到重视

预测性报道在经济新闻中显得尤为宝贵,因为人们既需要对现实的经济环境进行监测,还需要对动态的经济环境加以把握。人们希望能够根据媒体提供的信息,预见到自己在一个或长或短时期内的决策或者行动。所以,在瞬息万变的经济环境中,媒体能否为受众提供其所需要的预测性报道常常是其在激烈的市场竞争中能否制胜的关键。在此次的加息报道中,相关的预测性报道颇受追捧。在网络上转载率较高的是以下这条预测性报道:

参考报道:《水皮:最快下月还将加息 美联储动向值得关注》[①]

……水皮表示加息从来不是专门针对股市而来,7月份CPI数据高达5.6%则很可能是此次加息的针对点。水皮认为加息是一个过程,此番宏观调控的特点之一就是小幅快频率的加息,所以年内再次加息可能性特别大,"甚至最快可能在下个月就会再次加息"。

但是水皮也指出,美联储下一步的政策走向也可能影响中国央行下一步是否加息的决定。由于市场普遍预期美联储近期可能采取减息措施,若美联储减息,央行到时加息的可能性就会降低,"因为那样反向操作会导致人民币升值的压力加大,我们不可能跟自己过不去"。水皮由此也认为,此次加息跟央行对美联储动向的判断有关,或是特意赶在美联储降息之前推出加息措施……

面对央行的频频加息,特别是突如其来的第四次加息,老百姓往往处于一头雾水之中,看不清未来到底如何?此时,该条报道起到了释疑解惑的作用。

二、存在的问题

看到媒体在此次加息报道中凸显的进步时,也不可忽视其值得关注的问题,笔者以为,主要有以下几个方面:

1.报道的情绪化色彩过浓

新闻是对新近发生的事实的报道,为尽可能地呈现事实的原貌,报道者应站在第三者的立场上进行冷静的报道,如果在报道中过于情绪化,主观色彩过浓,则会导致报

---

① 水皮:最快下月还将加息 美联储动向值得关注[N].华夏时报,2007-08-22.

道文本与事实的过度偏离,从而无法使受众最大可能地接近事实本身。纵观媒体对央行的第四次加息报道,我们可以看到不少情绪色彩过浓的报道。有的媒体为特别突出此次加息时间突然,制作了这样的标题:《年内第四次加息不期而至》①,《央行年内第四次加息提前降临》②,《央行出其不意 今起年内第四次加息》③,《央行年内第四次加息合情合理又耐人寻味》④,等等。众所周知,“不期而至”“提前降临”“出其不意”“合情合理又耐人寻味”等词都是主观化、情绪化倾向过浓的词语,类似以上过于主观化的标题无疑使相关报道失去了相对的客观性,也会误导受众对于加息这一重大经济政策的正确解读。当然,情绪化的报道不仅体现在报道者的标题制作中,还体现在报道文本的写作中,这里不再举例。

2.预测性报道质量不高

以上已经提到,预测性报道不仅是媒体制胜的法宝,更是公众对未来如何加以决策的重要依据。但是,从媒体对本次加息报道的相关预测性报道中我们可以看出,此类报道的质量并不高。这不仅体现在预测性报道的数量极少,还体现在该类报道的报道方式的不规范上,即对未来的预测并不是建立在严谨的科学依据的基础上的,因此导致预测与后来发生的事实不相符。有这样一则报道对加息的影响进行了如下评述:

> 虽然央行的加息手段主要目的在于抑制通货膨胀,但在股市5 000点关头,加息的动作对后市的影响成了很多人关心的问题。
>
> 与以往“利空释放就是利好”的态度不同,由于本次加息不在预期之内,多数市场人士还是持不乐观态度。
>
> 申银万国分析人士认为,由于美国次级债危机,导致周边市场走势偏弱,次级债影响尚未消除,本次宏观调控政策将会对A股市场产生较大冲击。民族证券资深分析师则表示,央行加息的消息对股市仍将是短期负面影响,近期股市可能将以震荡为主,对银行股略有影响。

该预测报道还采用了“专家”的观点,认为在未来“存款利息可能加到8%”,依据如下:

---

① 载于《证券日报》,2007年8月22日。
② 载于《深圳特区报》,2007年8月22日。
③ 载于《上海证券报》,2007年8月22日。
④ 载于《新京报》,2007年8月23日。

“加息在预料之中，但加息幅度还要更大、频率还要更高些。”社科院金融研究所研究员易宪容认为，针对当前股市、楼市的高热状况以及CPI的不断攀升，只有加息才是最有效的宏观调控手段，现在存款利率已经为负2%多，仅靠每次加0.27个百分点是不够的。

钟伟则认为，总体来看，未来2至3年仍有持续加息的必要性，存款利率很有可能加到7%—8%。此外，多位专家指出，此次加息很少见，从调整的幅度来看，银行的存贷利差在收缩，使得商业银行的赢利能力受到影响。[①]

从记者所做的预测中我们可以看出，其预测所依据的信源相当单一，一是资本的运作者，二是专家，而且又都只是一个人。在这种情况下所做的预测是否可信本身就值得怀疑，更别提后来股市冲破5 000点并保持相对稳定上升趋势的事实对本则预测性报道的沉重打击了。

如果采用纵向对比的方式来审视中国的经济报道，我们可以看到，与30多年前相比，中国的经济报道走到今天，的确已经取得很大的进步。但是如果将视角切换为横向比较的话，即与发达国家的经济报道相比，中国的经济报道则存在不少问题。中国受众对经济新闻有着极大的需求，但是经济新闻生产的现状却并不让人满意。而这与中国受众的经济学基本素养和财经记者的专业素质不高不无关系，也与经济报道产品的质量相关。

目前，中国经济报道的质量还处于较低的水平。具体来说，经济报道的问题主要表现在：其一，外行看不懂，内行不愿看；其二，语言干瘪晦涩，不通俗；其三，报道的信息过浅，缺少科学深入的分析解释等方面。[②] 在市场经济的环境中，随着市场主体——消费者和投资者力量的壮大，过去的那些报道理念、报道模式等都不得不加以改变。

需要说明的是，以上使用的是“经济报道”一词，没有使用“财经报道”“政经报道”“产经报道”和“市场报道”这些词，原因在于，笔者以为，“经济报道”涵盖了以上四类报道。同时，央行加息这一重大经济政策的变动会牵扯到经济和社会的方方面面，也就是说，从不同的层面来看，它既是“财经报道”“政经报道”“产经报道”，又是“市场报道”，因此很难把它归于单纯的哪一类。

另外，近年来，有喜读财经报道的爱好者对中国内地的财经报道做了这样的评价，

---

① 央行意外加息打乱5 000脚步[N].竞报，2007-08-22.

② 以上有关加息报道案例的分析参见笔者刊于《新闻传播》2007年第10期的文章《从2007年央行第四次加息报道看经济报道的变化——兼及当前经济报道存在的问题》。

转置此处,以供学习:“1.捕风捉影。有那么几家媒体,打听内部消息的确有一套,很多独家信息都是他们披露的。不过,估计他们也仅限于听到了几句‘确定’的话,但是要作一篇大文章,上头条,却没有多少‘干货’,于是就只能东拉西扯,过去的、现在的、国内的、国外的,各种分析、各种预测,基本都不靠谱。因为,虽然听到了几句话,但未必知道人家为什么要说那些话。2.喜揭黑幕。这是很多财经媒体的通病,通过记者的跟踪暗访,把企业或者行业‘黑幕’作为重磅消息抛出,产生轰动效应,财经信息活生生被做成了社会新闻。有的媒体人也许会觉得自己很有‘社会责任感’,但首先还是要搞清自己的定位,揭黑的事情最好让时政社会记者去写,财经记者还应该多在自己的专业上下功夫。3.长篇大论。好稿子未必要长,把事情说清楚,读者能看明白,就可以了。《华尔街日报》的‘故事体’被奉为财经媒体人的必修课,但人家故事有头有尾,篇幅也不是那么长。我们很多的稿子,篇幅不短,事情却说不明白,越看越头疼,干脆不看了。4.专业性差。这个也许跟媒体从业人员文科生太多有关,很多人对各行业的基本知识了解得比较少,更没有从事过具体的生产或者经营工作,容易被表面现象欺骗。”①

练习题:

1.什么是华尔街日报体?采写华体新闻应该如何展开科学思维?

2.在财经媒体报道现实中找出实例,分析当前中国财经报道存在的问题。

---

① 全球君.想说,为什么现在不爱看国内的财经媒体[EB/OL].(2015-05-25)[2017-12-05].http://mp.weixin.qq.com/s/kW6-D6Mfoy2ttRs0r2_VZw.

第八章　财经记者的素质要求

▶**内容提要：**

当前，中国缺乏足够优秀的财经记者。合格的财经记者对于财经报道具有重要意义。对于有志于成为财经记者的人来说，必须从三个方面培养自身的品质。通过阅读笔者与相关资深业内人士就财经记者素质展开的谈话内容，读者可以明了如何提升自身的素养以适应担任财经记者这一角色的需求。

第一节　财经记者素养多面谈

数年前，中央财经大学一位教授就曾预言："在未来15年乃至更长时间内，财经消息将成为中国乃至全球消息界越来越重要的组成部分，与此同时，优良的财经记者和编辑也将随之成为最为抢手的新闻从业人群。"虽然对财经记者的需求迫切，但培养和成长的投入成本不低，有行话说"一年入行，三年打底，五年资深"是财经新闻的入行基本标准。因财经报道的特殊品质，其所要求的财经记者的素养也区别于其他。这里，荟萃各路行家相关说法的精华，以提供读者参考。

一、新闻传播专业能力

财经记者虽然有很强的专业要求，但他毕竟还是从事新闻传播的记者，所以必须在报道中遵守新闻报道的要求，诸如新闻报道必须以事实为依据，不编造新闻，不歪曲、夸大事实，报道中的细节也必须真实，不拔高、想象和夸张。所以，记者应该对新闻事实进行多方求证，避免自己做出错误的评论，或者找错分析对象，规避对受众形成错误的消费或者投资服务指导，这些都是记者在日常报道中应该努力做到的。这里特别要提到，对于被遴选出来的分析"专家"，记者也要谨慎挑选，在引用他的话语前，要确认他的身份，看他代表哪个公司或者为哪些机构服务，一句话，“不被专家‘忽悠’”[①]。因为受众往往会依赖财经报道的信息来作判断，确定投资取向，所以，财经记者必须要保证信息的准确、客观、公正。如果犯了此类错误，应该立刻予以纠正。如何能做到这一点，一个要义就是做到心中有读者，并意识到读者的需求也会随着社会的变化而变化。

因为财经报道面对的报道对象特殊，有时会因为记者自身对经济领域问题的理解和术语转化的能力不足，导致报道中出现“钻进去了，跳不出来”的尴尬局面，不仅理论连连，且术语累累，不能深入浅出地为受众提供容易理解和解读的财经信息服务。所以，尽量避免出现过多的专业词汇，把经济领域的变化用平实、有趣的语言和表现形式呈现出来，应该是优秀财经记者的基本素质。为提升记者写作的表达能力，多读类似《华尔街日报是如何讲故事的》[②]的书，对考察经济变动中的故事性表达非常有借鉴意义。

相对于其他领域的报道，财经记者经常要面对层出不穷的枯燥数字和让人费解的各种术语。枯燥的走势图、繁杂的财务数据、费解的金融名词以及并不是太有趣的采访对象，会很轻易地把财经记者裹挟进职业的倦怠和困乏状态，泯灭其对于新闻的敏感发现力，所以，保持对无聊的数据背后隐藏着的公司内幕动态、经济运行走向的敏锐，保持对采访对象的兴趣性探查和变动发掘，是非常重要的职业耐力的体现。为保持职业敏感和活力，记者还应该打开视界，创造条件经常接触大量如《纽约时报》《金融时报》《华尔街日报》《商业周刊》《福布斯》《财富》等一些英美主流经济报刊，了解和学习它们的长处。

当然，熟练掌握一门外语，观测全球经济变动，积累广泛的人脉关系，尽早获取到信息、了解事情真相也是财经记者的必备当家本事。

总之，对新闻事件的敏锐捕捉力、充满激情和活力地实施报道预想的行动力、精良的写作表现力，这三者的融合是一名优秀记者应具备的新闻传播素养。

二、经济、管理学等专业知识

对非经济学专业出身的财经记者来说，懂得超出新闻传播学之外的经济学、管理学等方面的知识，是非常重要的一个素养，有人甚至认为“在财经新闻这个行业上，写

---

① 陈思进、金蓓蕾所著的《看懂财经新闻的第一本书》的封底文字。

② 布隆代尔.华尔街日报是如何讲故事的[M].徐扬，译.北京：华夏出版社，2006.

作可能不是最重要的，往往财经知识的多少决定了你的职业能力”[①]。缺少此方面的知识，会导致报道文本让外行看不懂，内行看笑话，甚至职场上有这样一种说法：“不懂经济学的财经记者问不出切中要害的问题。”所以，了解和掌握基础的经济学、管理学知识以及一些商业常识、读懂财务报表等是财经记者应有的知识储备和专业能力，诸如北京大学出版社出版的曼昆的《经济学原理》、萨谬尔森的《经济学》、斯底格里茨的《经济学》等都是可以选择学习的经典之作。

曾任《财经时报》记者和《南方周末》经济部高级记者的庞瑞锋在一次演讲中提到，除经济学基础知识外，财经记者还应该学习和掌握公司金融、财务会计、资本市场（诸如证券市场、债券市场）、股票发行、期货、期权等知识。在谈到财务会计学习的必要性时，他说：“总结来说，要报道一个行业或公司，第一步就是要看年报、季报、招股说明书，如果涉及一些并购的话，还有一些所谓的文件，没事看一看美国的证交所网站、香港联交所网站、中国国内的上交所和深交所的网站。第二要看‘三表’，就是利润表、资产负债表、现金流量表。尤其注重现金流量表。如果你有这么一个眼力，再跟企业谈的话，老总就可能比较敬仰你了，因为你看到了他的问题。”[②]同时，财经领域变化迅速，新事件、新概念常常出现，所以，财经记者还要注重向财经界的活跃人物虚心求教，了解经济领域的最新进展。

下面将庞瑞锋在《财经新闻道：对话美国顶尖财经媒体高层》一书中谈及的体会分享于此：

> 我当年在新闻学院读书时，对经济报道感兴趣，但是苦于没有人指导，课堂上讲的都是一些怎么采访，怎么现场突破等。至于怎么拿到猛料、怎么处理猛料、怎么理解经济运行，就靠自己找书自学。我估计大部分做财经的记者，都读过曼昆的《经济学原理》，或者萨缪尔森的《经济学》。我当时也读了萨氏的书，觉得很好。它确实有助于理解宏观经济运行，包括中国经常实施的积极的财政政策和货币政策。但是我想说的是，光读经济学原理是不够的，正如你明白资源是稀缺的并不能帮您致富一样。它只是给你一个基础性的知识。我认为要做好一个财经记者，至少需要明白四门课，经济学原理只是其中的一门。

① 财经记者的基本素养是什么？[EB/OL].(2015-05-21)[2017-12-07].https://www.zhihu.com/question/22408354.

② 庞瑞锋.财经新闻道：对话美国顶尖财经媒体高层[M].广州：南方日报出版社，2008.

第二门课是公司金融,即西方所说的Corporate Finance,翻译成"公司金融"可能不太恰当。这一块是说作为一个企业,怎么样合理运营资金资源的问题。如果做公司报道的话,这个很有用。因为无论是一个公司的上市、并购还是企业融资,都需要理解金融投资是怎么回事。比如说企业上市要融资,一种要用债券融资,另一种是股权融资。比如债权融资,是用可转换债融资,还是普通债融资,这个是有讲究的。股权融资又涉及优先股,还是普通股融资,甚至还经常涉及认证股权证之类的东西。

我估计在座学金融的可能知道,一个企业如果对未来有很强的信心的话,它通常应用债权而不应该用股权进行融资。企业只有觉得前景黯淡或者高估公司股价价值时,才会用股权融资。所以,作为一个记者,如果敏锐地看到有的企业再融资的时候,就会看出问题来,看它是不是对未来看好。再比如公司IPO。它能解决很多问题,比如上市会提高企业的知名度,可能会解决治理结构以及员工激励机制的问题。但是总体来说,企业的上市,尤其到美国上市,首先费用就非常大,其他比如企业选择什么时候进行股票回购、如何对一个公司进行估值等,都是公司金融所涉及的范畴。如果不能理解这一块,在报道公司新闻时就始终有隔膜,不能理解企业。

第三门课是财务会计。我以前当财经记者的时候,自学过股份制公司报表指南之类的书籍,但是对公司的财务报表始终看得不大明白,只是看到一些皮毛。学会计的好处是,你可以看懂报表,做基本的财务报表分析,理解报表后面的东西。

第四门课是资本市场。这一门不一定是课了,是一个大的资本市场的概念。刚才讲的公司金融是一个公司内部的问题,而它怎么跟外界对接,包括证券市场、债券市场、股票发行、期货、期权以及各类金融衍生品的定价等,实际上都在资本市场范畴中。

作为资深的高级财经记者,庞瑞峰又谈了自己过去做报道的误区:

第一个误区是,不看公司报表。比如说要报道一家上市公司,如果没有认真花时间看它的财务报表,对这个公司了解得不透,对方一看就知道记者对公司不了解,这种记者是最好对付的。要想迅速地让采访者重视你,开头就得让他意识到你对企业很了解。这种了解从哪里来呢?首先是看它的报表。年报、季报以及公司IPO时的招股说明书,是报道一家上市公司的起点。报表里有对行业的分析、对竞争对手的分析、企业基本面,包括可能存在的风险。

如何看企业报表，也是有讲究的，庞瑞峰以自己的经验分析提出，看企业报表的时候，不能只看总收入和净利润，还要看现金流，因为现金流出问题了，利润很高就破产了。看现金流时还要看它运营的现金流。

可能它去年卖的一栋楼导致现金流看上去很不错，但实际运营产生的现金流可能是萎缩的。

第二个误区，看到企业并购的时候总是叫好，看到企业总体呈现高增长率也总是认为好。我认为作为一个好的财经记者应该有理性的判断。作为记者来讲，首先看所有的大并购应该有一个批判的眼光，不要随便叫好。第二就是高增长，看到高增长的同时也要注意看它的收益，如果它的高增长和收益不匹配就要小心。

第三个误区是，关于负债率的问题。理论上讲，对一个好的企业来讲，应该有一个合理的资本结构，用一定的债、一定的股权，不能全部用股权，手头现金也不能太多。一个企业要是持有大量的现金，就说明在资金运营上有问题。[①]

当然，如果一个企业一点都不敢用债，是其没有信心的体现。

三、职业伦理的要求

2013 年 10 月 30 日，长沙市岳麓区人民检察院以涉嫌损害商业信誉罪对《新快报》记者陈永洲批准逮捕，并于次年 10 月 17 日对其判刑 1 年 10 个月。之前，2012 年 9 月 26 日到 2013 年 6 月 1 日，陈永洲曾发表 10 篇有关中联重科“利润虚增”“利益输送”“畸形营销”及“涉嫌造假”等一系列批评性虚假报道，类似此种新闻敲诈、新闻寻租的恶性事件，严重违背了新闻职业伦理的戒律，破坏了财经报道的公信力。

“重要经济政策的解读，行业内幕的揭露，对上市企业经营现状和趋势的评估，可能会对相关行业企业的发展以及民众的投资决策产生影响。因此，财经记者在职业活动中，受到来自企业、资本等方面的压力和诱惑是难免的，有时需要承受巨大的压力”[②]，这些压力有来自权力的，也有来自金钱的。相对于权力的压力来说，金钱应该是财经记者面临的更常见的诱惑，因为经常接触到营利性的主体机构，财经记者难免会受到或者主动接受采访报道对象提供的某种经济上的“好处”，诸如丰厚的红包、吃

① 庞瑞锋.财经新闻道：对话美国顶尖财经媒体高层[M].广州：南方日报出版社，2008.

② 金兼斌.财经记者与数据素养[J].新闻与写作，2013(10).

穿住用的享受性奢侈消费、重要的内幕消息和机会,还有财经记者参与股票买卖或者一边做着股评节目,一边参与股票炒作等情况,这些情况都是在报道中应该避免的。“当前,财经记者炒股处在一个法律和伦理的‘灰色地带’,但毫无疑问,它既是一个法律问题,也是一个伦理问题。这一现象必须得到规范和管理。除了加强行政监管以外,更需要通过法律和自律机制来解决。”[①]可见,现实中的问题和相关规制的对接是个非常不容易的问题。

在现实的情况中,财经报道确实常常要面临各种职业伦理方面的问题和挑战。如何解决财经报道中的新闻伦理问题,从目前看来,记者和媒体的自律相对于事后惩罚来说更有效,“财经记者在进行相关的数据收集、整理分析并得出结论的过程中,能够坚持科学和伦理原则,不沦为隐瞒或故意忽视真相的资本意愿和利益集团的合谋者,常常需要当事记者具有良好的职业操守、科学精神和道德勇气”[②]。

新闻伦理也常表现为对报道对象不道德经济行为及时而全面的揭批,让公众了解和认知真相。2017年11月30日,《每日经济新闻》以《这两天“抄底”红黄蓝是一件可耻的事吗?这群最会投资的人说……》为题,迅速报道和分析了“红黄蓝”因旗下北京分店的老师针扎儿童等恶性事件,遭遇巨大的民众信任危机导致其纽约股价大跌后,有些国内投资公司不顾道德底线,迅速抄底拉升股价牟利的丑恶嘴脸。

四、心理素质方面的要求

我国近代著名新闻记者邵飘萍在其撰写的《实际应用新闻学》中谈到记者的资格时,把品性作为第一要素,认为品性“包含人格操守、侠义,勇敢、诚实、勤勉,忍耐及种种新闻记者应守之道德”[③]。实际上,这里的“侠义”“勇敢”“诚实”“勤勉”“忍耐”均属于心理素质范畴。心理素质是一个人在心理方面的品质,“是心理活动主体具备的心理活动的条件和可能性”[④]。心理学将人的心理素质分为智力因素和非智力因素两类,其中智力因素指的是认识过程中的诸因素,而非智力因素主要包括情绪情感、意志及个性心理等。对记者而言,敏锐的社会知觉、创造性思维、坚强的意志和较强的心理适应性是完成新闻任务必不可少的心理素质。

敏锐的社会知觉。社会知觉指人对各种社会性的人或事物形成直接的整体性印象。对新闻记者而言,社会知觉主要指对社会事物、对他人、对自己以及对人与人之间

---

① 潘祥辉.避免利益冲突:财经记者炒股的伦理与法理分析[J].新闻记者,2014(10).
② 金兼斌.财经记者与数据素养[J].新闻与写作,2013(10).
③ 邵飘萍,肖东发,邓绍根.邵飘萍新闻学论集[M].北京:北京大学出版社,2008:18.
④ 刘京林.新闻心理学概论[M].5版.北京:中国传媒大学出版社,2014.

关系的知觉。在新闻采访活动中，记者必须从无数事实中准确、迅速地选择出具有新闻价值的事实来。央视财经频道测评专家杜昌华说："更大的财经智慧是洞见生活趋势的先机，顺风扬帆，远航万里。（财经新闻的）实用指导性来自哪里？来自从现在通向未来，从已知中发现未知，在联系中发现隐藏的财经逻辑，在认识的跨越中实现财经能力的提升。"2013年央视频道《对话》栏目连续播出《第三次工业革命的N个疑问》《谁在引爆大数据》《3D打印能否改变世界》，聚焦当时最前沿和新锐、可能改变未来世界的重大话题，用新视角、新方法重新认识生活的新内涵，深化了对生活的理解。

创造性思维。创造性思维是指以新颖独创的方法解决问题的思维过程。这种思维能"重新组织已有的知识经验，提出新的方案和程序，并创造出新的思维成果"①。在新闻采集、编写、制作和发布的各个环节中都需要创造性思维。例如，2010年5月《中国财经报道》播出了一期楼市调查节目《空置我心》，在节目中面对"空置率"这个即使用官方数据也无法说清的问题，节目组人员运用创造性思维给出一个简明的观察方法：选择6个热点楼盘，持续观察15天，通过统计各个楼盘里的开灯数、电表读数，把人、车、房亮灯等误差计算在内，就得到了具体的数据来说明"买房的人有多少是刚需，多少是投机"这样的问题。再如，2013年央视《对话》栏目推出《改革再出发》节目，这期节目的话题本身并不是一个新颖的话题。从1979年的改革开放到今天，已经30多年；从1992年邓小平"南方谈话"到今天已经20多年。在这几十年时间里，关于改革的话题已经有过太多的报道。那么如何在这期节目中做出新意、做出亮点就为新闻记者提出了一个难题。最终，这期节目找到了历史与现实的交融点：三位参加过两次中国领导人南方视察的重要亲历者。通过这三位亲历者的现场讲述，观众获得了一次时光之旅，通过一次次体味中国改革的艰难与不易，一次次感慨于中国领导人改革的决心和勇气，历史的厚重感油然而生。

坚强的意志。坚强的意志指记者以自身的意志力来调节或控制自身行为，以克服困难，达到预期采访目的的心理素质。具体包括：(1)在采访工作中要坚定立场和信仰，自觉主动地搜集新闻线索；(2)在采访中要不畏困难，持之以恒，顽强拼搏，坚持完成任务；(3)面临紧急状态，要善于分辨是非，迅速而合理地采取措施和执行决定；(4)要善于支配和控制自己的行动，严于律己，不违背社会道德和职业操守，勇于克服自身弱点，敢于自我检讨。这些要求是为了让记者更好地适应新闻工作的竞争性和冒险性。新闻工作追求快、新，要求记者随时进入工作状态，而在新媒体时代这样的竞争尤为激烈。记者要想抢到独家新闻就必须与时间赛跑，意志坚强、不屈不挠。《圣何塞信

---

① 彭聃龄.普通心理学[M].北京：北京师范大学出版社，1987：359.

使新闻》的记者娜拉·维拉格兰曾这样说过:"如果前门被锁了,试着去敲后门。如果后门也被锁了,试着从窗户进去。"①采访中,新闻记者可能会触犯某些人的利益,他们会设置各种人为的障碍,阻碍记者正常工作。2009年,《经济半小时》记者曾经暗访广东碣石,报道当地"洋垃圾"服装泛滥成灾,结果不幸暴露身份,遭遇经营户的围追堵截,不得不跳河才得以逃脱。2013年,记者再度探访,面临的困难和危险远胜于当年。当地青年叫嚣:"你们是不是记者?要是记者,活埋了你们!"记者们甚至还经历了强买强卖、被摩的司机"绑架"的过程。如果记者们没有坚韧不拔、百折不挠的意志,没有"明知山有虎.偏向虎山行"的气魄就无法完成采访任务。

较强的心理适应性。新闻记者常常处于心理学家称之为不确定性的情境中。与其他职业相比,记者的工作环境多变,是最不稳定、最难预料的。记者还要与各种不同职业、不同性格的人打交道。记者工作的这种特殊性要求记者有较强的适应环境的能力,主动积极地调节自己的心理状态以适应不断变化的客观环境。2008年,"5·12"大地震瞬间就把汶川地区变成了一个巨大的灾难场。在那里,房屋倒塌、道路阻塞、通信中断、余震连连,遇难者成千上万,采访环境极其恶劣。但是,灾区最真实的情况急需记者的记录和传递。14日,《21世纪经济报道》的北京特稿部主任杨磊,为了第一时间赶到北川中学和北川县城的地震现场,只背了一台电脑,拿了一瓶水、一个手电筒、一个收音机,冒雨徒步五个小时。到达目的地的当晚他就开始写稿,但由于通讯中断,没能发出稿子。那天他在一把椅子上只休息了一个小时。15日,借助于架设在北川中学的一个海事卫星系统,杨磊终于发出了新闻稿《北川第四日》,这是地震中发出的第一批报道之一。在这样的灾后直击采访的过程中,记者除了要动用自己的感官去观察、记录地震后灾区的情况外,还要承受着巨大的情感冲击。在镜头前流泪的央视主持人赵普回忆自己的心情:"第一天是震惊,第二天是担忧,情感经历了非常剧烈的积聚过程。同时我还要不断地接收前线的伤亡消息,并进行直播报道。心中的担忧完全被悲痛取代。"②对记者而言,调适好自己的心理状态是成功进行新闻报道的前提条件。

第二节　有关财经记者素质的对话

21世纪已经走过10年有余。这10多年间,中国市场经济深入发展,经济总量的

① 梅茨勒.创造性的采访[M].李丽颖,译.北京:中国人民大学出版社,2004:131.
② 刘辉.灾难报道中传播主体的情感介入[J].新闻大学,2008.

世界地位在不断提升，在中国加入 WTO 以及媒介技术演进的大背景下，媒介产业以更加开放的胸怀向世界吸收传媒发展的营养：从传媒属性观念的再思考，到新闻专业精神的萌生，再到资本力量与媒介经营的联姻，等等。这些变迁无时不在改变着中国传媒产业的生态图景。在诸种变迁中，财经媒体的快速成长便是其中的一个重要方面，而“中国真正意义上的财经媒体的出现不过是最近十数年的事情”①。

10 多年来，传媒产业版图发生重大变迁。在 20 世纪 90 年代初，伴随着我国证券市场的诞生和成长，《上海证券报》(1991 年 6 月创刊)、《中国证券报》(1992 年 10 月创刊)、《证券时报》(1993 年 11 月创刊)三大证券报先后创刊，成为中国证监会、银监会和保监会指定披露上市公司信息的报纸。凭借专业、权威的新闻报道，这三大财经报纸在中国资本市场形成了较大的影响力。之后，以《中国经营报》《21 世纪经济报道》《经济观察报》《财经》等为代表的新财经报纸杂志的诞生意味着在新闻理念、市场观念、报道方式、运作模式等方面，中国财经媒体开始朝向市场化、专业化方向演进。2006 年之后兴起的牛市吸引了大量中小投资者进入股市，财经信息和知识成为寻常百姓家急需的媒体内容，于是，各大报纸纷纷辟出专版刊登财经信息，电视和广播辟出专门的频道和频率播放财经节目，而网络传媒也常把“财经”视为重要网络内容作为吸引网民的不可或缺的手段。同时，一批新的财经媒体横空出世，有新办的，也有转制的，都是资本运作下产生的。

传媒产业版图的变更也在深刻地改变着中国社会。伴随着中国财经媒体的兴起，一批专业化的财经记者群体应运而生。这一职业化的财经记者群体所生产的新闻报道向全球及时传播着中国市场经济所带来的种种最新变化，专业化的报道本身也在改变着中国社会，如 2000 年《财经》杂志报道的“基金黑幕”便是中国资本市场运营中诸多问题的冰山一角。同时，财经记者群体的成长还对中国记者的整体素质产生了重大影响，讲求专业化的采写水准、体现负责任的传媒精神已经成为财经记者最基本的素养——这同时也辐射到整个中国记者的群体，使他们受到切身的影响。

自中国近代报业产生以来，专业化的财经记者并没有真正成为气候，这是由时代所提供的条件和现实需要所决定的。而 21 世纪第一个十年来以来，市场经济深入发展所带来的中国财经媒体的勃兴而催生的职业化的财经记者群体的崛起，可以说是近 200 年来中国新闻事业发展中所呈现出的独特风景，这一风景的展现与进入新千年前后中国财经媒体的迅速发展根茎相连。承接 20 世纪 90 年代初出现的三大证券报和《中国经营报》，中国新闻界兴起了一股兴办财经媒体的热潮，《21 世纪经济报道》《经

① 庞瑞峰.财经新闻道：对话美国顶尖财经媒体[M].广州：南方日报出版社，2008.

济观察报》《财经》《第一财经日报》《财富》《理财周刊》等报刊相继面世。这批市场化的新兴财经媒体开始走上中国传媒产业的舞台，在传播中国经济发展动态的过程中扮演着关键的角色。当市场化财经媒体兴起的同时，综合性报纸也相继开辟财经版以迎合受众的需要。财经类媒体的出现及综合类媒体财经版的开辟为中国财经记者的成长提供了很好的平台。

新千年前后成长起来的专业性财经媒体可以说是新型的，因为它们基本上采用了完全市场化的运作方式。市场化的运作方式使得受众对财经媒体产生了空前的期待，所以，生产受众认可的、专业化的、负责任的财经报道就成了实现期待的重要筹码，在这种情况下，媒体对高水平的专业财经记者的需求便不可避免。财经媒体的兴起与其对财经记者的强烈需求，成为推动中国财经记者成长的重要力量。同时，财经媒体市场化的运作方式也迫使财经报道朝着专业化的方向迈进。专业化的财经报道对于中国的记者来说是前所未有的新事物，于是向西方几近成熟的财经报道的理念和方式学习，则成为势在必行的事情。在此种情况下，调查性报道、预测性报道、解释性报道、华尔街日报体等被引入中国新闻界。时至今天，从形式上看来，中国的财经媒体越来越向老牌的《金融时报》等媒体看齐了。但是，与西方的财经媒体记者相比，由于中国财经记者所面对的报道对象所处的制度现状及发展水平不同，如中国资本市场稚嫩、投资品种少，所以财经报道的专业化的难度也相当不同。

从历时的角度来说，不同的时代对财经记者素质的要求是应有所差别的。20世纪70年代末，伴随着改革开放大门的打开，中国社会对于经济信息的传播渴望前所未有地出现了，而与之相应的就是中国早期经济类媒体的出现，诸如1979年以“维护市场秩序，提供商情商机”为宗旨、为工商企业经营者和专业财经人士服务的《市场报》便是应需而生的经济类媒体。在那个时间之后的几年里，中国的商品经济才刚刚起步，所以还没有过多复杂的经济现象需要记者去面对，及时快速准确地传递经济信息就基本上可以完成一个经济媒体记者的使命。但是，十四大以后，中国市场经济深入发展所带来的诸多经济现象都呈现在记者的面前，类似经济运作中的深层问题等都呼唤真正有着经济专业素养的记者来揭示。而到了2001年之后，加入WTO之后的中国则要求财经记者具备全球视野的眼光。

2011年，随着“十二五”规划的启动，中国的改革进入新阶段，“改革走到今天，需要对各种利益关系进行一次梳理。不厘清利益关系以及相应的分配机制，改革就难以真正推进，也无法真正实现‘调结构’与‘可持续’”①。中国要实现可持续的发展，在未

① 刘琳.改革顶层设计[J].财经国家周刊，2011(3).

来十年必须要面对的现实问题是:冲破“中等收入国家陷阱”,真正进入可持续发展的良性轨道。同时,中国与世界的联系越来越密切,因为当中国站在全球的角度配置金融、资本和资源要素时,中国与世界的利益关系将更为深入,其风险也会更高。所以,中国的经济环境以及可持续发展的使命就再一次以全新的面目呈现在世人面前,这当然也把新的报道使命赋予了中国的财经记者。中国的财经记者当以何种素养和意识去担当历史赋予的使命?就此话题,笔者对周乃菱教授进行了访谈。

周乃菱教授从事财经报道二十余年,先后任职于路透社、香港南华早报,曾参与能源、外汇、股市、债券、期货、新兴市场等主题的报道,后来又在著名高校从事多年财经报道的教学与研究工作,所以她的一些观点会有重要的借鉴意义。①

问:“中国真正意义上的财经媒体的出现不过是最近10多年的事情。”②10多年来,伴随着中国财经媒体的兴起,一批专业化的财经记者群体应运而生。这一职业化的财经记者群体所生产的新闻报道向全球及时传播着中国市场经济所带来的种种最新变化;专业化的报道本身也在改变着中国社会,如2000年《财经》杂志报道的“基金黑幕”便是中国资本市场运营中诸多问题的冰山一角。能否对中国当前的财经记者的群体素质加以评价?

答:财经媒体没有准入门槛,各式各样的记者都可以说“我是财经记者”,这和国外的情形相似,所以良莠不齐是必然的。我们所关注的素质是集中在高端有影响力的媒体,这些记者的一般素质都不错,也许因为这个领域发展得太快了,在编辑层面有些赶不上,不该出的错误,在把关人的疏忽下就登出来了。这是一个积累的过程,等到现在的记者逐渐成长为编辑时,就能改变这些现象。

问:据《华尔街日报》《日本经济新闻》等国际财经大报的高层介绍,打造一个财经记者通常需要8年,培养一个政治记者需要3年,培养社会新闻记者只需1年。而中国的一些知名的财经类媒体如《经济观察报》等也认为一个成熟的财经记者的成长需要至少5年的时间。您对这些说法有何看法?

答:我上面说过,财经记者没有准入的标准,这种8年之说没有太大的意义。聪明的记者,学习得快,加上实践,很快就上手了。现在美国最炙手可热的财经记者Andrew Sorkin,出生于1977年,大学毕业后就当上《纽约时报》的财经记者,27岁写

---

① 周乃菱,本科毕业于台湾大学政治系,拥有华盛顿大学历史系硕士和博士学位及纽约大学Stern商学院文凭,曾在大学教授东亚历史。此后在Knight Ridder Newspapers报业集团和路透社任记者,并出任路透社上海特派记者,跟踪报道中国入世进程和国企改革。2000年8月加入香港大学新闻及传媒研究中心,教授财经新闻。2002年任《南华早报》驻京记者,后主持清华大学新闻与传播学院全球财经新闻项目。著有《国际财经新闻知识与报道》一书,在多家著名财经媒体开设有专栏。

② 庞瑞峰.财经新闻道:对话美国顶尖财经媒体[M].广州:南方日报出版社,2008.

专栏。这些年来他写了不下2 000篇稿子,其中有120篇登载在《纽约时报》的头版,他难道是经过8年考验才算得上是财经记者吗?请问国内《财经》杂志当年做“银广夏”和“基金黑幕”的记者都是有8年经验的记者吗?我认为这种说法通常是已经入门的人自抬身价,忽悠门外人。为什么时政记者就能3年成才?社会新闻记者1年就够了?从业时间的长短不能衡量一个记者的本事,在大新闻机构里几十年混到退休也混不出什么名堂的人多得很。

问:人们普遍认为,财经新闻采编人员应具有较强的多学科专业知识背景、复合素质与技能、良好的新闻伦理与职业道德,您如何看待?

答:的确,财经新闻采编需要一些专业知识,这些多半可以边做边学,世界变化得快,即使在学校学了不少经济和会计知识,还是要不断地学习更新。至于职业道德,因为金钱的腐蚀性很强,财经记者一定要守住底线。

问:财经记者的知识结构有什么特殊要求?在当前中国大学财经新闻的教学中,如何能够尽可能更好地满足此方面的需求?依据当前中国高等教育以及财经媒体发展的现状,是否存在着一种更合理、更科学的培养财经记者的模式?

答:财经新闻记者,首先是记者,其次才是跑财经的记者。现在受到新媒体的冲击,新闻运作的节奏加快,国内外皆然。编辑部不能像以前那样老木匠师傅带徒弟,手把手地教新进记者,都想拿来就用,所以学校就负担起培养财经记者的责任。

知识结构上最基本的是要有经济学和会计学的基础知识,懂得一些统计学的原理,其他按照跑口的需要再增加相应的货币政策、行业知识。我们在课堂上为他们打个底子,至少在起跑线上给他们一些优势。在学校里,财经新闻到底还是非主流,有人批评它“铜臭味”太重,不合乎崇高的新闻理想。其实在中国,财经常常是政经,国内学生想从事财经新闻多半很有理想,憧憬着见证中国转型,推动社会进步。新闻系出来的学生经常被诟病为眼高手低,所以我们要训练他们不但有理想,也要上手快。

问:具备什么样的条件才能称得上一名合格的财经记者?而一位优秀的财经记者应该具备何种理想范式?你认为今天阻碍财经记者成长的障碍有哪些?与西方的财经记者相比,中国的财经记者所面对的报道对象所处的制度现状及发展水平不同,比如中国资本市场发展现状稚嫩,投资品种少,所以财经报道的专业化的难度也相当不同,您如何认识?

答:财经记者是磨炼出来的,基本的素质和跑其他口的记者一样,要有好奇心,有好的文字功底,还要有毅力,脸皮要厚,不怕受挫折。我已经讲过国内有志做财经新闻的学生不缺乏理想,他们发展的前景是广阔的,我不觉得有特别的障碍,事实上在财经这个领域,管制是相对宽松的,要不然也出不了目前的一些优秀记者,还有这个领域的国际化程度很高,记者们的外语程度好,经常看《金融时报》等国外财经刊物,学习人家的长处,进步自然比别的领域要快。

中国资本市场的发展是个新旧交叉的过程,正是给财经记者施展才华的地方。投资品种少,不表示没有东西可写。就在这么少的投资品种上,财经记者还写得不到位,前几天看到洪晃抱怨理财产品把她几乎搞成无产阶级,咱们的财经记者之前怎么没有好好报道一下这些产品的性质?

问:美国财经媒体成长的历程如何?今天已经到了一个什么样的阶段?都是什么样的人从事财经新闻工作?对财经记者素质的要求如何?您有着20多年的在国外媒体做财经报道的实战经验,在您看来国外的优秀财经记者与国内的财经记者的素质有着怎样的不同?有哪些是值得我们国内的财经记者学习的?

答:美国像我们今天看到的财经媒体起步是在20世纪70年代后期,并非有些人认为的是19世纪的产物。此前,除了老牌的《财富》杂志和《商业周刊》和《华尔街日报》外,财经报道并不专业,经常和体育版共成一叠,财经记者在同行眼中的地位很低。在华盛顿的记者团,对财政部没有兴趣。

到了20世纪90年代,完全改观。时代背景因素很多,通胀、退休法令改变,等等,促使金融产品发展,于是要有记者来解释这些产品的性质和风险,财经记者多半是一般记者跑财经口,边跑边学,主要的素质就是要有些数字观念,细心,能把枯燥的消息写得生动一点,就差不多了。

后来进入这个领域的优秀记者增多了,在竞争中素质得到提升,好记者很抢手,这也有激励的作用。不过,还是没有所谓的门槛,同业中有经济金融专业、法学博士等,但是也有些大家佩服的记者学历并不怎么样。

总之,一个记者的成败完全看表现。有学历,不能勤奋采访报道,也没有用。国内比较在乎教育背景,这是文化国情不同。

问:西方媒体的财经记者在报道中国时常会以何种视角?这是否是刻板成见?其原因何在?

答:西方媒体关注中国宏观经济运行、政策变化、人民币汇率、外贸、大公司上市、沪深股市、原油大宗商品进口、信息技术的发展等,无所不包。财经报道不像时政报道,偏见较少。

问:专业化的财经报道对于中国的记者来说是前所未有的新事物,于是向西方几近成熟的财经报道的理念和方式学习则成为势在必行的事情。在此种情况下,调查性报道、预测性报道、解释性报道、华尔街日报体等被引入中国新闻界,诸如华尔街日报体近年来在中国内地非常流行,借鉴这种写作方法成为诸多中国财经记者规避报道呆

板、乏味的重要手段,您如何评价?

答:在美国没有所谓的华尔街日报体,你去问问《华尔街日报》的记者编辑,他们都不知道有这个体。这是国人在学习时简化出的一个模式。布隆戴尔的原书叫《特写的艺术与技巧》,翻成中文变成了《华尔街如何讲故事》。我认为讲故事多元化是件好事,可是形似而不神似,看来更像穿西服的农民兄弟,而且为了讲故事,虚构出些故事很无聊。国内杰出的财经作品并不见得采用这写法。

问:当前我国的财经媒体可谓高速发展,但是却尚未出现像《华尔街日报》一样有世界影响力的财经媒体,正如有人所说的"就数量上来说可以说是'爆炸性增长',但是从质量上来说还有不小的提升空间"。与发达的国家相比,中国的财经媒体发展处于怎样的层次?

答:我常劝媒体的朋友淡化一点"华尔街日报情结"。《日本经济新闻》每日销量超过300万份,《华尔街日报》是186万份,《金融时报》是40万份。以《日本经济新闻》为例,100多年来扎实报道、为日本工商业在国内国外供给最有用的消息、数据库、研究资料。作为日文报,它不可能成为《华尔街日报》,管理层也从来没有想做《华尔街日报》。国人应该仔细地学习这个榜样,不必舍近求远。自己功夫扎实了,自然可以和国际接轨。

问:要提升财经媒体的整体实力和质量,财经记者是最根本的一环,财经记者专业素质不高也常为人诟病,造成这种现象的原因是什么?您认为现阶段中国庞大的财经记者这个群体里,真正有水平的优秀的记者占到多大的比例?

答:财经报道本身是写给精英读者群的,财经记者在各国的数量都不是很多。我们要仔细定义什么是财经记者。不是任何报道和钱有关的新闻就是财经新闻,我不认为《精品购物指南》是真正的财经刊物,但是它所属的《中国经营报》是一份财经刊物。财经刊物有各种各样的报道,像是股市收盘报告之类,或是某公司派发股息,都是重要的信息,一般记者稍微经过培训就可以上手,不必好高骛远。大型深度报道当然要有很"给力"的团队,国内也不缺少这类人才。

问:伴随着我国经济实力的提升和资本市场的日趋成熟,培养更优秀的财经记者对于中国经济是一个刻不容缓的任务,一名优秀的财经记者的最佳的成长路径是什么?

答:先做一名尊重事实的好记者,有责任心,对读者负责,其他都好学。

问:不同的时代对于财经记者素质的要求会有所差别。今天,在全球化的时代,而且中国经济总量已经跃居世界第二位,中国财经记者如何向世界报道中国?面临"十二五"展开后新的经济目标,时代对于财经记者又提出了什么样的要求?在今天这样的时代里，一个优秀的财经记者应该具备哪些基本素质才能够担当起财经报道的重任？

答：财经记者向世界报道中国要有全球视野，中国人认为很重要的财经新闻不一定有国际市场，例如某个央企老总如何睿智之类的新闻，外国读者没有兴趣。"十二五"是重要的经济转型，财经记者要拿准时代脉搏，实话实说。财经记者不能浮躁，专业素养是一个不断虚心学习的过程，天道酬勤，一定越做越好。

问：中国资本市场已经走过20多年的历程，财经媒体也不断推动着我国资本市场的完善，请问，打造透明的市场环境，中国目前做得怎样，还有多长的路要走？这又对我们的财经记者提出了怎样的要求？

答：中国市场远远没有达到基本的透明度，除了政策、法规环境外，还有各方面软件的基础建设，如债券评级系统，会计、审计、税务金融业服务，公司企业如何与媒体打交道，等等，要走的路很长。财经记者是事件的记录者、转型过程的见证者，充实专业知识固然重要，但是最重要的是实践，路总是人走出来的。

问：中国目前的地方性媒体活跃着众多的财经记者，对于他们来说，报道区域经济的变动、向世界介绍区域的面貌是其天然的使命，那么对于这些记者来说，如何处理好全球化与地方化的关系？以河南省为例，你认为这里的财经记者的优势何在？如何发挥？

答：从2008年的全球金融危机以来，各国对全球化都有更冷静的思考，中国显然是全球化的受益者，但是不要忘了全球化的不少负面效果。在国内，中央与地方在经济发展存有张力，这些报道没有简单的公式。

河南是中原粮仓，深度报道水利、农业、城镇化对耕地的影响，反过来，世界气候变暖对于粮食生产、外国转基因谷物对传统农业的冲击等，这些都是写不完的好题材。

问：周老师曾经学过政治，学过历史，学过国际关系，但是没有学过新闻，是什么激发了您从事新闻行业，而且是在专业性如此之强的财经新闻领域大有作为？以您的切身体会，向中国的财经记者提出什么样的建议？

答：这都是机缘，奉劝大家干一行，爱一行，其乐无穷。

为了从更多的视角来探求财经记者的素质要求，本书主编又访谈了一位新闻学专业出身、在《证券日报》产经新闻中心任记者的年轻记者桂小笋。[①] 请她就以下问题谈谈自己的看法。

问：你认为当财经记者跟其他类别记者的不同在什么地方？

---

① 编者按：本访谈时间为2011年。

答:专业的背景有很大的不同,如果是跑社会新闻的记者,则任何专业背景都可以胜任,但财经记者,必须掌握基本的会计学、证券法、公司法等方面的专业知识,所以,在财经类媒体中,新闻学专业背景的记者并不多,且多数最初表现要逊色于其他法学、经济学背景的从业者。我们报一位主编曾经说过:如果是经济学专业背景记者写的文章,十年后拿来看,能经得住时间的考验,如果是新闻学背景的从业者撰写同样题材的文章,一阵风过去后,几乎什么也不剩。

问:财经报道对于财经记者知识结构的要求有何特殊之处?

答:财经记者可以不用新闻学背景,因为实际操作中,新闻学能带来的实用技能几乎没有。而且可以在实践和工作培训中锻炼出来,但是,一个好的财经记者知识结构,一定要包含两分思维严谨的逻辑,两分会计学知识,两分法律知识,两分行业知识,两分文字功底。这样写出来的文章,也许不是那么文采斐然,但是经得起推敲,经得住考验。

问:一个财经记者如何做才能使自己的财经报道达到较高水准?

答:这个问题不太好回答,因为我们报有一个主编经常批评我写文章沉不下去。她的建议是:要推理严谨,要专业。我的感觉是,专业背景限制,有些问题真的是摆在面前,但学会计的同事能看出来,我就死活看不出来,或者看出来了,想不到更远的高度,因为我不了解这些数据对行业或者公司意味着什么。

问:就你了解的情况来看,《证券日报》记者的专业构成情况如何?

答:以我所在的产经新闻中心为例,据我所知,25个人中,学新闻的大概只有四五个的样子,而且,本科也只有四五个,剩下的大部分是中央财经大学学经济的研究生,或者人大法律专业的硕士,或者是海归。总之,专业知识中,以经济类和法学类居多。有的资深的同事,有在银行或者其他金融机构任职的经验。而且,应该是除了我之外,其他人均有三年以上炒股经验。

问:一个学新闻专业的同学,他应该如何补充知识才能应对财经报道的需要?

答:从我的经验来看,一定要把会计基本知识给学了,能看得懂一家公司的资产负债表、利润表、现金流量表这三张表。而且,如果立志从事财经领域的报道,一定要找准一个行业来做深入研究。要了解行业的历史变迁,比如:选择通信行业,那么,要了解行业的龙头公司发展史,业界有哪些龙头企业,企业有哪些高管,高管的变动如何,国家的哪些政策会对行业有影响,行业的兼并重组历史如何,等等。除此之外,还要通读公司法、会计法、证券法等经济类的法律知识,尽量拓宽自己的知识面,这都是后期要不断加强的部分。[①]

中国经济地位在世界经济框架中地位的提升，使得人们对于中国的财经报道具有了超强的需求，所以以经济领域的变动作为报道要务的财经记者的重要性也早已经凸显，这也是一种千载难逢的发展机缘。而对于财经媒体专业化发展历史相对短暂的现状来说，中国财经记者自身的素质与人们对于财经新闻的实际需求产生了较大的落差，所以提高财经记者的素养时不我待。当然，财经新闻具有的持久魅力和价值，也会吸引一批批有着强烈责任感的卓越新闻人投身其中。

练习题：

1.结合实践，阐述优秀财经记者应该具备的基本素养。

2.分析财经报道中违背新闻伦理戒律常见的做法，谈谈您认为如何规避此类问题。

① 以上采访内容来源于2011年笔者与清华大学国际财经新闻项目组主任周乃菱教授的邮件往来及与桂小笋的邮件往来。其中，与周乃菱教授的访谈内容已发表于《今传媒》2011年第8期，题为《今天，该如何做财经记者——与清华全球财经新闻项目主任周乃菱博士一席谈》。延伸阅读：《财经媒体如何担负当下使命——访〈第一财经日报〉总编秦朔》，见《新闻爱好者》2011年第7期。

再版后记

从本教材2011年秋出版,时间飞快划过,所留记忆中的碎片,多个是让人始料不及,变化之迅猛、深刻,非同寻常。在自己一直学习的新闻学领域,尤其如此。所以,当为此修订本再做后记时,瞬间眼前呈现的便是几年来物是人非的各种幻影。以一个什么样的主题和语态做结?

近几年,媒介技术变迁速度急剧,加快解构过往媒介建构的影响力和吸引力,记者面临群体性危机,这个职业身份特有的光环正迅速淡去。记者离职、记者创业、中青年记者早逝的恶性事件,等等,诸如此类的报道早已见怪不怪,到哪里去、怎么适应早已成为绕不过的长问号。

写到此处,刷刷微信,浏览一下大半年来收藏下来的公众号好文,在名为"财经记者圈"的公众号里,看到2017年11月23日推出的这样一篇文章《谁说新媒体时代传统媒体人的初心无处安放?》,文中的编者按说,"何谓'初心'?80年前,初心意味着烽火岁月里的有志青年们,以笔为枪,栉风沐雨,为民族存亡奔走呐喊。80年后,同样的有志青年,初心里更多的是薪火相传的使命,是新的时代里肩负着的民生期盼、责任与担当。虽然在新媒体时代,传播格局和舆论生态发生了变化,但是,媒体人需要坚定理想信念,不忘初心,争做一名优质新闻信息内容的生产者、提供者和传播者",这近乎于呐喊的声音应该不是心灵鸡汤。

何为"初心"?"初心"出自《大方广佛华严经》卷第十七:三世一切诸如来,靡不护念初发心;《大方广佛华严经》卷第十九:如菩萨初心,不与后心俱。因初心在经中的内涵非常人能体验,所以不同的人会依据个人的境遇做出不同的解释。又于微信看到题为《"杀死老记者"是中国当代最可怕的媒体病》一文,文章认为,"近十年来杀死记者的趋势愈发明显。记者行业,逐渐变成'吃青春饭'的行业"。初心和现实的碰撞,常常让处于其中的人陷入焦虑而不能自拔。

感恩促成本书修订的所有因缘，感谢勤勤恳恳跟着我的课一起摸索财经新闻生产的所有同学们，特别是2015级新闻学、网络新闻学、穆青实验班选修“财经报道”一课的莘莘学子，2017年这个短暂秋冬每周两节的课，既助力我此次的修订，也给我一个珍贵的教学相长从而不断弥补自身诸多不足的机会。还要感激喜读本书并传播给他人的读者们。

此为后记。

赵智敏

2017年12月6日晚于郑州市金水区天骄华庭居所

第一版后记

在本教材出版之际,我要真诚地感谢为该书的出版付出心力的每一个人,包括郑州大学新闻与传播学院的诸位领导、郑州大学出版社杨秦予等诸位领导、郑州大学教务处领导、各位同学同事,没有你们的帮助,就没有本书的面世。感谢参与本教材写作的每一位同参道友,没有你们夜不能寐的勤心努力所集成的不可思议的合力,即不会有本书的准时面世。感谢我的老同学胡润峰在繁忙的报务中拔冗为本书作序。

感谢《第一财经日报》总编秦朔先生以及清华大学国际财经新闻项目组主任周乃菱教授(按访谈时间先后提及),你们在百忙中接受我的好奇而烦琐之问,让我备受感激和启迪:财经媒体自身的责任感和使命意识以及中国财经记者的素养的提升关乎整个财经传媒产业的现在和未来,也深刻地影响着中国的经济和社会的发展;一个与中国经济实力相匹配的财经媒体的出现时不我待。

感谢周乃菱教授主持的"清华大学新闻与传播学院财经新闻教师研讨会",在这个会上我收益甚多,并有幸结识了诸多财经报道领域的中外同行。感谢郑州大学新闻与传播学院的李瑛副教授为我提供了相关的宝贵信息。

感谢父母及家中的每一位成员,是你们的支持使我常常处于心灵清静的极佳处,得以享受畅游书海和遨游思绪的快感。家人的全力支持曾使我克服人生旅程中的一道道难关,这次又是如此:能够在规定的时间内完成规定的内容,这是在你们的关爱下才能够实现的。

感谢我的博士生导师李良荣教授,您的智慧开启着我的愚钝,您的教诲时常催燃我思维的火花,您的勤奋永远提醒我:不管何时何处,总要处于探索的旅途,思考没有终点。感谢我的硕士生导师李卓钧教授,自1999年以来我蒙受着您对我的学习和工作的悉心开导与指引,您优良的品质和淡泊的心境永远启发着我：追求最上的快乐，那就是心灵的至上清静。

当以此书献给那些曾经给予我帮助的每一位或显着或隐着的人，没有你们的关心与扶助，我会一无所用。感恩你们！

感恩那冥冥中的慈悲之力，同时祈求“天下和顺。日月清明。风雨以时。灾厉不起。国丰民安。兵戈无用。崇德兴仁。务修礼让。国无盗贼。无有怨枉。强不凌弱。各得其所”的人间净土的到来。

因编著者学力不逮，本教材难免有错讹之处，敬请读者的谅解并祈盼你们的指正。同时，恳请方家批评并致以诚挚谢意。

赵智敏

2011年6月16日晚于郑州市花园新村居所